兴边富民行动理论与政策

张丽君　王　飞　马　博　等著

中国经济出版社
CHINA ECONOMIC PUBLISHING HOUSE

北京

图书在版编目（CIP）数据

兴边富民行动理论与政策 / 张丽君等著．—北京：
中国经济出版社，2021.4（2025.4 重印）

ISBN 978-7-5136-4474-7

Ⅰ.①兴… Ⅱ.①张… Ⅲ.①边疆地区—区域经济发
展—研究—中国 Ⅳ.①F127

中国版本图书馆 CIP 数据核字（2020）第 266356 号

责任编辑　耿　园
责任印制　巢新强
封面设计　华子图文

出版发行　中国经济出版社
印 刷 者　三河市同力彩印有限公司
经 销 者　各地新华书店
开　　本　710mm×1000mm　1/16
印　　张　17.75
字　　数　253 千字
版　　次　2021 年 4 月第 1 版
印　　次　2025 年 4 月第 2 次
定　　价　78.00 元
广告经营许可证　京西工商广字第 8179 号

中国经济出版社 **网址** www.economyph.com **社址** 北京市东城区安定门外大街 58 号 **邮编** 100011

本版图书如存在印装质量问题，请与本社销售中心联系调换（联系电话：010-57512564）

写作分工

张丽君　统筹　编撰
王　飞　统稿
第一章　张丽君　王　飞　施永昌
第二章　王　飞　郭清煜
第三章　王　飞　邓　蕾
第四章　刘　红　李正印
第五章　张丽君　马　博　赵　钱
第六章　杨松武
第七章　耿桂红　王　飞　袁伟伦
第八章　马　博　王　博　王　飞
第九章　张丽君　王　飞　杜初江
第十章　张丽君　周民良　刘云喜　吴　凡

出版说明

本成果为国家社会科学基金社科学术社团主题学术活动资助立项项目“兴边富民行动‘十三五’规划绩效评估及‘十四五’规划的政策建议”（20STA055）和中央民族大学自主科研项目（“铸牢中华民族共同体意识”研究专项）“兴边富民行动：铸牢中华民族共同体意识的经济着力点”（项目编号：2020MDZL01）两个项目的阶段性研究成果。

目 录

第一章　全国兴边富民行动实施成效

我国陆地边境与俄罗斯、蒙古国等 14 个国家接壤，边境线长达 2.28 万千米，其中 1.9 万千米在民族自治地区。全国有 140 个边境县（市、旗、区），有 111 个是民族自治地区；边境地区面积 197 万平方千米，边境地区总人口 2300 多万，少数民族人口将近一半，有 30 多个民族与国外同一民族相邻而居。① 出于历史、地理、自然等方面的原因，边境地区自然环境恶劣，经济发展水平低下，生产方式落后，贫困人口多，基础设施薄弱，教育、文化、医疗、卫生等公共服务水平差。2007 年国务院颁布了第一个兴边富民行动规划（“十一五”期间），2011 年国务院颁布了第二个兴边富民行动规划（“十二五”期间），2017 年国务院颁布了第三个兴边富民行动规划，即《兴边富民行动“十三五”规划》，推动兴边富民行动不断深入发展。评估兴边富民行动实施效果具有非常重大的理论和现实意义，本章将重点分析“十二五”以来兴边富民行动的实施成效。

一、经济社会发展成效显著

总体来看，兴边富民行动实施以来，极大地促进了边境地区经济社会全面发展。边境地区经济实力显著增强、基础设施显著改善、减贫事业取得重大进展、民生保障取得新成就、沿边开发开放步伐加快、人才建设取得一定成效、民族团结事业稳步推进、生态文明建设持续加强。

① 国家民委文化宣传司．兴边富民行动向纵深推进［EB/OL］．国家民委网站，http://www.seac.gov.cn/seac/mzwh/201709/1013853.shtml.

（一）经济实力显著增强

兴边富民行动实施以来，国家十分重视边境地区经济发展，尤其是特色产业发展。地区生产总值、公共财政收入、固定资产投资均以较高速度增长。如表1-1所示，2018年年底，我国陆地边境地区国内生产总值达到9264.15亿元（按当年价格计算，下同），比2010年年底的5158.75亿元增长了0.8倍，占全国经济总量的1.03%。截至2018年，边境地区第一、第二和第三产业增加值分别为1921亿元、3315亿元和4028亿元，与2010年相比，边境地区三次产业增加值分别增长了0.76倍、0.47倍和1.22倍。2018年，边境地区三次产业增加值占全国三次产业增加值的比重分别为2.97%、0.91%和0.86%。

2017年全国陆地边境地区全社会固定资产投资额为8959亿元，比2010年增长了1.16倍，占全国固定资产投资总额的1.4%；2018年边境地区地方财政一般预算收入为566亿元，为2010年的1.79倍，占全国地方财政总收入的0.31%；2018年边境地区社会消费品零售总额为3092亿元，比2010年增长了1.43倍，占全国社会消费品零售总额的0.81%。

人均指标上，2018年全国陆地边境地区人均生产总值为39012元，较2010年增长了75.12%；2018年边境地区农（牧）民人均纯收入为12075元，比2010年增长了1.63倍。

“十二五”以来边境地区经济发展状况见图1-1。

（二）基础设施显著改善

自兴边富民行动提出以来，边境地区的基础设施建设工作始终是兴边富民行动的重点领域。“十二五”以来，国家和地方各级政府持续加大对基础设施项目的投入，边境地区基础设施滞后的问题得到一定程度解决，为经济增长、社会发展提供了重要的支撑。

表 1-1　全国陆地边境地区经济社会发展情况

经济社会指标	2010 年			2015 年			2018 年		
	边境地区	全国	边境地区占全国比重/%	边境地区	全国	边境地区占全国比重/%	边境地区	全国	边境地区占全国比重/%
人口/万人	2316	134091	1.73	2356	137462	1.71	2375	139538	1.70
地区生产总值/亿元	5159	412119	1.25	8596	685993	1.25	9264	900310	1.03
第一产业生产总值/亿元	1091	38431	2.84	1809	57775	3.13	1921	64734	2.97
第二产业生产总值/亿元	2256	191630	1.18	3470	282040	1.23	3315	366001	0.91
第三产业生产总值/亿元	1812	182059	1.00	3315	346178	0.96	4028	469575	0.86
全社会固定资产投资额/亿元	4153	156998	1.97	7977	562000	1.42	8959[a]	645675	1.39[a]
地方财政一般预算收入/亿元	316	83101	0.71	573	152269	0.38	566	183360	0.31
社会消费品零售总额/亿元	1271	156998	0.81	2437	300931	0.81	3092	380987	0.81
人均生产总值/元	22278	30808	72.31	36493	50028	72.95	39012	64644	60.35
人均投资/元	17935	18770	95.55	33866	40884	82.83	37760[a]	46272	81.60[a]
人均财政/元	1364	6197	41.34	2433	11077	21.96	2382	13140	18.12
人均消费品零售额/元	5488	11708	46.87	10345	21892	47.26	13022	27303	47.69
农(牧)民人均纯收入/元	4599	5919	77.70	9487	11422	83.06	12075	14617	82.61
小学每百名学生教师数/人	7.41	5.65	131.22	7.27	5.87	124.03	7.00	5.89	118.72

续表

经济社会指标	2010 年			2015 年			2018 年		
	边境地区	全国	边境地区占全国比重/%	边境地区	全国	边境地区占全国比重/%	边境地区	全国	边境地区占全国比重/%
普通中学每百名学生教师数/人	7.96	6.54	121.56	8.98	7.73	116.09	8.81	7.76	113.57
每万人医院、卫生院床位数/张	30.73	35.70	86.09	35.80	51.03	70.14	45.54	60.23	75.61
每万人卫生技术人员数/人	32.88	43.82	75.03	42.05	58.25	72.18	48.40	68.29	70.88

注：①农（牧）民人均纯收入=Σ[边境地区各县乡村人口数×各县农（牧）民人均纯收入]÷Σ各县乡村人口数。②a 表示采用的是 2017 年的数据。③所有经济数据均按当年价格计算。

资料来源：各边境省区历年统计年鉴。

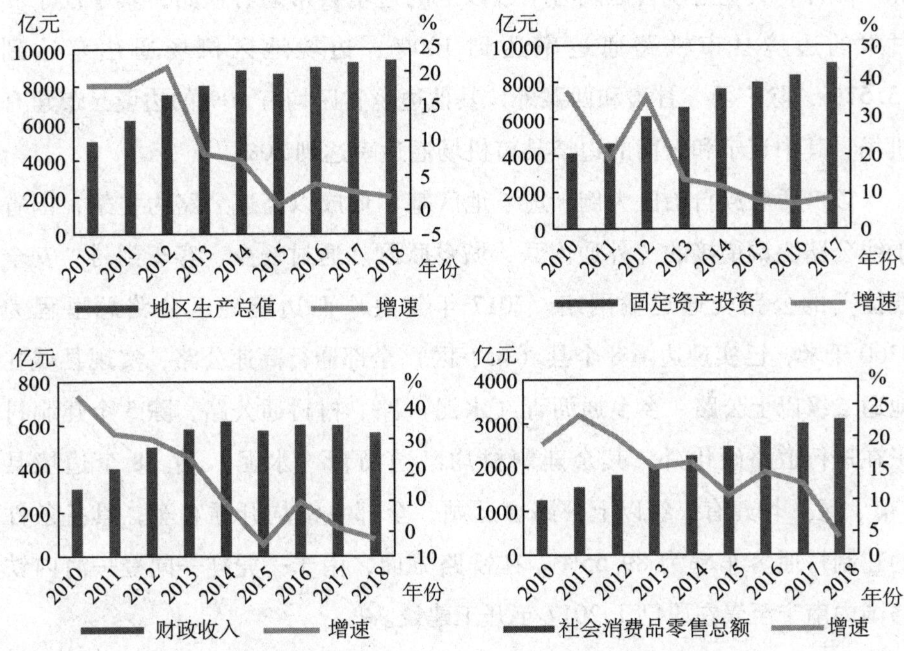

图1-1　"十二五"以来边境地区经济发展状况

1. 交通基础设施持续改善

兴边富民行动实施以来，交通基础设施建设始终是边境地区基础设施建设的重点，取得的主要成就是：进一步完善边境地区国家高速公路和普通国道布局，并编制了集中连片特困地区交通建设扶贫规划，并尽量将边境县纳入其中，进一步加大对贫困地区交通发展的扶持力度。此外，交通运输部及各地方政府还切实加强农村公路建设，在全面完成乡镇通沥青路的基础上，积极推进以建制村通沥青路为重点的通畅工程建设。国家还安排专项资金对人口较少民族及边境地区的国省道、口岸公路、边防公路、水运设施等基础设施进行了建设。

从交通通达情况来看，截至2019年年末，边境地区高速公路通达率达到61.43%，各边境省区中，除内蒙古和西藏外，其他边境省区均有一半以上的边境县市通有高速公路，其中辽宁、广西和甘肃边境县市高速公路通达率达到100%；边境地区铁路（含高铁）通达率达到51.43%，除云南和西藏外，其他边境省区均有半数以上的边境县市通有铁路，其中辽宁和甘肃的边境县市铁路通达率达到 100%；边境地区机场通达率达到 13.57%，除广西、甘肃和西藏外，其他边境省区均有 10%的边境县市建有机场，其中辽宁和云南的边境县市机场通达率达到 20%。①

以广西壮族自治区为例，边境地区基本形成以高速公路为主架，国省干线公路协调衔接的“外通内联、城乡联网、通村畅乡、客车到村、安全便捷”的公路交通运输网络。2017 年年底广西边境地区公路总里程为 8260 千米，已实现边境 8 个县（市、区）全部通行高速公路，实现县城驻地通二级以上公路、乡乡通沥青（水泥）路、村村通公路，除 5 个建制村正在进行道路硬化外，其余建制村均已通沥青（水泥）路。8 个边境县（市、区）均建有二级以上公路客运站，全部乡镇均开通客车，具备条件的建制村通客车率为 89.55%。在铁路方面，南宁—凭祥—同登—河内铁路国内南宁至崇左段已于 2017 年开工建设。②

2. 水利基础设施不断完善

国家各级政府部门积极贯彻兴边富民行动，水利基础设施不断完善。其主要表现为：编制了边境地区水利规划，并在农村饮用水安全、病险水库除险加固、大型灌区续建配套与节水改造、水土保持生态建设、水电农村电气化县建设、小水电代燃料、牧区水利、水利扶贫等一系列水利专项规划中，均突出反映了边境地区水利建设的重点内容。

以吉林省为例，吉林省重点加强了边境地区边境江河整治、中小河流治理和病险水库除险加固工程、山洪灾害防治措施、城市防洪配套设施、城市防洪工程体系和水资源实时监控与管理项目建设，提高边境城乡防洪能力。吉林省加大了城市供水水源、净水和输水工程建设，加快农村安全饮水工程，努力改善城乡群众饮水问题。重点抓好供水管网改造、排水管

---

① 笔者根据资料整理。其中边境县市境内高速公路已经建成但尚未全线通车的也算作通高速公路。

② 广西 8 个边境县（市、区）5 年来经济增长近七成［EB/OL］. 广西国际在线网，http：//gx.cri.cn/20181130/1ce9928f-90e0-b39d-9ca6-ea8840c2ffe8.html.

网改造等项目建设；紧紧围绕提高农业综合生产能力，加强水土保持生态建设，进一步完善水土保持生态治理体系。大力开展了以节水灌溉、灌区改造、人畜饮水、水毁工程修复、小型病险水库除险加固为重点的农田水利基本建设。截至2019年9月，吉林省共建成4465处灌区，发展旱田节水灌溉面积1795万亩。①

3. 能源基础设施建设稳步推进

边境地区不少抵边乡镇、村寨自然条件差、交通不便、环境恶劣，存在供电半径长、电力供应不稳、电压较低的问题，这些问题长期制约着当地发展。新疆与8个国家毗邻，边境线长达5600千米，大多边境地区地处戈壁荒漠或高原山区，农村牧区乡、村分布分散。从2018年开始，新疆推进抵边村电网工程建设，工程总投资7.53亿元，覆盖27个县、259个抵边村，其中2020年投资1.05亿元，涉及17个县、106个抵边村。工程建成后，将大幅提高边境地区供电可靠性，可惠及2.2万户、8.74万农牧民。②

4. 通信基础设施建设明显加强

兴边富民行动实施以来，工业和信息化部加快边境地区城市光纤宽带接入，完善农村综合信息服务体系，加快推进信息进村入户，实现行政村通宽带、20户以上自然村和重要交通沿线通信信号覆盖、边境地区农村广播电视和信息网络全覆盖，积极引导了民族地区开展新型工业化产业示范基地创建工作，并不断加大力度支持对边境民族地区工业企业开展技术改造。此外，工业和信息化部还积极推进边境民族地区通信设施建设和信息化水平的提升，结合宽带中国战略和宽带中国专项行动，积极推进边境民族地区通信基础设施建设，改善信息通信水平，进一步提升了边境省区的通信基础设施能力和水平。

---

① 任胜章．打通水利脉络 筑牢丰收根基——我省加快水利基础设施建设保障粮食丰收纪实［N］．吉林日报，2019-09-23（06）．

② 新疆259个抵边村寨农网改造升级工程全部投运［EB/OL］．人民网，http://www.zytzb.gov.cn/sjxw/329302.jhtml.

（三）减贫事业取得重大进展

兴边富民行动实施以来，边境地区减贫工作取得了显著成绩。特别是自“精准扶贫”战略提出以来，在国家及地方各级政府的大力支持下，在社会各界的全力帮扶下，边境地区因地制宜，开展多种形式的扶贫活动，扶贫成效卓著。可以预见边境地区到2020年年底必将彻底消灭绝对贫困，与全国其他地区一道进入小康社会。

1.“六个一批”精准脱贫

兴边富民行动在推进过程中，重点采用了发展生产脱贫一批、易地搬迁脱贫一批、生态补偿脱贫一批、发展教育脱贫一批、社会保障兜底一批、发展边贸脱贫一批“六个一批”精准扶贫方式。因地制宜的精准扶贫方式充分考虑了边境地区扶贫工作的具体情况，综合利用了可以利用的资金和其他资源，在较短的时间内使被扶持的村在基础和社会服务设施、生产和生活条件以及产业发展等方面得到较大的改善，并使各类项目间能相互配合以发挥更大的综合效益，从而使贫困人口在整体上摆脱贫困，同时提高贫困社区和贫困人口的综合生产能力和抵御风险的能力。

发展生产脱贫一批，就是要引导和支持所有有劳动能力的人依靠自己的双手摆脱贫困，以经济的发展消除绝对贫困。以内蒙古边境县市为例，“十三五”时期，20个边境旗县紧紧围绕肉羊、生猪、肉牛、家禽、饲料饲草、蔬菜、马铃薯等扶贫产业和旅游、电商、光伏等新型产业，采取自建直补、先建后补等“菜单式”帮扶模式，“企业+基地+贫困户”“党支部+专业合作社+贫困户”等龙头企业带动模式和入股分红等资产收益模式帮扶，实施各类产业项目2391个，带动3.17万户、7.57万建档立卡贫困人口进入产业链条，通过发展产业增收致富。截至2020年上半年，内蒙古10个贫困旗县全部脱贫摘帽，20个边境旗县贫困发生率由建档立卡之初的11.8%下降到了0.13%，边境地区脱贫攻坚取得了新进展。①

① 内蒙古边境地区脱贫攻坚取得新进展［EB/OL］. 内蒙古民委网站，http://mw.nmg.gov.cn/xwzx/yw/202007/t20200731_24170.html，2020-07-31.

易地搬迁脱贫一批，就是通过将居住条件恶劣的贫困群众，在自愿的原则下，有序搬迁到适宜生产和生活的区域，帮助贫困群众实现脱贫。以西藏自治区为例，在扶贫工作中西藏各地各部门始终将易地扶贫搬迁作为一项重要的民生工程，对高海拔"一方水土养不了一方人"的地区建档立卡贫困人口实施易地扶贫搬迁，截至2019年年末，西藏建成易地扶贫搬迁安置区934个，完成搬迁25.2万人，数以十万计的贫困群众搬进了宽敞明亮的新家。西藏自治区日喀则市作为深度贫困地区、高海拔地区、边境地区的代表，将易地搬迁脱贫作为精准扶贫的首选之策。截至2019年年末，日喀则市已完成16658户68568人易地扶贫搬迁住房建设，已完成15269户61359人入住。①

生态补偿脱贫一批，是指生态受益地区向生态价值提供地区给予资金、项目、人才等方面的补偿，让这些生态保护地区或者生态价值提供地区有积极性减少污染破坏，同时拓宽农牧民收入的来源渠道，使贫困群众摆脱贫困。以新疆维吾尔自治区为例，新疆边境地区贫困呈带状分布，绝大多数处于高原、高寒、荒漠地区，气候极度干旱、植被稀少、水资源匮乏，生态环境十分恶劣。新疆共有35个边境县，其中17个边境扶贫开发重点县，分布着479个贫困村、38万贫困人口。边境县长期将以传统畜牧业为主的农业作为主导产业，工业发展处在农产品初级加工阶段，服务业发展水平极低，部分边境村没有集体经济，贫困程度很深，经济发展严重滞后，是脱贫攻坚基础最差的边境贫困带。② 新疆边境县市通过健全生态补偿机制，加大对边疆生态屏障地区的转移支付，并在贫困地区增设生态管理员，加强对生态保护的管理和巡察。通过这一系列举措，截至2018年，南疆四地州188.95万人脱贫、1707个村退出、4个贫困县摘帽，贫困发生率由2013年年底的29.1%下降至2018年年底的10.9%。③

① 中国西藏新闻网．易地搬迁开启群众幸福生活［EB/OL］．搜狐网，https://www.sohu.com/a/361214391_266317，2019-12-18.

② 阿班·毛力提汗．2018年新疆扶贫攻坚报告［J］．新西部，2019（2）：20-28.

③ 尽锐出战 坚决打赢脱贫攻坚战［EB/OL］．搜狐网，https://m.sohu.com/a/318140577_118570，2019-06-02.

发展教育脱贫一批，是通过在贫困人口中普及教育，使贫困群众有机会接受必要的教育，通过提高思想道德意识和掌握先进的科技文化知识来切断贫困的代际传递，摆脱贫困。以云南省为例，云南边境地区较一般的贫困地区而言，自然条件较为恶劣，扶贫难度更大；同时边境地区少数民族人口多，受民族文化与地方风俗的影响，边境少数民族贫困人口的观念转变不易，使得扶贫工作更为复杂。在扶贫工作中，云南边境县市深入贯彻落实扶贫先扶智的扶贫思想，坚决阻止贫困代际传递，实施学前教育扶贫结合推普攻坚、义务教育依法控辍保学、中等职业教育落实优惠政策、普通高中教育保障贫困学生完成学业和高等教育实施分类资助等措施，①不仅大大提升了扶贫的效果，还有力地促进了民族团结事业和边境教育事业的发展。

社会保障兜底一批，是对贫困人口中完全或部分丧失劳动能力的人，由社会保障来兜底，统筹协调农村扶贫标准和农村低保标准，加大其他形式的社会救助力度。以黑龙江为例，2019 年年末，黑龙江城市低保标准由每月 556 元/人提高到 573 元/人，农村低保标准由每年 3900 元/人提高到 4017 元/人，实现城乡低保保障水平十三连增；将社会散居孤儿和机构养育儿童基本生活费分别提高到 1150 元和 1550 元，增幅分别为 64.3%和 41%；扎实推进“福康工程”“龙江爱心工程”等福利项目，发放残疾人两项补贴 7.1 亿元，使 52.7 万残疾人受益；边民补助标准从每年 1250 元/人增加到 2500 元/人，并对边境地区农村低保对象按城市低保财政补助水平给予补助。②

发展边贸脱贫一批，是发挥边境地区特有的区位优势，利用沿边开发的政策优势，依托陆路口岸、边民互市贸易点，积极发展跨境贸易，带动贫困群众脱贫。广西有 8 个边境县市，其中 5 个是国家扶贫工作重点县或

---

① 杨舒涵．边境少数民族地区教育脱贫攻坚政策实践与效能研究［J］．教育文化论坛，2020，12（1）：48-53.

② 杨雪楠．兜底保障再提标、兴边富民见成效——2019 年黑龙江的民生暖心答卷［EB/OL］．人民网，http：//m. people. cn/n4/2020/0108/c1435-13574378. html.

滇桂黔石漠化片区县。截至2015年年底，上述边境县有贫困村385个，贫困人口40.3万人，贫困发生率14.8%。2016年以来，广西深入推进边贸扶贫工作，创建以党支部为核心、边贸合作社为平台、党员干部为骨干的边境互市贸易改革新型载体，吸纳边民特别是贫困边民加入边贸合作社，帮助边民特别是贫困边民增加收入。同时加大招商引资力度，吸引有实力的边贸加工企业落户园区，创建“扶贫车间”。2015年参与边民互市贸易（在海关系统备案）的人数只有1.11万人，但到2018年8月已激增至11.3万人，增长了9倍多，2017年通过参与边民互市贸易直接脱贫的人数达1.3万多人。①

2. 因地制宜、整合脱贫政策

在支持边境地区脱贫攻坚过程中，国家有意识地实施差异化扶持政策，促进边境地区特色优势产业发展，促进边境群众持续增收致富因人因地施策，对建档立卡贫困人口实施精准扶贫、精准脱贫。加大对边境地区民生改善的支持力度，通过扩大就业、发展产业、创新科技、对口支援稳边安边兴边。积极推进大众创业、万众创新，降低创业创新门槛，对于边民自主创业实行“零成本”注册，符合条件的边民可按规定申请10万元以下的创业担保贷款。鼓励边境地区群众搬迁安置到距边境0~3千米范围，省级人民政府可根据实际情况建立动态的边民补助机制，中央财政通过一般性转移支付给予支持。科技部印发《“十三五”国家科技人才发展规划》，提出要调整和优化科技人才队伍的区域结构，加大对西部地区、边远地区、民族地区的财政转移支付力度。国家还通过智力扶贫的方式，提高边境人民群众的自身素质，调动他们的积极性和主动性，促使贫困对象积极参与到脱贫致富中来。通过采取政府扶持、多元办学等方式，大力开展劳动力培训，使外出务工人员具备较强的劳动技能，留守劳动力掌握一定的适用技术，培养有文化、懂技术、会经营的新型农牧民，以提高他们致富的能力。

---

① 广西边贸带动边民脱贫数居全国首位［EB/OL］．广西政府网，http：//www.gxzf.gov.cn/sytt/20180919-713695.shtml.

（四）民生保障取得新成就

兴边富民行动实施以来，边境地区社会事业发展取得了一定成就，各项社会事业稳步推进。

1. 社会福利稳步发展，边民保障程度提高

在实施兴边富民行动过程中，民政部门在边境地区落实农村低保、农村五保、医疗救助和临时救助政策时取得了较大的成绩。以广西壮族自治区为例，截至2018年年底，已纳入农村低保范围的建档立卡贫困人口105万人，111个县（市、区）农村低保标准全部超过国家扶贫线，农村低保年人均保障标准由2012年年底的1380元增长到3812元，年均增长幅度达29.37%；城市低保月人均保障标准由2012年年底的270元增长到590元，年均增长幅度达19.75%。特困人员救助供养制度改革成效显著，城乡特困人员的平均基本生活标准分别达到767元/月和4956元/年，城乡特困供养人员照料护理标准最高可发放至1400元/月，最低的照料护理标准也在390元/月以上，有效满足了特困人员“平日有人照应、重病有人看护”的需求。临时救助制度全面建立，落实资金11.75亿元实施临时救助48.97万人次，有效保障困难群众基本生存权利和人格尊严。①

此外，针对老年人福利方面，“十三五”以来，民政部将内蒙古、黑龙江、吉林等省区纳入福利彩票公益金重点支持范围，截至2018年年末共安排资金41亿元支持老年人福利类项目，主要用于新建和改扩建以服务生活困难和失能失智老年人为主的城镇老年社会福利机构、城镇社区养老服务设施、农村特困人员供养服务设施、供养孤老优抚对象的光荣院、对伤病残退役军人供养终身的优抚医院、城乡社区为老服务信息网络平台等，截至2018年，边境县市每万人已拥有21.4张福利机构床位。民政部还加强了对边境省区儿童和残疾人的福利保障的工作，在安排儿童福利和残疾人福利时坚持公益金向老、少、边、穷地区倾斜的原则，采用“财力系

---

① 围绕中心 主动作为 实现新跨越——广西奋力谱写民政事业新篇章［N/OL］. 中国社会报，http：//epaper. shehuiwang. cn/epaper/zgshb/2019/03/31/A01/story/328534. shtml，2019-03-31.

数”的分配因素，体现了向边境地区和少数民族地区倾斜的政策。

以云南省为例，“十三五”以来，云南省加快了农村养老社会救助服务中心的建设。截至2018年年末，云南省建成和在建城市公办养老机构155个，农村敬老院898所，民办养老机构146个，居家养老服务中心2568个，养老床位达17.71万张，居家养老服务设施（含老年活动中心和农村幸福院）在城市和农村的覆盖率分别达到33.76%、43.99%。①

2. 文化固边工程积极推进

在贯彻落实兴边富民行动规划过程中，边境地区配合文化和旅游部、国家民委、国家发展改革委和财政部等部门，积极推进文化固边工程。2017年5月，文化部印发了《关于加强边境地区文化建设的指导意见》，推动“十三五”时期边境地区文化建设加快发展，发挥了文化在稳边、固边、兴边方面的重要作用，推进兴边富民行动深入开展。

中央财政设立送戏下乡项目，为贫困地区所辖乡镇每两个月配送一场以地方戏为主的文艺演出，每场演出补助3000元；2016—2017年，在国贫县范围内的民族自治县、边境县的行政村建设2.2万个村级综合文化服务中心；启动“中西部贫困地区公共数字文化服务提档升级”建设项目，在中西部22个省份的839个贫困县，对乡镇文化站提升配置。②

此外，“十三五”以来，文化和旅游部还组织开展了“春雨工程”——全国文化志愿者边疆行活动，以“大舞台”“大讲堂”和“大展台”为主要形式，组织内地文化志愿者为边疆民族地区提供文化支援服务。文化和旅游部还切实加大了非物质文化遗产保护工作力度，科学规划并引导边境地区文化产业的发展，提出了实施差异化的文化产业发展战略，针对特色文化资源丰富的边疆地区，提出发展特色文化产业，引导边疆地区挖掘特色文化资源，打造一批特色文化产品和服务，积极推动边疆地区文化产业

① 40年来我省民主法制建设取得优异成绩　依法治省实践不断深化［EB/OL］. 云南法制网，http://www.ynfzb.cn/Ynfzb/XinWen/201811278279.shtml，2018-11-28.

② 周玮. 贫困乡镇每两月配送文艺演出　每场补助3000元［EB/OL］. http://guoqing.china.com.cn/2017-06/12/content_41010665.htm，2017-06-12.

差异化和特色化发展。

在多方的努力下，边境县市文化固边工程取得了丰硕的成果。截至2018年，边境县市拥有文化馆143座、图书馆139座和博物馆126座，且每百万人拥有文化馆/图书馆/博物馆17.2座，远远超出全国平均水平的8.2座。另外，边境县市特色文化取得不俗发展。截至2019年年末，边境县市共获批历史文化名城2个，历史文化名镇7个，历史文化名村5个，占比分别为1.49%、2.24%和1.03%；此外，边境县市荣获特色村寨204座，特色小镇18座，占比分别为12.37%和4.47%。①

以吉林省为例，兴边富民行动实施以来，吉林省加强边境地区公共文化服务体系建设，完善文化基础设施。吉林省边境县市每百万人文化馆/图书馆/博物馆数量达15.7座，约为全国平均水平的2倍，截至2019年共获批历史文化名城1座，中国少数民族特色村寨22座，中国特色小镇4座，对弘扬地方特色文化、发展特色文化产业起到了重要的推动作用。2018年吉林建设完成200个农村文化小广场，累计达到7800个；为最后一批393个贫困村配备文化器材，全省1493个贫困村实现文化器材配备全覆盖。②

3. 医疗卫生条件大幅改善

在实施兴边富民行动过程中，国家卫生计生委等部门倾斜政策措施，大力支持边境地区卫生事业的发展，取得了积极进展。卫生计生委积极推进全民基本医保体系建设，保障水平逐步得到提高。同时，卫生计生委切实加强农村三级医疗卫生服务网络建设，服务体系逐步健全。为减轻边境地区政府和居民负担，中央财政在安排补助资金时，重点向西南边疆民族地区等贫困地区倾斜。2018年，各级财政对新农合补助标准为每人每年490元，在2017年的基础上提高了40元，其中中央财政对云南等西部省份的补助标准为356元，补助比例为72.7%。2017年中央财政对西部和中

① 根据国家民族、住建部的资料整理。

② 卢冶．吉林建设完成7800个农村文化小广场［EB/OL］．［2019-03-01］．http：//www.takungpao.com/mainland/text/2019/0301/254268.html.

部地区等边境城乡居民医保筹资的人均补助标准分别为 324 元和 258 元，分别占当年政府补助标准（450 元）的 72%和 57%。与此同时，卫生计生委还安排专项投资 75.59 亿元，支持边境 9 省区 13534 个县级医院、乡镇卫生院和村卫生室建设，提高了医疗卫生服务水平。“十三五”时期，卫生计生委还安排专项资金支持边境省区开展农村卫生人员重点业务培训、县级医院骨干医师培训和农村订单定向医学生免费培养等项目，提高了边境地区医疗服务水平。

以广西为例，广西 2016 年启动实施了广西基层医疗卫生机构能力建设行动计划，全区 5 年计划总投资 164.71 亿元。2016—2018 年，广西共下达项目 2564 个，总投资 104.91 亿元，实现投资计划实施的预期目标。① 乡镇卫生院是本次行动计划重点倾斜对象，通过完善基础设施、增加病床数量、配齐仪器设备等措施，全区乡镇卫生院基础设施条件明显得到改善。云南响应“十三五”卫生健康及深化医改等政策，四年来持续开展了“县在起航”——县级公立医院管理及临床重点专科能力建设项目，至今已培训县医院院长 2600 人，专科骨干医生 3400 人，远程培训人员近万名。②

4. 教育事业取得明显进展

在贯彻兴边富民行动规划过程中，教育部制定了一系列优惠政策，加大投入力度，各项教育工程向民族地区和边境地区倾斜，有力地促进了边境地区和人口较少民族地区教育事业发展。兴边富民行动实施以来，教育部在边境地区构建学前教育公共服务体系、支持义务教育发展、支持普通高中发展、支持职业教育发展和支持教师队伍建设方面取得了较大成绩。如图 1-2 所示，截至 2018 年年末，边境县市每十万人拥有小学 19.7 所，比全国平均多出 8.1 所；每百名小学生拥有专任教师 7 名，比全国平均多

① 广西推进基层医疗卫生机构能力建设行动计划新闻发布会召开［EB/OL］. 广西政府网，http：//www.gxzf.gov.cn/xwfbhzt/gxtjjcylwsjgnljsxdjhxwfbh/xwdt/20191129-781179.shtml，2019-11-29.

② 提升基层医疗水平 打通医疗建设“最后一公里”［EB/OL］. 新华网，http：//www.xinhuanet.com/health/2019-07/17/c_1124760073.htm，2019-07-17.

拥有1.1名；每十万人拥有普通中学4.9所，超出全国平均水平0.2所；每百名中学生拥有专任教师8.8名，超出全国平均水平1名。可见，在兴边富民行动的推动下，边境县市教育事业硬件条件提升明显。

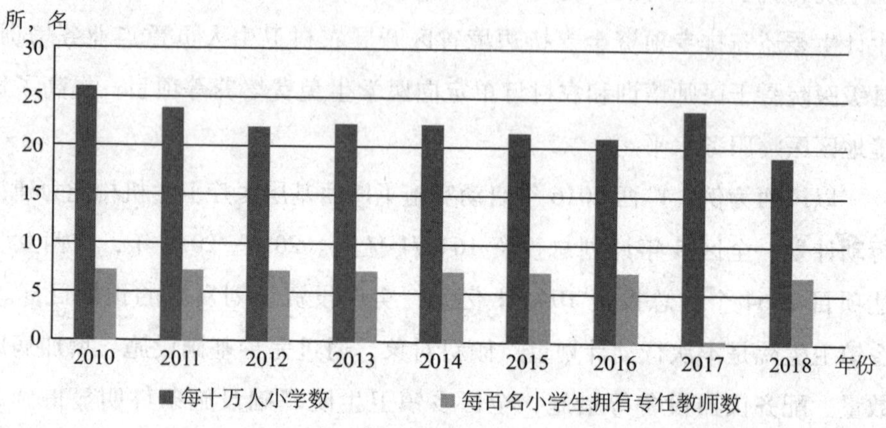

图1-2　“十二五”以来边境地区教育事业发展状况

以广西为例，2014—2018年，中央和自治区共向贫困县投入建设资金约147.7亿元，新建校舍面积440万平方米，极大地改善了边境农村中小学、幼儿园办学条件。加大对边境县支持和投入力度，推进实施兴边富民行动，投入资金1.48亿元，支持8个边境县新建、改扩建幼儿园48所，实现边境县乡镇中心幼儿园全覆盖，保障边境沿线适龄儿童能够上好学。投入义务教育学校标准化建设资金3.87亿元，建设义务教育学校733所，新建、维修改造校舍面积38.57万平方米，改善边境县学校办学条件，让边民能够安居乐业，为实现稳边固边富边作出了积极贡献。① 截至2018年年末，广西边境县市每十万人拥有33.7所小学，在边境省区中位列第一；普通小学每百名学生拥有5.6名教师，高于全国平均水平。

以黑龙江为例，黑龙江加强了边境地区农村人才队伍建设。加大对农村基础教育、职业教育、科技培训和农民教育培训的投入力度，创新农村

① 广西壮族自治区精准建设补短板　不断改善贫困地区学校办学条件［EB/OL］．教育部，http：//www.moe.gov.cn/jyb_xwfb/s6192/s222/moe_1752/201812/t20181214_363543.html.

教师补充机制，加强农村教师队伍建设。整合教育培训资源，拓宽教育培训途径，扩大教育培训规模，提高教育培训水平，基本建立与边境地区经济社会发展相适应的农村人力资源开发体系。截至 2018 年年末，黑龙江边境县市普通小学每百名学生拥有 10 名教师，每十万人拥有 5.1 所中学，每百名中学生拥有 10.7 名教师，均超过全国平均水平。

（五）沿边开发开放步伐加快

商务部和海关总署等中央部委积极贯彻落实兴边富民行动规划的主要任务和要求，鼓励沿边地区加快开发开放。“十二五”以来，商务部积极支持边境地区开展对外贸易、支持边境地区边境经济合作区和跨境经济合作区建设、支持边境省区“走出去”和支持边境地区市场体系建设。截至 2019 年年末，边境县市共建设完成 17 个国家级边境经济合作区，3 个跨境经济合作区，极大地提升了沿边开放水平，推动了边境县市对外经济的发展。2017 年，边境县市边境经济合作区工业总产值约为 766.91 亿元，进出口总额约为 1053.6 亿元，税收收入约为 61.25 亿元，固定资产投资约为 350.81 亿元。各边境经济合作区中，东兴边合区占东兴市经济总量的比重达 60%，河口边合区占河口县经济总量的比重达 55.69%，凭祥边合区占凭祥市经济总量的比重为 50.76%。① 此外，商务部还不断加强信息引导，加大人才培训力度，为少数民族省区商务主管部门和“走出去”企业培训相关管理人员。

海关总署全面加强与沿边省区的合作，大力扶持和帮助沿边地区开放型经济发展；大力支持边境地区陆路口岸建设，为沿边外向型经济发展搭建平台；认真落实税收优惠政策，支持沿边地区产业贸易发展；高度重视沿边地区海关特殊监管区域的建设，充分发挥开发开放的辐射带动作用。“十二五”以来，海关总署加大对边境地区口岸发展的支持力度，如广西 8

---

① 商务部发布《边境经济合作区、跨境经济合作区发展报告（2018）》［EB/OL］. 中国服务贸易指南网，http://tradeinservices.mofcom.gov.cn/article/yanjiu/hangyezk/201908/88775.html，2019-08-23.

个口岸对外开放被列入规划，分别为新开硕龙口岸，扩大开放北海航空口岸，扩大开放北海、钦州、防城港、贵港、梧州和柳州口岸；提出把黑龙江、吉林、辽宁和内蒙古东部建设成为面向东北亚（俄罗斯、朝鲜、日本、韩国）开放的枢纽；充分发挥新疆、甘肃向西开放优势，培育面向中亚、西亚、南亚以及中东欧国家的商贸物流中心，推动丝绸之路经济带建设。此外，海关总署还积极创造条件吸纳沿边地区优秀人才，为沿边地区发展奠定人才基础，取得了较好的成绩。

边境9省区积极推进沿边开发开放，提升边境口岸功能，建设边民互市贸易点及进行边境地区农贸市场升级改造。截至2018年年末，边境县市口岸年过货量约28787.55万吨，与“十二五”末期相比年均增速达9.2%；口岸年通关人次约6383.12万，与“十二五”末期相比，增速约为9.57%。

广西拥有国家一类口岸21个，2018年广西夯实口岸经济发展基础，防城港口岸扩大开放、柳州白莲机场临时对外开放获批，爱店口岸升格、梧州港口岸扩大开放通过国家验收并正式启用，全区边境口岸年过货量约为7230.81万吨，在边境省区中排在第二位，年均增速约为2.83%；口岸年通关人数也位列第二，约1578.21万人，增速约为28.23%。广西也支持边境地区农贸市场升级改造，边境地区的改造农贸市场计划经实施业主提出申请的，自治区商务厅优先安排项目和资金，支持农贸市场进行交易厅棚、卫生、安全、服务设施建设和改造。

云南省有11个国家一类口岸、9个二类口岸、90个边民互市通道和103个边贸互市点，形成了陆、水、空齐全，全方位开放的口岸格局。截至2018年年末，云南边境口岸年过货量达2606.65万吨，年均增速约为28.31%；口岸年通关人次达3596.76万，为各边境省区之最，年均增速约为3.36%。此外，云南“十三五”时期致力于建设成为“一带一路”西南开放桥头堡，并印发《云南省优化口岸营商环境促进跨境贸易便利化工作实施方案》等文件，加快口岸基础设施建设，提高查验准备工作效率，创新边境口岸通关管理模式，并明确各项指标认为的负责单位以及具体完成时间，为口岸发展提供政策支持以及路径探索。

兴边富民行动实施以来，边境其他省区努力提高跨境经济技术合作水平，逐步建成一批以能源、原材料、特色农产品、粮食、棉花等资源性产品为主的国际物流集散中心。选择一批重点口岸和城市，发展外向型产业，完善配套产业链，充分发挥技术、人才、资金聚集效应，探索与周边国家建立产业发展协调机制，促进形成国际经济走廊和经济合作带。以开发区、边境及跨境经济合作区为平台，着力引进具有市场前景的产业和技术装备先进的企业，积极承接国内外产业转移。而且，边境省区也加快了边境经济合作区发展，支持符合条件的边境经济合作区扩大规模和调整区位，支持符合条件的边境经济合作区按现有程序向国务院申请设立综合保税区等海关特殊监管区域，建立东部沿海开发区与边境经济合作区对口协作机制。优化边民互市点布局，规范管理，完善基础设施和配套条件，提高服务水平，促进边民互市贸易发展。

（六）人才建设取得一定成效

“十二五”以来，国务院及中央主要单位积极落实兴边富民行动规划中的人才建设政策，在人才建设方面取得较好的成效。其主要成果有：加大专家工作支持力度、加大留学人员回国服务工作支持力度、加大专业技术人员继续教育工作支持力度和加大“三支一扶”支持力度。在“三支一扶”计划实施过程中，人力资源和社会保障部提高了中央财政专项补助标准，在专项补助名额分配方面向民族地区倾斜，并提高“三支一扶”大学生待遇保障水平，做好就业服务工作，为基层各项事业发展提供了有力支撑。另外，国务院及中央主要单位还根据自身的情况，加大了对口人才培训力度，保障了边境 9 省区各方面人才的发展。

边境 9 省区认真贯彻人才建设政策，并取得了显著的成就。边境 9 省区政府积极制定边境民族地区人才队伍建设规划，实施“人才兴业”战略，并采取优先培养边境县市人才的策略。同时各省区采取定向培养、专项培训等措施，大力培养边境地区急需的各类人才。此外，各省区致力于办好各种形式的边境地区干部培训班，落实好边远地区干部职工的各项待遇，制定和完善有关优惠政策，鼓励和吸引各类人才到边境地区发展创业。而且，各省区继续有计划地选派边境民族地区干部到中央国家机关、发达地区和省直部门挂职锻炼，提高了边境地区人才的综合素质。另外，边境9省区还加强了培训，扩大边境地区农村实用人才规模，提高了人才素质，优化了结构，使人才总量大幅度增加，使农村实用人才运用先进技术和经营管理知识带头致富、带领群众致富的能力显著提高。

（七）民族团结事业稳步推进

在落实兴边富民行动过程中，各部门积极采取措施促进各民族团结，并在民族团结工作上取得了明显的成效。兴边富民行动实施以来，国家宗教事务局设立专门资金、项目在兴边富民行动中大力推动全面贯彻党的宗教工作基本方针，特别是加强了对边境地区宗教工作干部的培训，举办了多期西藏和新疆宗教工作干部专题培训班，为他们在兴边富民行动中贯彻落实好党的宗教工作和促进民族团结发挥了重要的指导作用。此外，共青团中央实施了一系列具体项目帮助边境9省区建设就业工程，并组织青少年民族团结交流活动及志愿者行动，为促进民族团结作出了较大的贡献。国务院及中央其他单位都根据各自的情况，高度重视民族团结工作，在具体的事务中努力贯彻民族团结方针，为民族团结事业的进步作出了贡献。

边境各省区在贯彻民族团结政策时深入开展民族团结进步创建活动，通过采取重点抓好一批民族团结进步示范村，发挥典型带动作用的方法，加强了民族理论、民族政策、民族基本知识和民族法律法规宣传教育，及时妥善处理影响民族团结的问题，并依法打击了民族分裂犯罪活动，形成维护民族团结的社会氛围。此外，边境各省区还广泛深入开展民族团结进步创建活动，扎实推进边境地区民族团结进步模范村、乡、县创建活动，不断巩固和发展平等、团结、互助、和谐的民族关系。边境9省区还加强了社会治安综合治理，深入开展爱民固边活动，并建立边疆内地、军地、警民、各民族之间团结和境内外友好共建机制，防范打击跨国跨境违法犯罪，构筑边境地区民族团结、边防巩固的屏障，为边境地区发展营造良好的治安环境。

“十三五”时期，42 个边境县市被授予民族团结进步模范集体称号，约占民族团结进步模范集体总数的 6.32%；共有 66 名人员获得民族团结进步模范个人称号，约占民族团结进步模范个人总数的 8.13%；共有 65 家单位被评选为民族团结示范区（单位），占比约为 8.49%。①

各省区中，广西壮族自治区制定了加快建设沿边经济带深入推进兴边富民强边固边的主文件和 7 个配套文件。在边境地区累计打造和培育 66 个兴边富民示范创建单位、120 个民族团结进步创建示范区（单位）、17 个少数民族特色村寨。2019 年，共争取中央补助资金 8300 万元、安排自治区本级配套资金 1300 万元，支持柳城县、东兴市、罗城县、环江县、象州县和忻城县等地的人口较少民族聚居行政村基础设施建设。为缓解少数民族聚居区基层财政困难，提高基本公共服务均等化水平，自治区不断加大对少数民族聚居区 64 个县（市、区）转移支付支持力度。2019 年 1—11 月，自治区财政累计下达少数民族聚居区转移支付 1603.98 亿元，争取中央下拨广西少数民族发展资金 56993 万元，本级财政安排自治区少数民族发展资金 5350 万元。②

（八）生态文明建设持续加强

国务院及中央主要单位，尤其是生态环境部高度重视兴边富民环境保护政策的落实，边境地区生态环境进一步改善。兴边富民行动实施以来，生态环境部采取措施支持边境 9 省区开展农村环境综合治理、保障边境地区农村饮用水安全、加强边境地区生态保护并提升了边境地区环境监测能力建设水平。具体而言，在兴边富民行动中，生态环境部深入贯彻落实

① 笔者根据相关资料整理。只计算边境县市所属或派驻到边境县市的个人、集体和单位。

② 全面贯彻党的民族政策 深化民族团结进步模范区建设［EB/OL］. 广西民宗委，http：//www.gxtzb.cn/html/nr/56923.html.

“以奖促治”政策，帮助边境地区解决严重损害群众健康的农村突出环境问题，督促指导各地加强农村地区集中式和分散式饮水保护工作，促使边境地区农村饮用水水质逐年提高。此外，生态环境部将边境地区具有重要生态功能的地区划定为国家重要生态功能区，实施了一般性转移支付的生态补偿政策，并对国家生态多样性保护优先区域实施了重点保护。

边境9省区认真学习领会兴边富民行动规划中的环境保护政策，认真贯彻这些环保政策，并取得了明显成效。一是边境县市森林覆盖率有所提升，截至2016年年末，边境县市的森林覆盖率约为25.85%，超过同期全国平均森林覆盖率21.36%，并有半数以上的边境省区森林覆盖率超过60%，树立了建设生态环境的典范。二是边境县市造林面积有所增加，截至2018年年末，边境县市“十三五”时期累计造林65.55万公顷①，在全国总造林面积中占比达到5.54%。三是经济发展效率紧追全国平均水平，截至2018年年末，边境县市单位GDP用电量约为0.13（千瓦·时）/元，略高于全国平均水平0.08（千瓦·时）/元。②

以云南为例，2018年云南省开展水、土、气“三大战役”，开展了67种极小种群野生植物的拯救保护，争取中央资金支持云南省9个国家级自然保护区的基础设施和能力建设项目。实施天然林资源保护工程二期，全省2.5296亿亩森林得到了有效保护。2018年完成年度新增水土流失治理面积5204.11平方千米，完成国家水土保持重点工程水土流失治理面积691.93平方千米。截至2018年年底，全省已建成城镇污水处理厂156座，处理能力414.75万吨/日，管网10542千米，实现全省129个县（区、市）城镇污水全覆盖的目标，全省城镇污水处理率达到91.5%。2018年完成1019个建制村环境综合整治工作，开展农作物统防统治面积2856.7万亩，建设农村村委会所在地水冲公厕1870座，建设无害化卫生户厕42.8万座，

① 该数据未包括西藏边境县市。

② 笔者根据相关资料整理。

农村卫生厕所普及率73.5%。①

以广西为例，2018年为改善生态环境，广西开展“百日攻坚”行动，攻坚行动期间全区优良天数比率同比提高10.7个百分点，PM2.5浓度同比下降23.9%，环境空气质量综合指数同比下降12.6%。2018年国家“水十条”考核，广西地表水优良率为96.2%，劣Ⅴ类水体比例为0，近岸海域水质优良率为90.9%，设区市饮用水水源地水质达标率92.5%。②

二、兴边富民行动面临的挑战与问题

虽然兴边富民行动取得了显著成效，但应当清醒地认识到，边境地区，尤其是贫困地区大多自然条件严酷、土地资源匮乏，自然灾害多发，发展基础比较薄弱③，经济社会生态发展各项事业的绝对水平距离全国平均水平仍有不小差距。

（一）经济发展绝对水平与全国差距仍较明显

尽管兴边富民行动实施以来，全国边境地区经济实力显著提升，但与全国平均水平的差距依然明显。从产业结构上看，2018年边境县市三次产业结构为21∶36∶43，尽管第三产业比重超过第一和第二产业，但由于第一产业比重仍超过20%，边境地区目前仍处于工业化初期阶段。2018年全国三次产业结构为7.2∶40.6∶52.2，第三产业比重远远超过第二产业，处于工业化中后期阶段。仅从产业结构上看，边境地区与全国平均水平相比，经济发展水平还有较大差距。

从人均指标上看，2018年全国陆地边境地区人均生产总值39012元，只相当于全国人均GDP的60.46%；2017年边境地区人均固定资产投资为

① 云南省2018年环境状况公报［EB/OL］. 云南省生态环境厅，http://sthjt.yn.gov.cn/hjzl/hjzkgb/201906/t20190604_190327.html.

② 让绿色发展“壮”起来　生态环境“美”起来［EB/OL］. 广西政府网站，http://www.gxzf.gov.cn/sytt/20190121-732170.shtml.

③ 王飞. 边疆民族地区精准脱贫中的主要问题及建议［J］. 中央民族大学学报（哲学社会科学版），2018（4）：46-54.

37760 元，相当于全国人均固定资产投资的 81.86%；2018 年边境地区人均财政收入为 2382 元，不足全国人均水平的 20%；2018 年边境地区人均消费品零售额为 13022 元，不到全国人均水平的一半；2018 年边境地区农（牧）民人均收入 12075 元，只有全国农民人均收入的 82.61%。

（二）经济增长动能略显不足

与全国其他地区相比，边境地区地区生产总值增速、投资效率、城镇化率以及产业发展情况仍不容乐观，经济增长动能略显不足。

从地区生产总值增速上来看，2010—2018 年边境县市地区生产总值年均增速达 7.91%（按可比价格计算），略高于全国平均水平的 7.45%（按可比价格计算）。但同时，有将近一半省区——甘肃、辽宁、吉林和内蒙古的边境县市地区生产总值年均增速低于全国平均水平。此外，2015—2018 年，边境县市地区生产总值年均增速只有 4.32%（按可比价格计算），明显落后于全国平均增速 6.7%（按可比价格计算），增长动能不足。

从三次产业结构变动上来看，2018 年全国总体产业结构为 7∶41∶52，与 2010 年相比，第一、第二产业占比有所下降，降幅分别为 22.89 个和 12.57 个百分点，第三产业占比提升了 18.07 个百分点。而 2018 年边境县市三次产业结构为 21∶36∶44，与 2010 年相比，第一、第二产业占比有所下降，降幅分别为 1.9 个和 18.18 个百分点，第三产业占比提升了 23.79 个百分点。可见，边境地区产业结构自 2010 年以来，第一产业占比几乎没有变化，第二产业占比反而下降了，对于处于工业化初期的地区而言，这意味着工业化进展偏慢。边境地区如果仅依靠农牧业和服务业，则带动经济增长难度大，且容易受到区外经济波动的影响。

从常住人口城镇化率上来看，2018 年边境县市城镇化率仅为 38.71%，大幅低于全国平均水平 59.58%；从变化幅度上看，边境县市城镇化率较 2010 年增长了 8.37 个百分点，而同期全国城镇化率提高了 19.28 个百分点。各边境省区中，只有吉林和甘肃的城镇化率超过了全国平均水平，且西藏、广西和云南的边境县市城镇化率不足 30%。边境地区城镇化水平提升不尽如人意，通过新型城镇化推动经济增长难度大。

尽管边境地区基础设施有了极大程度的改善，但相对于“县县通高速”的内地省份而言，边境地区基础设施落后仍比较明显，特别是抵边乡镇、抵边村寨的基础设施投入缺口依然很大。同时，由于地广人稀，基础设施投资效益不高，基础设施短板将在很长的一段时间内存在，制约了边境地区经济社会发展。

（三）减贫工作仍存在较大压力

虽然边境地区的减贫事业取得了显著成就，到2020年年底边境地区贫困县将全部脱贫摘帽，但由于边境县市受地理、历史等诸多因素的影响，基层财力十分困难，自身财力投入十分有限，经济发展速度不快，基础设施条件差，农牧民生产生活水平不高，脱贫基础不很牢固。要确保2020年以后边境地区贫困人口能够继续实现脱贫，边境地区仍面临较大的压力。主要体现为扶贫政策难退出、扶贫主体单一、扶贫资金缺乏整合和边境贫困地区群众的自我发展能力仍有待提高。

当前对于已经脱贫摘帽的边境贫困县实行的是“脱贫不脱政策”，即脱贫后为了防止返贫及帮助贫困户进一步发展，相关扶贫政策仍将延续一段时间。不脱政策，并非指现有的扶持政策会永续存在。现有的经济资源、社会资源是有限的，对贫困户的扶持政策终究会有退出的一天。“脱贫不脱政策”中哪些政策应该延续，哪些政策在达到一定标准的情况下可以退出，哪些政策在2020年后会立刻退出，现在边境地区地方政府都缺少明确的标准。这种政策上的不确定性增加了未来的不确定性，不利于贫困户形成稳定的预期，在一定程度上会影响到他们能否安心生产，能否稳定脱贫。

此外，在精准扶贫政策的扶持下，贫困户的产业发展了，就业稳定了，收入提高了，但也应当注意到，大规模的、持续的扶持政策，也在一定程度上滋生了部分贫困人群“等、靠、要”思想。这些贫困家庭产生了较为严重的政策依赖心理，尽管表面上收入增加了，实现脱贫了，但是由于缺乏依靠自身奋斗而致富的内生动力，离开帮扶政策后他们很难适应当前的市场机制，一旦扶贫政策退出极有可能重新返贫。

“兴边富民行动”是由国家启动，从中央到地方层层推进的加速边境地区经济社会发展的国家战略，同时也属于一种区域性的开发战略，但从资源配置上看，以政府为单一主体的扶贫开发方式，资源配置体系是自上而下的，一定程度上忽视了市场的基础性作用及区域自我发展能力的培养。表现在扶贫资源过分依赖政府投入，没有完全、充分地建立起从市场和社会筹集动员资源的必要制度。此外，虽然中央财政和地方政府不断对边境地区的扶贫开发增加投入，但由于扶贫开发项目是由各政府部门以不同的项目和形式进行的，政出多门导致了扶贫开发资金整合难度大，不利于突出扶贫重点。从项目申报上，由于扶贫帮扶项目和资金计划一般由各帮扶部门自行研究决定，并按照各自渠道逐级向上申报，继而资金实行自上而下逐级拨付，在基层县级单位组织实施项目时，缺乏综合统筹平台和协调机构对此进行平衡。

最后，边境地区产业扶贫效果有待提高。出于自然、地理和历史的原因，民族地区的主要产业是单一的农牧业，受自然条件影响大，自我发展能力差，所以实施产业扶贫至关重要。对此国家出台了许多产业帮扶政策，但由于产业覆盖率低、布局不合理以及企业自主性低等，这些政策在实际操作中难以落实到位和发挥成效。①

（四）公共服务仍是明显的短板

尽管边境地区民生保障水平有了明显提升，公共服务大幅改善，但由于基础薄弱，目前公共服务仍是边境地区明显的短板。以卫生事业为例，边境地区卫生事业发展绝对水平与全国平均水平相比，差距依然明显。2018年边境地区每万人医院、卫生院床位数仅相当于全国平均水平的75.58%，边境地区每万人卫生技术人员数相当于全国平均水平的70.86%。

① 陈辉．社会主要矛盾转化视角下民族地区扶贫攻坚路径研究［J］．宏观经济管理，2018（10）：82-87.

且边境县市人均床位数和人均卫生技术人员数增长速度也不尽如人意，边境地区上述两个指标增速比全国平均水平分别低 1.72 个和 0.75 个百分点。边境地区卫生事业发展水平低，医护人员技术水平不高，医疗保险报销难，报销比例低的局面未有彻底改变，边民对此反映强烈。

边境地区整体教育水平落后的局面仍未得到根本扭转。一方面，边境地区对教育资金投入少，目前缺乏直接针对全国 140 个陆地边境县的教育扶持政策，有限的资金主要投入到教育质量更高的中心城市（边境地市州府所在地），投向边境县市的比重较低；另一方面，有限的资金主要用于教育事业硬件投入，教育机构师资水平不高的局面未得到明显改善，优秀师资力量流失到周边中心城市问题突出。

边境地区人才匮乏的局面也未能根本解决。边境省市由于地理位置偏远，多数地区自然条件恶劣，加上经济发展水平低，教育、卫生等公共服务水平低，不仅难以吸引内地人才流向边境地区，而且也难以留住自身优秀人才。中央各部委和各省区的人才政策，直接作用于陆地边境县市的较少，由于人才政策实施力度有限，边境地区各类专业技术人才匮乏的局面并未得到根本扭转。

（五）影响民族团结的不稳定因素未彻底根除

虽然边境地区民族团结进步事业不断取得进展，但也应意识到，我国的民族团结事业还需要进一步努力。近年来，边境地区宗教问题常常与历史问题和民族问题交织在一起，形成一个错综复杂的综合体。在多民族和多宗教的国家，宗教问题通常是民族问题中难以剥离的重要组成部分，这一点在边境民族地区表现得尤为明显。在一些边境地区，民族问题和宗教问题面临的形势比较严峻，民族工作一旦处理失当，将会造成较大的隐患，甚至导致极端事件出现。因此，对于民族团结问题，应该进一步加大工作力度，不能松懈。

（六）生态环境保护任重道远

虽然边境 9 省区环境保护工作取得了一定进展，但是环境保护任重而道远，需要进一步努力，以使边境地区和其他地区环境保护工作取得更大的成就。我们还必须看到，边境地区生态环境依然非常脆弱，环境保护压力依然很大。部分地区受经济利益驱使，企业甚至地方政府以牺牲环境来换取经济发展的现象依然存在。因此，国家必须保持并强化环境保护工作力度。

三、主要结论和政策建议

（一）主要结论

在国家和各省区的支持下，我国陆地边境地区经济社会发展取得了一定的成绩，但还面临不小的压力和挑战。

取得上述成效的原因可以归结为以下几方面：一是中央政府和各级地方政府高度重视，国务院主要部委积极配合兴边富民行动，都从各自部门角度出发，打造突破性措施，整合资源，加大对边境少数民族地区的支持力度；各级地方政府也积极响应国家兴边富民行动规划，根据各区域特点因地制宜地制定了各省区、各州（市）、各县（市）的兴边富民行动计划。二是大幅增加投入。兴边富民行动实施以来，中央财政在支持边境地区经济发展方面进行了重点倾斜，中央转移支付和兴边富民专项资金与早期相比，均有较大幅度增长。三是兴边富民行动项目切实解决了边民生产生活中的实际困难。边境县市根据自身条件，实施了一批基础设施、特色产业、农业生产、生态建设、文化教育等民生项目，明显改善了边境地区群众生产生活条件。

尽管纵向看边境地区兴边富民行动取得了一定成效，但与全国平均水平相比，差距不小。经济方面，边境县市人均生产总值、人均固定资产投资、人均财政收入、人均消费品零售额和农（牧）民人均收入均低于全国平均水平；扶贫方面，尽管取得了一定成绩，但扶贫开发主体单一、扶贫资金缺乏整合和边境贫困地区群众的自我发展能力不足的问题依然存在；社会事业发展方面，尽管取得一定发展成绩，但边境地区社会事业发展落后，公共服务水平相对较低的局面没有得到根本改变，边民对于教育、卫生、社会保障方面的公共服务质量不满意情况仍比较突出；边境地区生活条件艰苦，工资水平不高，使大量的优秀专业技术人员逐渐流失到周边的中心城市，边境地区专业技术人才匮乏的局面依旧；边境地区民族问题和宗教问题交织在一起，在有些地区形势非常复杂，稍有疏忽就会形成大的隐患；边境地区生态环境脆弱，环境保护压力依然很大。

兴边富民行动主要任务实施效果不显著的原因可以归结为：一是兴边富民行动协调制度不完善，兴边富民行动小组成员多，协调困难，小组组长级别低，协调力度不足，协调机制不明确，协调能力受到限制，协调力度不足导致中央各部委兴边富民行动政策针对性不强。二是行动目标不够明确，规划没有明确兴边富民行动各项任务的具体目标，在软性目标约束下，国务院、各中央单位、各级地方政府对于边境地区扶持力度不明确，兴边富民行动项目推进力度不明确，兴边富民行动实施效果不能精确衡量。三是推进手段单一，直接扶持政策少，扶持力度不足。目前边境地区兴边富民行动推进主要是依靠兴边富民行动项目，实施手段单一，只有民委、发展改革委等少数部门的资金支持，其他部门支持少。尽管兴边富民行动涉及 40 多个中央部委，但对于全国 140 个陆地边境县的直接扶持很少。

（二）推进兴边富民行动政策建议

1. 强化协调制度，加大协调力度

我们建议在现有兴边富民行动协调小组的基础上，进一步强化协调小组的功能，明确协调小组的运行机制。首先，为了提高协调小组工作效率，应提升协调小组的级别。兴边富民行动是一项国家战略，是当前我国边疆发展影响最大、最重要、最能凝聚民心的国家政策之一。我们建议由国务院副总理级别领导担任协调小组组长，国家民委作为协调小组成员单位。在现有体制下，由国务院副总理担任小组组长，能够较好地解决协调小组成员较多、协调难度较大的困难，有利于提高协调小组工作效率。其

次，要制度化、明晰化协调小组工作机制。协调小组应从不定期开会转为定期开会，每年至少要召开一次会议，各成员单位汇报兴边富民行动政策落实情况。编制边境地区享受扶持政策的汇编文件，进一步明晰各成员单位的工作任务和职责。对于需要几个部委协作完成的项目需要明确各部门分工、职责、合作方式等内容。

2. 明晰行动目标，加大规范力度

在制定兴边富民行动“十四五”规划时，应对规划目标做出明晰的界定，如明确规定到“十四五”末边境地区生产总值增长率，基础设施建设、对外贸易、城镇化水平、人均收入、社会保障应达到的具体目标。只有有明晰的规划目标，才能明确地界定国务院、中央各部委、各省区政府的责任，才能准确地评价各个省区兴边富民行动实施成效，才能更有效地推进兴边富民行动。尽管全国 140 个陆地边境县经济社会发展情况差异较大，但可以将这些县域单元按照经济社会发展水平分几大类，对于不同发展水平边境县市，允许规划目标适当地小幅调整。

3. 综合运用多种政策措施，加大政策力度

要改变目前兴边富民行动政策手段单一的局面，除了运用传统的资金投入措施外，还应当运用金融政策、税收政策、产业政策、人才政策等多种政策措施。目前扶贫项目中，已经逐步开始试行贴息贷款政策，在兴边富民行动项目，尤其是生产发展类项目中，也可以试行贴息贷款政策。许多边境地区工业化程度低，民间投资少，国家可以运用税收优惠政策鼓励东部、中部企业在边境地区投资建厂，鼓励向边境地区进行产业转移。边境地区特色农牧业、旅游业发展潜力大，国家可以运用产业政策支持边境地区发展特色优势产业。边境地区人才缺乏，不仅人才培养不易，人才引进难度大，还面临人才流失的困境，国家应当在人才政策上向边境地区倾斜，不仅要提高专业技术人员的工资水平，增强边境地区吸引力，还要鼓励优秀人才，特别是年轻人才为边境地区服务，如对于在边境县市工作的专业技术人员，在职称评定、干部选拔中给予一定程度的倾斜。

4. 着力提高公共服务水平，提高民生保障程度

在市场经济条件下，边境地区发展经济面临诸多不利条件，因此，促进经济发展的效果非常有限，人均收入增长慢。而且，由于过于重视经济建设、忽视社会事业发展，边境地区公共服务质量提升有限，致使边民生活质量与中心城市的相对差距难以缩小。我们建议，在"十四五"时期，兴边富民行动工作重点应着力提高公共服务水平，提高民生保障程度。一是当前边境地区公共服务水平与周边中心城市差距大，边民不满意程度高，是迫切需要解决的问题，通过提高公共服务水平来提高边民生活质量是当务之急，也是实现稳边、兴边的前提；二是市场机制作用下，发展生产的兴边富民行动项目收益不高，因此资金的成本收益率低，资金使用效率不高；三是提供公共服务本就是地方政府主要任务之一；四是社会事业项目尽管经济效益不高，但是社会效益、生态效益显著，因此总的成本收益率高，资金使用效率高。因此，应当将提高公共服务水平作为推进边境地区兴边富民行动的重点领域，切实提高边民的生活质量，实现稳边、兴边。

第二章　兴边富民行动相关政策措施

从2000年开始，国家实施兴边富民行动。“兴边”“富民”是“兴边富民行动”的出发点和归宿，“行动”表明这是有计划、有组织的阶段性工作。兴边富民行动的宗旨就是振兴边疆、富裕边民。2000年1月发布的《国家民委关于进一步推动“兴边富民行动”的意见》指出，“兴边富民行动……争取用10年左右的时间，使边境民族地区基础设施条件得到明显改善，人民群众生活有明显提高，经济和社会事业全面进步，最终达到富民、兴边、强国、睦邻的目的”。从“十二五”开始，国家兴边富民行动进入新的阶段，中央财政投入大幅增长，对边境地区支持力度显著提升。进入“十三五”以来，兴边富民行动在守边固边、经济发展、基础设施、民生保障、对外开放、生态文明等方面制定了更高的发展目标。本章将总结“十二五”以来国务院及各主要部委、边境省区政府制定的推进兴边富民行动的主要政策措施。

一、国家相关规划和指导意见

国家相关规划和指导意见大致有三类：一是兴边富民行动的专项规划；二是支持沿边地区居民改善生产生活条件的各项政策；三是支持沿边地区加快开发开放的相关政策。

（一）兴边富民行动规划

国务院于2007年颁布了第一个兴边富民行动五年规划，即《兴边富民行动“十一五”规划》，此后又连续颁布了《兴边富民行动规划

(2011—2015年)》和《兴边富民行动“十三五”规划》。

1.《兴边富民行动规划(2011—2015年)》

国务院于2011年6月颁布了《兴边富民行动规划(2011—2015年)》(以下简称《规划》),《规划》明确指出兴边富民行动的实施范围:内蒙古、辽宁、吉林、黑龙江、广西、云南、西藏、甘肃、新疆等9个省、自治区的136个陆地边境县(市、旗、市辖区),新疆生产建设兵团的58个边境团场。

《规划》明确提出了“十二五”时期兴边富民行动六大发展目标:基础设施进一步完善,改善边境地区乡镇、建制村公路条件,边境地区主要口岸、边民互市点的交通条件,解决饮水安全和用电问题;边民生活质量明显提高,贫困人口明显减少,居民收入大幅提高,就业更加充分,农村危房数量显著下降;社会事业取得长足进步,教育、卫生、文化事业全面提高,边民上学难、看病难的问题基本得到解决,文化需求基本得到满足;民族团结、边防巩固、睦邻友好,民族团结进步事业深入发展,维稳控边能力进一步增强;沿边开发开放水平显著提升,口岸功能更加完备,边境贸易稳步发展,边境经济合作区辐射和示范作用增强;特色优势产业发展壮大,经济结构调整步伐加快,自我发展能力进一步增强。

《规划》明确提出了兴边富民行动的五大主要任务:一是加强基础设施建设。包括大力加强公路建设,农牧业基础设施建设,农村邮政、电信和互联网基础设施建设等内容。安排了边境村寨边民工程、沿边等级公路建设工程、边境水利建设工程等重点工程。二是着力改善和保障民生。涵盖加大扶贫开发力度、加大农村饮水安全工程建设力度、巩固“普九”成果等内容。安排了扩大农村危房改造试点工程、边境信息下乡工程、边境农村五保供养服务设施建设、边境文化固边工程、边境农村实用人才队伍建设、基层公共文化保障工程、边境卫生院能力建设工程等系列工程。三是促进民族团结和边防稳固。包括依法打击民族分裂犯罪活动,形成维护民族团结的社会氛围,以民族团结进步先进集体和爱民固边模范村(社区)为基地,以民族团结进步和爱民固边先进个人为榜样,巩固扩大民族团结进步和爱民固边先进典型的影响力和号召力，构筑边境地区民族团结、边防巩固的屏障等内容。安排了边境民族团结进步示范村建设工程、爱民固边模范村创建活动、高校心系边境产学研用活动等重点工程。四是提升沿边开发开放水平。支持海关特殊监管区域、边境和跨境经济合作区建设，提高跨境经济技术合作水平，逐步建成一批以能源、原材料、特色农产品、粮食、棉花等资源性产品为主的国际物流集散中心。加强边境口岸基础设施及其检查检验配套设施建设。加快边境经济合作区发展，建立现代产业体系，积极承接国内外产业转移等。安排有边民互市贸易点建设、承接产业示范区建设、跨境经济合作区建设等工程。五是促进特色优势产业发展。扶持特色农牧产品加工，着力延长农业产业链条，充分挖掘丰富的民族传统文化资源，大力推进劳务经济产业化发展，支持中小企业技术创新、结构调整、节能减排、开拓市场、扩大就业、人员培训。继续扩大兴边富民特色优势产业发展试点，重点选择具备一定规模、带动性强、辐射面广、市场竞争力强的特色优势产业予以支持，带动边民增收致富，推动县域经济发展。

2.《兴边富民行动“十三五”规划》

国务院于2017年6月颁布了《兴边富民行动“十三五”规划》（以下简称《规划》）。《规划》进一步明确了兴边富民行动的实施范围为全国140个陆地边境县（市、旗、市辖区）①，新疆生产建设兵团的58个边境团场。海南省6个民族自治县继续比照享受兴边富民行动相关政策。

《规划》提出了“十三五”时期兴边富民行动的六项基本原则，与“十二五”时期相比，新增四个原则，分别是：边民为本，改善民生；改革创新，活边富民；军民融合，共建共享；促进团结，固边睦邻。

《规划》提出了兴边富民行动“十三五”时期的七大发展目标，在基础设施、经济发展、对外开放、民生保障、边防安全、边疆稳固等方面制定了更高的发展目标，而且在“十二五”目标基础上新增了生态良好、绿

① “十二五”时期，因行政区划调整，全国陆地边境县的数量由“十二五”初期的136个扩大为140个。

色发展的目标。《规划》明确指出："绿色、低碳、循环的生产生活方式在边境地区深入人心，跨区域生态建设和环境保护联动机制建立健全，森林、草原、河湖、湿地等自然生态系统稳定性和生态服务功能全面提升，边境地区经济与资源环境协调发展态势明显。"

《规划》提出了兴边富民行动"十三五"时期的六大主要任务和六大重点工程，并规定了更为全面的任务和更具体的工程要求。在加强基础设施建设任务中，除了重视公路建设外，还提出推动边境地区铁路通道建设、航空航运建设的任务。并具体规划了沿边公共服务设施建设工程，边境交通脱贫攻坚工程，"一带一路"国际铁路通道建设工程，沿边铁路、沿边公路贯通工程，兴地睦边土地整治重大工程，边境农村饮水安全巩固提升工程，边境地区信息安全基础工程，沿边重点城镇建设工程，边境地区少数民族特色村镇工程九大强基固边工程。

在改善和保障民生任务中，《规划》提出要精准推进边境贫困人口居边脱贫。在边民的居住生活条件、社会保障体系建设、边境地区卫生教育事业、边民就业创业、边境地区公共文化科技服务能力方面提出了新的任务要求。并具体规划了护边脱贫、兴边富民整村推进、安居守边、边民就业创业、边民健康、边境地区文化建设、边境地区教育建设七大民生安边工程。

在发展特色优势产业任务中，《规划》进一步明确了边境地区特色优势农业、加工制造业、服务业发展的任务，同时提出了推进边境地区产业园发展的新任务。具体规划了边境地区特色优势农业培育、特色林业富民、多彩边境旅游、民贸民品和少数民族特色手工艺品发展、边境产业园区建设、边境创新品牌行动、扩大食品农产品出口七大产业兴边工程。

在提升沿边开发开放水平任务中，《规划》提出了推动边境地区深度融入"一带一路"建设、大力推动边境地区对外贸易发展方式转变、提升沿边开放便利化水平、加强边境地区开发开放平台建设的新任务。并具体规划了边境口岸建设、培育、边民互市贸易点建设、边境人员往来便利化四个开放睦边工程。

在通力维护民族团结和边防稳固的任务中，《规划》提出加强边境地区基层治理能力建设、巩固发展民族团结进步事业、推进军民深度融合发展、通力共建和谐边疆的新任务。并具体规划了民族团结进步创建、兴边富民行动示范、爱民固边模范村创建、边境地区平安建设四个团结稳边工程。

《规划》新增了“加强边境地区生态文明建设”的任务，提出了筑牢国家生态安全屏障、加强边境地区生态建设、推进边境地区环境污染治理三个要求。并规划了生态安全保障、人居环境综合整治、动植物疫病防控三个生态护边工程。

（二）改善边民生产生活条件相关政策

国务院于2016年11月印发《“十三五”脱贫攻坚规划》，提出大力推进兴边富民行动，使边民能够安心生产生活。国务院于2016年12月发布《“十三五”促进民族地区和人口较少民族发展规划》，明确提出要全面改善边民生产生活条件，大力推进边境地区社会保障体系建设，促进边民就业创业，优先发展边境地区教育卫生文化科技事业，全面提升边境地区公共服务能力。

中共中央办公厅、国务院办公厅于2017年联合印发《关于加大边民支持力度促进守边固边的指导意见》，提出“大幅提高一线边民补助标准，全面解决边民住房安全，切实加强边境村镇道路建设，加快解决边民饮水安全，全面提升边境通信条件，大力改善边境地区农村人居环境等”。并明确提出“边境省区要根据当地农村居民人均可支配收入、物价水平变动、自身财力状况等因素，建立边民补助动态调整机制，确保边民获得补助后人均可支配收入不低于本省区农村居民人均可支配收入水平”。这些政策措施已高于集中连片特殊困难地区所能享有的政策措施，能够满足边境地区贫困人口如期脱贫需求，能够显著改善边民生产生活条件。2018年，中央出台了《关于深入推进兴边富民行动的意见》，对兴边富民、守边固边、强边固防等又作出了系列决策部署。

（三）沿边开发开放相关政策

国务院办公厅于 2015 年 12 月印发《关于支持沿边重点地区开发开放若干政策措施的意见》，明确列出八大任务：第一，深入推进兴边富民行动，实现稳边安边兴边。支持边民稳边安边兴边，加大对边境地区民生改善的支持力度，提升边境地区基本公共服务水平。提升边境地区国际执法合作水平，推动边境地区公安机关在省（区）、市（州、盟）、县（旗）三级设立国际执法安全合作部门等。第二，改革体制机制，促进要素流动便利化。加大简政放权力度，提高贸易便利化水平，提高投资便利化水平，推进人员往来便利化，促进运输便利化等。第三，调整贸易结构，大力推进贸易方式转变。支持对外贸易转型升级，引导服务贸易加快发展，完善边民互市贸易等。第四，实施差异化扶持政策，促进特色优势产业发展。实施有差别的产业政策，研究设立沿边重点地区产业发展基金，加强产业项目用地和劳动力保障等。第五，提升旅游开放水平，促进边境旅游繁荣发展。改革边境旅游管理制度，探索建设边境旅游试验区，加强旅游支撑能力建设。第六，加强基础设施建设，提高支撑保障水平。加快推进我国与周边国家基础设施互联互通建设，加快推进互联互通境内段项目建设。加强边境城市航空口岸能力建设，加强口岸基础设施建设等。第七，加大财税等支持力度，促进经济社会跨越式发展。增加中央财政转移支付规模，强化中央专项资金支持，实行差别化补助政策，加大税收优惠力度，比较执行西部大开发相关政策等。第八，鼓励金融创新与开放，提升金融服务水平。拓宽融资方式和渠道，完善金融组织体系，鼓励金融产品和服务创新，防范金融风险等。

中共中央办公厅、国务院办公厅于 2020 年 5 月联合印发《关于新时代推进西部大开发形成新格局的指导意见》，指出要以共建“一带一路”为引领，加大西部开放力度：针对沿边地区，要完善沿边重点开发开放试验区、边境经济合作区、跨境经济合作区布局，支持在跨境金融、跨境旅游、通关执法合作、人员出入境管理等方面开展创新；扎实推进边境旅游试验区、跨境旅游合作区、农业对外开放合作试验区等建设；统筹利用外经贸发展专项资金支持沿边地区外经贸发展；完善边民互市贸易管理制度。

二、国务院各部委相关政策措施

兴边富民行动规划提出以后，国务院及中央相关单位积极反应，广泛参与，国家发展和改革委员会、国家民委、财政部、中国人民银行、国务院扶贫办、组织部、宣传部、外交部、教育部、科技部、工业和信息化部、公安部、民政部、人力资源和社会保障部、自然资源部、生态环境部、住房和城乡建设部、交通运输部、水利部、农业农村部、商务部、文化和旅游部、国家卫健委、国务院国资委、海关总署、税务总局、新闻出版广电总局、林业局、宗教事务局、能源局、公务员局、民用航空局、文物局、中医药管理局、边海防委员会、国家开发银行、全国供销合作总社、共青团中央、全国妇联和中国科协等40家单位积极参与。各单位根据兴边富民行动规划的要求，采取了相关的措施给予支持，为兴边富民行动规划的落实奠定了坚实基础。

国务院扶贫办与国家发展改革委于2011年9月联合发布了《滇西边境片区区域发展与扶贫攻坚规划》。规划期为2011—2020年，规划区域范围包括云南省保山市、丽江市、普洱市、临沧市等10个州市的集中连片特殊困难地区县市区56个、其他县市区5个，共61个县市区。该规划提出，大力实施兴边富民工程，巩固边境一线，实施边境扶贫，做到“留得下、守得住、能致富”；着力改善边境地区交通和边境重点地区信息等基础设施条件，重点推进口岸、边民互市贸易点、边境旅游点等建设；支持边境地区发展特色优势产业和边境旅游，大力发展边境贸易；积极发展社会事业，加强社会保障，完善对承担守边任务边民的补助机制；加强边境学校建设，提高教育水平；大力开发人力资源，提高边民综合素质和自我发展能力；加大对区域内农垦企业的支持力度，将垦区中低产田改造、道路和电网改造、饮水安全、农村危房改造等基础设施建设纳入国家和地方建设规划，与地方同步实施。

国家发展改革委于2019年8月印发《西部陆海新通道总体规划》。西部陆海新通道位于我国西部地区腹地，北接丝绸之路经济带，南连21世纪海上丝绸之路，协同衔接长江经济带，是深化陆海双向开放、推进西部大开发形成新格局的重要举措。而西部陆海新通道是一条能够与“一带一路”连接的“经济走廊”，与西部自由贸易试验区协同，能够推动边境地区进一步提高开放开发水平。

国家发展改革委于2020年4月印发《2020年新型城镇化建设和城乡融合发展重点任务》，提出在边境地区推进潜力型城镇以产聚人、战略支点型城镇以城聚产，打造以内陆邻近的大中城市为辐射源、边境县级市及地级市市辖区为枢纽、边境口岸和小城镇为节点、边境特色小镇为散点的边境一线城镇廊带。推进兴边富民行动，改善边境一线城镇基础设施和公共服务，建设沿边抵边公路，实施守边固边工程。

国家交通运输部和国家民委于2016年印发《关于贯彻〈民族区域自治法〉推进民族地区交通运输健康发展的意见》，明确提出支持民族地区渡口改造，渡改桥、国边防公路及内河水运等方面的基础设施建设，配合兴边富民行动。2017年国家交通运输部与中国农业发展银行联合发布了《中国农业发展银行关于合力推进交通扶贫脱贫攻坚工作的通知》，提出对少数民族县、边境县的不同区域交通发展需求，精准运用农发行信贷资金和农发重点基金，发挥信贷产品“组合拳”优势，把政策性信贷基金用到最需要帮扶的地方。

文化部于2017年印发《文化部“十三五”时期文化科技创新规划》，提出要发挥文化科教扶贫兴边作用。发挥文化科教在精准扶贫和兴边富民中的作用。支持农民以“文创+科创+农创”模式创业致富。依托现代技术推动贫困、边境地区数字文化旅游等业态发展。

文化部为了落实国家扶贫攻坚和兴边富民战略，发挥文化在稳边、固边、兴边方面的重要作用，于2017年5月印发《关于加强边境地区文化建设的指导意见》，以此推动“十三五”时期边境地区文化建设加快发展。该指导意见与文化部“十三五”规划密切衔接，坚持问题导向和目标导向相结合，围绕边境文化建设亟待解决的重点难点问题和基层群众诉求，制定了一系列指向性强、含金量高的工程项目和政策措施，在艺术传承发展、公共文化设施和资源建设、文化遗产保护利用、特色文化产业发展、文化市场监管、文化睦邻合作等方面，安排了一系列工程、项目和政策，将全面提升边境地区文化建设水平。

文化部于 2017 年 7 月印发《文化部“十三五”时期公共数字文化建设规划》，规划了边疆万里数字文化长廊建设项目。在我国沿边沿海的 18 个省（区、市）和新疆生产建设兵团，建成不少于 1 万个能够提供便捷服务的数字文化驿站，利用现代信息技术特别是移动通信技术，进一步整合资源，提高配置标准，消除公共文化服务“盲点”。

文化和旅游部等 10 部门于 2018 年 3 月印发《内蒙古满洲里边境旅游试验区建设实施方案》《广西防城港边境旅游试验区建设实施方案》，提出经过 3 年左右时间，到 2020 年，满洲里试验区实现由旅游通道向旅游目的地转变，基本建成中俄蒙文旅交融合作的窗口、国际化的旅游城市、边疆民族地区和谐进步的示范区；防城港试验区成为中越跨境旅游目的地、中越旅游产业融合发展实践区和中国—东盟旅游合作先行区。

海关总署于 2016 年印发《国家口岸发展“十三五”规划》，明确指出将黑龙江、吉林、辽宁和内蒙古东部建设成面向东北亚的开放枢纽；将新疆、甘肃培育为面向中亚、西亚、南亚以及中东欧国家的商贸物流中心；将广西建设为面向东盟的国际大通道；将云南建设为“一带一路”西南开放桥头堡。

国家质检总局于 2016 年 3 月印发《关于支持沿边重点地区开发开放的意见》。其中明确提出了 6 个方面的意见：充分认识沿边重点地区开发开放的意义、支持沿边重点区域建设、促进沿边重点地区经济贸易发展、深化检验检疫监管模式改革、提升沿边重点地区贸易便利化水平、加强质检国际交流与合作。

三、边境省区及新疆生产建设兵团相关政策措施

（一）内蒙古自治区

内蒙古自治区于2017年5月印发《内蒙古自治区“十三五”脱贫攻坚规划》，指出要编制边境扶贫专项规划，大力推进兴边富民行动，加快推进边境地区基础设施和社会保障设施建设，集中改善边民生产生活条件，扶持发展边境贸易和特色经济，使边民能够安心生产生活、守边固边。

内蒙古自治区于2017年4月出台《关于支持沿边重点地区开发开放的实施意见》，提出对符合条件的边民每年每户补助1000元，并根据实际情况建立动态调整机制，鼓励边境地区群众搬迁到具有边境线的嘎查村居住；积极支持边民创业就业，降低创业创新门槛，对于边民自主创业实行“零成本”注册，符合条件的边民可按规定申请10万元创业担保贷款等；边境地区居民可享受政策内住院报销比例保持在75%左右，并逐步提高大病保险报销比例；沿边重点地区实施12年免费教育政策和实行中等职业教育免学费制度；创新口岸监管模式，将口岸通关现场非必要的执法作业前推后移；加强与中欧班列开行城市、东北三省、京津冀等重点地区的通关协作，全面融入全国通关一体化进程，全面实施检验检疫一体化等；发展跨境旅游合作区，深化与俄蒙旅游合作，支持满洲里、二连浩特、阿尔山创建跨境旅游合作区。

内蒙古自治区2018年印发《关于金融支持乡村振兴战略的指导意见》，提出加大对兴边富民行动的信贷支持，各金融机构要制定差别化的信贷政策，研发信贷产品，探索开办银关通业务和国际结算业务，加快推动牧业旗、边境旗县、“三少民族”自治旗、民族乡和其他少数民族聚居地区特色优势产业发展；重点扶持边境牧业地区、少数民族聚居地区加快发展，优先扶持19个边境旗县农牧业基础设施、生态农牧业产业化园区、现代畜牧业发展。

（二）辽宁省

“十二五”时期，辽宁省重视边境地区特色产业发展，整合兴边富民行动专项资金、涉农资金，突出发展边境地区的人参、草莓、蔬菜等特色产业供应基地；深化民族团结进步创建活动和扎实推进爱民固边模范村（社区）、模范乡（镇）、模范县（市）创建活动；积极引导宗教团体、宗教界人士和信教群众为稳边固边和边境地区发展服务；积极开展创建“百里平安边防线”活动。

辽宁省制定了《辽宁省兴边富民行动“十三五”规划》，指出要推进重点工程和重点任务的实施，促进边境地区和民族地区加快发展。基础设施建设。对边境地区 254 所中小学实施改造，实施干线公路低标准路段升级改造工程 67 千米，完成农村公路建设改造工程 238 千米；基本完成边境地区中小城市基础网络完善工作。民生保障。边境一线农村下达农村危房改造任务 2140 户；完成“丹东市基层医疗机构管理信息系统”建设项目。特色优势产业。新增投资亿元以上农业产业化项目 8 个，年销售收入亿元以上农业产业化龙头企业 3 户，规模以上农产品加工企业达 148 家。沿边开发开放。推动出境加工试点，信息化系统建设；支持出境加工产业园建设；建立丹东市中朝边民互市贸易区综合服务中心。生态文明建设。开展生态乡镇、生态村创建工作，完成创建生态乡镇 3 个，生态村 30 个。民族团结和边防稳固。建立了 1 个省级和 3 个市级“民族团结进步教育基地”，建立健全党政军警民“五位一体”的边境安全管控机制。

（三）吉林省

吉林省于 2012 年 5 月 15 日印发《吉林省兴边富民行动规划（2011—2015 年）》，确定了如下的重点任务：加强基础设施建设。到 2015 年，力争实现边境一线干线公路基本达到三级以上标准，边境一线所有建制村通水泥（沥青）路；加快推进吉林至珲春客运专线建设，开工建设四平至松江河等快速铁路；开工建设珲春至东宁、松江河至长白等铁路项目；启动边境县（市、区）高速公路建设前期工作，加快建设边防公路。着力保障和改善民生。促进各项公共服务向边境地区延伸，到2015年年末基本完成边境地区农村危房改造任务；实现乡乡有合格卫生院，村村有合格卫生室，切实解决边境地区各族群众看病难问题。大力发展特色优势产业。启动实施一批以棚膜经济、蔬菜、人参等为主的特色优势产业；重点扶持边境地区具有资源优势的矿产、建材、能源、林产品加工等工业项目建设；依托长白山、集安高句丽古迹等旅游资源，大力发展生态特色游、边境游、跨国旅游和朝鲜族民俗风情游等旅游产品品牌。提升沿边开发开放水平。充分利用图们江国际区域合作等平台，积极参加各种项目推介和招商活动，深化同周边国家的经济合作。

吉林省于2017年印发《吉林省“十三五”兴边富民行动规划》，确定了“十三五”时期的主要任务：强化边境地区基础设施建设。完善边境公路、铁路、航空交通网络，开工建设沈阳至白河吉林段、敦化至白河等项目，规划建设松江河至漫江至长白、珲春至东宁铁路项目；建成集安至通化、辉南至白山、龙井至大蒲柴河等高速公路；适时推进集安公路口岸、安图双目峰口岸、临江口岸升级为国家级口岸；扩能改造图们—珲春—（俄）马哈林诺—扎鲁比诺跨境铁路。发展和保障民生。重点建设龙井市、和龙市等社会福利服务中心，老年公寓和养老养护中心、日间照料服务站；重点建设珲春市文化馆、博物馆、长白山8个乡镇总和文体中心等；重点实施边境地区城市棚户区和国有工矿棚户区改造。发展特色优势产业。重点发展人参产业，重点建设长白山通化葡萄产业集聚区、长白山食用菌产业园、长白山生态产业园区等；重点规划矿泉水产业、硅藻土产业、新材料产业项目；重点建设长白山观光休闲、鸭绿江高句丽文化、东北亚国际旅游等3条旅游产业发展带。提升沿边开发开放水平。依托大图们倡议等合作平台，加强对外合作贸易交流。加强生态文明建设。加快实施以长白山为主体的生态安全战略。鼓励集安、长白、临江、和龙等基础较好的地区开展生态文明示范县（市）创建工作；加强工矿采空区、塌陷区治理，促进矿山生态恢复。

（四）黑龙江省

黑龙江省于 2011 年 11 月 15 日印发《黑龙江省兴边富民行动规划（2011—2015 年）》，提出了基础设施进一步完善，边民生活质量明显提高，社会事业长足进步，民族团结、边防巩固、睦邻友好，沿边开发开放水平显著提升，特色优势产业较快发展六大目标。该规划确定了三大工程：基础设施建设强基工程。包括边境地区村镇建设、交通设施建设、水利设施建设，统筹边境地区防洪、灌溉、农村供水、水电开发、水土保持等各类水利建设任务。改善和保障民生重点工程。继续加快推进农村危房改造，逐步解决边境农村困难家庭的住房安全问题，力争使边境村屯全部用上安全卫生的饮用水；改善边境地区乡镇、农村医疗卫生机构基础设施条件等。特色优势产业重点工程。扶持特色种养业、支柱产业、特色旅游业发展，扶持龙头企业发展等。

黑龙江省于 2016 年 11 月印发《关于贯彻落实国务院支持沿边重点地区开发开放若干政策措施的实施意见》，提出深入推进兴边富民行动，实现稳边安边兴边；改革体制机制，促进要素流动便利化；调整贸易结构，大力推进贸易方式转变；实施差异化扶持政策，促进特色优势产业发展；提升旅游开放水平，促进边境旅游繁荣发展。

黑龙江省于 2017 年 9 月印发《黑龙江省兴边富民行动规划（2016—2020 年）》，规划实施范围包括穆棱市、东宁市、同江市等 18 个陆地边境县。该规划确定了以下主要任务：全力保障和改善边境地区民生。集中解决东宁市三岔口朝鲜族镇等一批重点民族乡（镇）供热、供排水、污水和垃圾处理等基础设施薄弱问题；到 2020 年边境地区义务教育学校标准化率达到 100%，高中阶段教育毛入学率达到 90% 以上；边境地区县域内就诊率达到 90% 以上。以大小兴安岭生态功能区、长白山森林生态功能区、三江平原湿地生态功能区建设为核心，加强生态保护，增强生态屏障功能。推进边境地区基础设施建设。重点推进漠河、黑河、抚远、密山（东方红）等铁路提速改造，积极推动绥芬河、虎林等新机场建设及现有机场改扩建工程；加强黑龙江、乌苏里江、兴凯湖等界河（湖）的航道治理和黑河港等界河港口建设，加快建设黑河黑龙江大桥；开通绥滨中兴港至哈巴运输江海联运航线等。大力发展边境地区特色优势产业。打造沿边生态高效安全农业经济带，打造寒地有机食品基地；发挥边境地区煤炭、石墨、境外木材等资源优势，大力发展绿色食品加工、矿产资源开发、外贸产品加工、北药开发等产业项目等。提升沿边开发开放水平。加快推进中蒙俄经济走廊建设，完善绥芬河综合保税区和沿边国家级边贸区功能，加快建设绥芬河—东宁重点开发开放试验区和境内外产业园区等。

黑龙江省于2020年7月印发《中国（黑河）跨境电子商务综合试验区实施方案》。该方案提出，紧密围绕把黑河建设成为我国向北开放窗口的目标，积极融入国家重大战略，服务黑龙江省对外开放总体布局，以扩大开放和改革创新为驱动，以培育壮大外贸新业态为核心，推动跨境电子商务全面发展；促进线上线下交易规范发展，构建边境地区现代流通和跨境电商市场营销体系。

（五）广西壮族自治区

广西壮族自治区于2012年11月印发《广西兴边富民行动大会战实施方案》，实施范围是广西8个边境县市0~20千米范围的村屯，其中距陆地边境线0~3千米范围的村屯为重点地区，共涉及44个乡（镇）、540个建制村。大会战的建设任务是：边境乡村实现“八通”，促进具备条件的边境村屯和边境哨所实现通水、通电、通路、通电话、通广播电视、通网络、通客运班车、通边贸点；沿边群众得到“八有”，保障边民有基本农田、有安居住房、有村级公共服务中心、有乡（村）卫生院（室）、有清洁能源设施、有农贸市场和边贸设施体系、有稳定增收产业、有基本社会保障。

广西壮族自治区于2018年1月印发《广西关于贯彻落实〈兴边富民行动“十三五”规划〉的实施意见》，围绕边境地区基础设施建设、民生保障、特色产业发展、对外开放、生态文明建设、民族团结和边防稳固制定了具体任务和工程。该意见提出要改善边境地区民生：确保到 2020 年，现行标准下，8 个边境县（市、区）385 个贫困村、10.2 万户贫困户和 40.3 万贫困人口实现脱贫、贫困县全部摘帽。全面改善边民居住生活条件。分期分批推进边境地区农村危房改造。鼓励和扶持边境地区常住居民抵边居住生产，完善边民生活补助标准定期调整机制，提高边民生活补助标准。落实国家基本公共卫生服务项目，确保边境地区居民享受基本医疗服务。加快完善社会救助体系，全面高效快捷实施临时救助制度。推动边境地区教育事业全面发展，完善边境地区学前教育公共服务体系，每个乡镇至少办好 1 所公办中心幼儿园，在有条件的乡镇新增建设 1~2 所公办中心幼儿园；农村小学全科教师定向培养计划和中小学教师国（区）培计划重点向边境县倾斜照顾。实施广西基层医疗卫生机构能力建设行动计划，实现到 2020 年边境地区县、乡两级医疗卫生机构全面达到国家标准要求，每个行政村都有一个标准化村卫生室。

该意见提出要推进边境地区特色优势产业发展。推动特色农业发展。支持边境地区建设一批现代特色农业示范区、农业科技园区，加快建设粮食、糖料蔗、水果、蔬菜、食用菌、桑蚕、茶叶等特色优势农产品生产基地。推进特色加工制造业发展。重点建设东兴、防城、宁明等海产品加工制造基地和防城港钢铁、百色生态铝、崇左铁合金循环经济示范区，以及凭祥、东兴红木加工产业集群。推进边境地区特色服务业发展。推进建设防城港市和崇左市边境旅游试验区，推动建设边境 8 县（市、区）风情购物街、打造广西边关特色旅游品牌。

该意见提出要提升对外开放水平。大力推广“边贸产品+落地加工”模式，助推边境地区经济由“通道经济”向“口岸经济”转变。提升通关便利化水平，加强重点口岸的查验设施、信息化平台和配套保障设施建设，进一步优化口岸环境，提高通关效率。加强边境地区开发开放平台建设。推进中越德天—板约瀑布跨境旅游合作区、东兴—芒街跨境经济合作区、凭祥—同登跨境经济合作区建设，推动中国龙邦—越南茶岭跨境经济合作区纳入两国共同总体方案，继续办好中国—东盟博览会、中国—东盟商务与投资峰会及相关论坛、活动，形成“一带一路”有机衔接的重要门户。

（六）云南省

云南省委、省政府于2015年8月颁布了《云南省深入实施兴边富民工程改善沿边群众生产生活条件三年行动计划（2015—2017年）》，实施范围是云南25个边境县市、110个沿边乡镇、373个沿边行政村（社区），3783个自然村、23.6万户、92.8万人，同时兼顾沿边19个农场。三年行动计划安排了抗震安居、产业培育壮大、基础设施建设、公共服务提升、村寨环境整治、劳动者素质提高6项工程31个子工程，目标是三年内实现边境地区“五通”“八有”“三达到”。“五通”是指：通路，指边境地区实现乡镇至沿边村委会公路硬化畅通，自然村内道路硬化；通电，自然村农网完成改造升级，电价不超过全县平均电价；通水，自然村有水源稳定、安全卫生的自来水；通广播电视，沿边群众能够收听中央和云南省级频道；通电话互联网，沿边乡镇、村委会通4G和宽带网络，自然村通电话。“八有”是指：有合格的村级组织活动场所；有合格卫生室和村医；有宜居生活环境；有抗震安居房；有高稳产农田地，人均至少建成1亩；有经济作物，人均至少建成1亩经济作物或经济林果；有商品畜，人均每年至少出售1头以上商品畜；有劳动技能，每个劳动力至少学会和掌握1门脱贫致富的实用技术。“三达到”是指：贫困发生率下降到10%以内；农村居民人均可支配收入达到或超过所在县平均水平；基本公共服务水平达到或超过所在县市平均水平。

云南省2016年7月印发《云南省沿边地区开发开放规划（2016—2020年）的通知》，明确提出云南边境地区对外开放的空间布局，即以滇中城市群为核心，以昆保芒瑞、昆磨、昆河3条大通道为主线，滇缅、滇老、滇越3个国际经济合作圈为支撑的“一核三线三圈”；加快推进中老磨憨—磨丁经济合作区建设，深入推进瑞丽、勐腊（磨憨）重点开发开放试验区建设，加快建设河口、临沧国家级边境经济合作区；推进澜沧江—湄公河区域中老缅泰4国黄金旅游圈建设；加快构建孟中印缅经济走廊国际旅游合作圈。

云南省2017年4月印发《云南省兴边富民工程“十三五”规划》。该规划提出一系列重点任务：培育发展内生动力，包括做强沿边特色产业、推进沿边特色新型城镇化建设；激发开放活力，包括开发开放载体建设、促进投资贸易便利化、大力发展边境贸易；改善和保障民生，包括全面改善沿边境一线群众基本生产生活条件、深入推进精准扶贫、完善边境地区基本公共服务；建设和谐稳定边疆；等等。

云南省2018年9月印发《云南省深入实施兴边富民工程改善沿边群众生产生活条件三年行动计划（2018—2020年）》，提出了主要任务和重点工程：支持沿边集镇建设。以抵边城镇建设、边境小集镇以及民族旅游特色村寨建设3项工程项目为重点，优化城镇发展布局和形态，增强城镇市政功能和产业支撑。加强基础设施建设。实施通自然村道路硬化工程、自然村村内道路硬化工程、电网改造提升工程、中小河流治理工程、农村饮水安全巩固提升工程等8项工程。培育特色优势产业。实施中低产田地改造和高标准农田建设工程、特色优势农产品种植工程、畜禽产品养殖工程、农产品加工企业扶持工程、电子商务进农村综合示范工程、多彩边境旅游工程等8项工程。完善基本公共服务。实施学前教育校舍建设工程、中小学校校舍建设工程、农村义务教育经费补助工程、保险保障工程、科技兴边富民工程等8项工程，查缺补漏，进一步完善沿边地区基本公共服务。提升开放活边水平。以边民集市点建设工程、沿边口岸建设工程等为重点，加强边境互市点、边民集市点建设，加强口岸基础设施建设，加强重点开发开放试验区、边（跨）境经济合作区、综合保税区等开发开放平台建设。加强稳边固边建设。实施民族团结进步示范村建设工程、基层组织活动场所建管用工程、退耕还林还草工程、环境污染防治及治理等9项工程。

（七）西藏自治区

西藏自治区党委、政府历来高度重视边境地区发展，不断加大对边境地区经济社会发展的倾斜和支持力度，“十二五”时期专门召开了全区边境工作会议，印发了《中共西藏自治区委员会、西藏自治区人民政府关于进一步加强边境地区发展稳定工作的意见》和《西藏自治区“十二五”时期边境地区经济社会发展规划》，明确了加强边境地区发展和稳定工作的政策措施，加大了对边境地区基础设施及公共服务设施建设的投入力度。优先实施边境地区“十二五”时期93个项目，安排投资333亿元，自治区预算内基本建设资金重点向边境地区倾斜，重点解决制约边境地区发展稳定的特殊困难和实际问题。

西藏自治区党委、政府于2017年11月颁布了《西藏自治区边境地区小康村产业建设规划（2017—2020年）》。实施范围是日喀则市、山南市、林芝市和阿里地区21个边境县、112个边境乡（镇）的628个边境一线、二线村和察隅农场，涉及62160户241835人。规划设计总投资301亿元，主要围绕“水电路讯网、教科文卫保”等“十项提升工程”，着重安排边民生产生活条件改善项目，同时充分考虑边境村与周边区域交通、能源、水利、通信等基础设施的互联互通，教育、卫生、文化等基本公共服务的均衡发展，特色优势产业的链条衔接，统筹考虑“十三五”有关边境地区重大基础设施建设项目。

按照该规划，西藏自治区将建立“十三五”边境地区小康村建设项目储备库，加快实施628个边境一线、二线小康村建设项目规划总投资301亿元，其中边境一线、二线小康村建设项目241亿元，边防公路45亿元和边防电网建设15亿元。自治区将多渠道筹措建设资金，资金来源包括国家专项资金，每年整合各类资金约60亿元专项用于边境地区小康村建设，统筹使用自治区边防公路45亿元和农村电网15亿元。同时，自治区地方预算内基本建设资金向边境地区小康村建设倾斜，每年拿出建设资金的20%用于边境地区小康村建设。

（八）甘肃省

甘肃省被纳入国家兴边富民行动范围的是肃北蒙古族自治县。“十二五”时期，肃北县在全省率先实施户籍改革，取消了城乡二元户籍制度，使城乡居民享有同等的教育、养老、医疗等福利待遇；结合退牧还草、易地搬迁、小康住宅建设等项目，实施了牧民新村建设，建成了标准化牧民定居示范点，引导农牧民在县城住宅小区安家落户，牧民在县城的定居率达到75%以上；大力改善办学条件，九年义务教育实行“两免一补”；建立了以城乡居民最低生活保障为重点的城乡一体化社会救助体系，城乡合作医疗居民参合率达到90%以上。

“十三五”时期，甘肃省制定出台了《甘肃省兴边富民行动“十三五”规划》和《关于深入推进兴边富民行动支持肃北县经济社会发展的意见》。强调要树牢固边守边意识，守土有责、守土尽责，加强边境地区治理、推动边境地区经济发展；要依托肃北资源优势、区位优势和生态优势，把培育发展富民产业项目作为主攻方向，用足、用好、用活各项政策，促进肃北县经济多元驱动，良性健康发展；要大力宣传兴边富民行动的重大意义和深远影响，在肃北全县上下形成关心、支持、推动边境地区发展的浓厚氛围，抓住新契机、焕发新斗志、展现新担当，开创兴边富民行动新局面，推动肃北县经济社会全面高质量发展。

（九）新疆维吾尔自治区

新疆维吾尔自治区于2011年颁布了《自治区兴边富民行动规划（2011—2015）》。“十二五”时期将依托国家兴边富民专项资金、自治区各部门专项资金等，在全区32个边境县市实施16项重点工程。该规划确定了如下任务：加强基础设施建设。所有边境县（市）基本通二级及以上公路，具备条件的乡镇和90%建制村通沥青（水泥）路，所有建制村通公路。边防公路全部实现等级化；口岸公路全部实现黑色化，8个重要口岸通高等级公路；继续实施天然林保护、“三北”防护林工程，退牧还草等生态工程。切实保障和改善民生。继续实施“整村推进”和边境扶贫试点工作，积极推进产业化扶贫，推动边境贫困地区的发展和边民的脱贫。全面解决边境地区农牧民的饮水安全问题；继续实施农村沼气工程，实施好

“富民安居”“牧民定居”工程。大力开发优势资源。扶持特色农牧产品加工，实现农牧产品价格由粗加工型向精深加工型转变；在保护环境和维护生态的前提下，推进优势资源科学有序开发；在边境地区打造特色文化品牌，重点发展文化旅游、民族工艺等文化产业。提升沿边开发开放水平。大力建设喀什、霍尔果斯特殊经济开发区，重点建设已有的霍尔果斯、吉木乃、巴克图等边民互市贸易示范点。加强民族团结和边防巩固。广泛开展民族团结进步创建活动，扎实推进爱民固边模范县（市）、乡（镇）、村（社区）创建；以科学发展观统领宗教工作，引导宗教团体、宗教活动场所、宗教院校为稳边固边和边境地区的发展服务。

新疆维吾尔自治区于2017年印发《新疆维吾尔自治区“十三五”脱贫攻坚规划》。该规划指出，边境扶贫成效显著，边境地区贫困发生率从2010年的61%下降到2015年的25%；要加快实施边境扶贫专项行动，推进边境扶贫、脱贫固边，关系边防巩固和民族团结；按照“一线守边、二线固边、三线服务”的总体思路，加快推动边境地区发展，改善边境地区基本公共服务，确保边境居民安心生产生活、安心守边固边，夯实民族团结、边防稳固的社会基础，构筑边境安全屏障，确保边境地区与全疆、全国同步全面建成小康社会；重点支持边境沿线加快发展，特别是加大对承担“一线守边”任务的边境一线贫困村扶持力度，用于兴边富民行动的少数民族发展资金和中央预算内投资重点向边境一线贫困村特别是一线抵边行政村倾斜。

（十）新疆生产建设兵团

新疆生产建设兵团于2016年12月印发《新疆生产建设兵团“十三五”脱贫攻坚专项规划》。该规划指出，大力发展边境贸易、边境旅游及出口加工业等外向型经济；建立扶贫资金正常增长机制，整合兴边富民资金、财政扶贫资金、涉农资金，使扶贫资金集中投入的方向、范围、强度与精准扶贫要求保持一致，形成政策、资金、项目的整装集成机制。

新疆生产建设兵团于2018年2月印发《新疆生产建设兵团兴边富民行

动“十三五”规划》，规划实施范围为兵团58个边境团场。该规划确定了如下主要任务和重点工程：推进边境团场基础设施建设。实施沿边公共服务设施建设、边境交通脱贫攻坚、国际铁路通道建设、沿边公路贯通工程等重点工程，确保到2020年，具备条件的边境团场通二级公路比重达到100%，边境团场等级客运站覆盖率达到100%，连通硬化路比重达到100%。保障和改善边境团场民生。实施护边脱贫、兴边富民整体推进、安居守边等重点工程，确保17个边境贫困团场退出贫困序列；加快教育、卫生等各项社会事业发展。大力发展边境团场特色优势产业。实施特色优势农业培育、特色林业富民、多彩边境旅游工程、产业园区建设等工程，积极发展特色优势产业。提升沿边开发开放水平。实施对外开放平台建设、口岸产业培育等工程，深度融入“一带一路”建设，实现对外贸易转型升级。加强边境地区生态文明建设，实施生态安全保障、跨界河流水环境治理、团场连队环境综合整治等工程。维护民族团结和边防稳固，实施兵地融合发展示范工程、边境地区平安建设等工程。

四、结论

在兴边富民行动实施过程中，国务院及各部委都根据自身的情况，在本部门工作的职责内积极争创体制新优势，打造突破性措施，整合资源，加大对边境少数民族地区的支持力度。各边境省区也都充分考虑到边境地区的特殊自然、地理和区位，因地制宜，合理规划和安排适合本省区边境地区经济社会发展的任务和工程。

从“十二五”到“十三五”可以看出，兴边富民行动总是指向边境地区最迫切的实际需求。“十三五”时期是国家脱贫攻坚的决胜时期，边境地区出于自然、历史等原因，基础设施还比较薄弱，贫困面大，贫困程度深，公共服务难覆盖，是脱贫攻坚的重要战场。国务院及各部委、边境省区的兴边富民行动相关政策覆盖了边境地区脱贫攻坚的方方面面，因此我们坚信，边境贫困地区完全能够实现脱贫摘帽，与全国其他地区一道进入小康社会。

但是也应该清楚地看到，兴边富民行动相关政策还存在些许不足之处。一是协调制度不完善。为贯彻落实党中央、国务院关于深入实施兴边富民行动的战略部署，切实加强兴边富民行动的组织协调，国务院根据《兴边富民行动“十三五”规划》关于建立兴边富民行动部际协调机制的要求，同意成立兴边富民行动协调小组（以下简称“协调小组”）。国家民委为协调小组组长单位，发展改革委、财政部为副组长单位，外交部、教育部、科技部、工业和信息化部等为成员单位。协调小组的成立对于推进兴边富民行动具有重大意义，但是还存在一些不完善之处。协调小组级别较低，组长仅是国民民委主任，而副组长和成员都是各部委副主任、副部长或部长助理，协调难度大；协调小组成员单位多，涉及 30 个国家部委，统筹难度很大；协调小组协调机制不明确，在国务院的批复文件中，仅是指出，协调小组会议以会议纪要形式明确议定事项，经与会单位同意后印发有关方面，各单位按要求参加协调小组会议，认真落实协调小组会议议定事项，但对于具体协调机制没有明确规定。因此，在现有体制下，协调小组协调能力受到限制。

二是行动目标不够明确。兴边富民行动主要目标包括完善基础设施，提高边民生活质量，提高社会事业发展水平，促进民族团结、边防巩固、睦邻友好，提升沿边开发开放水平，促进特色优势产业发展等。但是规划中并没有明确各项目标的具体任务，即大多数兴边富民行动目标是软性的。尽管考虑到全国陆地边境地区自然、经济、社会发展水平差异大，设置统一的目标存在一定的难度，但是缺乏硬性目标约束，使得兴边富民行动先天不足。在软性目标约束下，国务院、各中央单位、各级地方政府对于边境地区扶持力度不明确，兴边富民行动项目推进力度不明确，兴边富民行动实施效果不能精确衡量。

三是推进手段单一，直接扶持政策少。目前直接作用于边境地区的主要还是兴边富民行动项目和工程，其他项目，如精准脱贫项目并不是仅针对边境地区。在实施兴边富民行动项目上，中央政府和省（区）政府根据各边境地区申请的兴边富民行动项目来拨付资金，特殊支持不多。尽管兴边富民行动涉及30个中央部委，但除民委、发展改革委、交通部等少数部门外，其他部委的扶持政策囊括整个边境9省区，对于全国140个陆地边境县的直接扶持很少。这种情况导致经济发展、扶贫和基础设施建设等相关的政策规划较具体，实施效果也较明显，而人才建设、民族团结事业等社会事业的规划和实施却比较模糊，影响了上述社会事业在边境地区的实施效果。

第三章　内蒙古兴边富民行动成效及思考

内蒙古自治区地处我国北部边疆，与俄罗斯、蒙古国接壤，是我国9个陆地边境省区之一，全区边境线长4263千米，占全国陆地边境线的19.4%。内蒙古边境地区地处对外开放前沿，是确保国土安全和生态安全的重要屏障，在改革发展稳定大局中具有重要战略地位。本章以内蒙古自治区额尔古纳市、满洲里市、新巴尔虎右旗、新巴尔虎左旗、阿尔山市5个旗市为例，对内蒙古地区兴边富民行动实施成效进行分析，全面总结兴边富民行动的实施成效，为"十四五"时期内蒙古扎实推进兴边富民行动提供依据和政策借鉴。

一、内蒙古兴边富民行动实施概述

内蒙古自治区共有20个边境县（市、区、旗），分布在7个盟市，占全国陆地边境县总数的14.3%；边境地区面积61.9万平方千米，占全国边境地区总面积的31.4%；边境地区总人口约180万人，占全国边境地区人口总数的7.8%。全区边境旗县数量占全区县（市、区、旗）总数的19.4%，面积占全区的52.3%，人口占全区的7.2%，其中少数民族人口占全区的10.5%。①

兴边富民行动实施的2000年和2001年，内蒙古达尔罕茂明安联合旗和阿巴嘎旗被国家民委、财政部确定为全国兴边富民行动试点县，四子王旗被确定为自治区试点县。2004年新巴尔虎右旗、科尔沁右翼前旗、二连

---

① 高志明．兴边富民行动助推边境地区高质量发展［J］．实践（思想理论版），2019（12）：32-34.

浩特市、乌拉特中旗、阿拉善盟阿左旗被核准为全国兴边富民行动重点县，额尔古纳市、东乌珠穆沁旗被自治区确定为重点县。2007 年，国家又确定了新巴尔虎左旗、陈巴尔虎旗、阿尔山市、苏尼特左旗、苏尼特右旗、乌拉特后旗、阿拉善右旗和额济纳旗为全国兴边富民行动重点县；内蒙古确定额尔古纳市和东乌珠穆沁旗继续为自治区兴边富民行动重点县。2008 年，内蒙古 19 个边疆旗县全部被确定为全国兴边富民行动重点旗（县）。①

20 年来，随着兴边富民行动“十一五”“十二五”“十三五”规划的实施，内蒙古边境地区经济社会得到较快发展。“十三五”以来，内蒙古自治区民委累计向全区 20 个边境旗县投入中央及自治区少数民族发展资金 11.54 亿元。② 全区 7 个沿边盟市、20 个边境旗县经济总量快速增长，基础设施显著改善、特色优势产业加快培育、公共服务体系日益完善，脱贫攻坚取得显著成效、居民人均收入大幅增长。

二、内蒙古北部边境 5 旗市基本情况

本章所考察的沿边旗市分布在呼伦贝尔市（额尔古纳市、满洲里市、新巴尔虎右旗、新巴尔虎左旗）与兴安盟（阿尔山市），均位于内蒙古自治区东部，5 个边境旗市相互毗邻。

额尔古纳市是内蒙古乃至全国最北部的边境县，全市总面积 2.84 万平方千米，南与陈巴尔虎旗相接，西部及北部隔额尔古纳河与俄罗斯相望，边境线长 671 千米。境内有黑山头、室韦两个国家一类常年开放口岸。2018 年额尔古纳市全年地区生产总值完成 45.19 亿元（见图 3-1），财政公共预算收入完成 1.56 亿元，城镇常住居民、农村牧区常住居民人均可支配收入分别达到 2.9 万元和 2.6 万元，三次产业结构比为 42.1：11.1：

① 王飞．兴边富民行动实施绩效评估［M］．北京：中国经济出版社，2016.

② 内蒙古深入推进兴边富民行动助推边境旗市决战决胜脱贫攻坚战［EB/OL］．内蒙古人民政府网，http：//www.nmg.gov.cn/art/2020/4/20/art_151_314446.html.

46.8。[①] 额尔古纳市以乳业、旅游业为支柱产业。

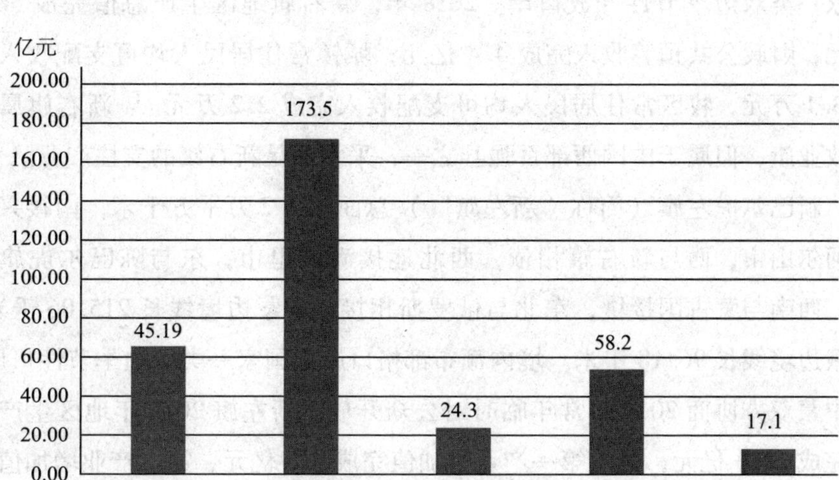

图 3-1　2018 年内蒙古北部边境 5 旗市地区生产总值

满洲里市全市总面积 732 平方千米，东邻新巴尔虎左旗，南、西与新巴尔虎右旗相邻，北与俄罗斯、蒙古国接壤，境内中俄边境线长 101.1 千米，中蒙边境线长 54 千米。满洲里市是中国最大的沿边陆路口岸城市，是国家重点开发开放试验区，满洲里口岸是国家一类常年开放口岸，也是欧亚陆路大通道上的重要枢纽，承担着中俄贸易 70%以上的陆路运输任务。2018 年，满洲里市地区生产总值实现 173.5 亿元，分产业看，第一产业增加值 3.5 亿元，第二产业增加值 35.7 亿元，第三产业增加值 134.3 亿元。三次产业结构比例为 2∶20.6∶77.4。全年财政公共预算收入 11 亿元。满洲里市 2018 年人均地区生产总值 7.6 万元，城镇化率达到 100%。[②] 旅游业、对外贸易是满洲里市的支柱产业。

新巴尔虎右旗（简称“新右旗”）总面积 2.5 万平方千米，东北部与满洲里市毗邻，东连新巴尔虎左旗，北、西、南三面与蒙古国和俄罗斯接

① 数据引自《额尔古纳市 2019 年政府工作报告》。
② 数据引自《2018 年满洲里市国民经济和社会发展统计公报》。

壤，中俄边境线长47千米，中蒙边境线长468.4千米。境内有阿日哈沙特国家一类双边季节性开放口岸。2018年，新右旗地区生产总值完成58.2亿元，财政公共预算收入完成4.4亿元，城镇常住居民人均可支配收入完成3.1万元，牧区常住居民人均可支配收入完成2.2万元。① 新右旗属于纯牧业旗，但属于中国西部百强县之一，采掘业是新右旗的支柱产业。

新巴尔虎左旗（简称“新左旗”）总面积2.2万平方千米，南接兴安盟阿尔山市，西与新右旗相依，西北连接满洲里市，东与陈巴尔虎旗相连，西南与蒙古国接壤，东北与俄罗斯相接，中蒙边境线长215.06千米，中俄边境线长96.18千米。境内额布都格口岸为国家一类双边季节性口岸，经中蒙双方协商2014年常年临时对公众开放。新左旗2018年地区生产总值完成24.3亿元，其中第一产业增加值完成9.5亿元，第二产业增加值完成4.3亿元，第三产业增加值完成10.5万元，财政公共预算收入完成1.2亿元。② 新左旗也属于纯牧业旗，目前牧业、原油采掘业为支柱产业。

阿尔山市总面积7408.7平方千米，北接新巴尔虎左旗，南连兴安盟科右前旗，西与蒙古国接壤，中蒙边境线长93.434千米。境内有阿尔山口岸，为二类国际性季节开放口岸。2018年，阿尔山市全年实现地区生产总值17.1亿元，其中第一产业增加值3.4亿元，第二产业增加值3.2亿元，第三产业增加值10.5亿元，全市三次产业比例为19.9∶18.4∶61.7，公共财政预算收入1.2亿元。2018年年末全市常住人口6.8万人，全年人均地区生产总值2.5万元。③ 旅游业为阿尔山市的支柱产业。

三、内蒙古兴边富民行动成效显著

兴边富民行动自2000年启动以来，连续实施了3个五年专项规划，在国家民委的大力支持和自治区党委政府的高度重视下，内蒙古兴边富民行动持续推进，边境地区综合经济实力明显增强，基础设施和基本公共服务

① 数据引自《新巴尔虎右旗2019年政府工作报告》。

② 数据引自《新巴尔虎左旗2019年政府工作报告》。

③ 数据引自《2018年阿尔山市国民经济和社会发展统计公报》。

体系不断健全，边民生产生活条件大幅改善，对外开放水平持续提高，民族团结和边疆稳固效果突出，各族群众凝聚力和向心力显著增强，为边境地区全面建成小康社会奠定了坚实基础。

（一）兴边富民工作稳步推进，基础设施显著改善

兴边富民行动实施 20 年来，内蒙古边境地区发生了翻天覆地的变化。在国家和自治区的扶持下，边境地区用于经济社会发展的项目和资金逐年增多，兴边富民工作稳步推进，区域经济得到长足发展。2018 年，内蒙古边境县（市、区、旗）地区生产总值达到 1371.3 亿元，一般公共预算收入 99.9 亿元，社会消费品零售总额 567.9 亿元，分别是 1999 年的 13.8 倍、13.5 倍、16.9 倍，主要经济指标增幅高于全区平均水平。①

基础设施得到显著改善。“十三五”时期，全区交通基础设施规划完成投资约 4460 亿元，其中，铁路投资 1500 亿元、公路投资 2900 亿元、民航投资 60 亿元。基本形成内部衔接通畅、对外沟通完善的“三横八纵”综合运输大通道。铁路网规模达到 1.48 万千米，其中，高速铁路 400 千米；公路通车总里程达到 20 万千米，其中，高速公路达到 7000 千米；民用机场总数达到 50 个（干线机场 1 个、支线机场 19 个、通用机场 30 个）。内蒙古着力构建了一批全国性、区域性综合交通枢纽城市，交通运输服务水平和保障能力明显提高，交通科技信息化水平显著提升。②目前，所有边境县（市、区、旗）全部实现电网覆盖，安全饮水工程累计受益边民达到 90.1 万人，光纤宽带网络和移动 4G 网络得到有效覆盖，行政村通宽带率达到 98%。③

---

①③　高志明．兴边富民行动助推边境地区高质量发展［J］．实践（思想理论版），2019（12）：32-34.

②　“十三五”我区在交通基础设施方面投资约 4460 亿元［N］．内蒙古日报，2019-05-28（09）．

（二）人均收入快速增长，扶贫成效显著

内蒙古为深入推进兴边富民行动，扎实推进民族团结和边疆稳固，不断加大边境地区脱贫攻坚力度。“十三五”以来，内蒙古自治区民委累计向边境贫困旗县下达资金6.06亿元，坚持精准扶贫精准脱贫基本方略，聚焦“两不愁、三保障”突出问题，巩固拓展脱贫成果，减贫事业取得重大进展。截至2019年年底，全区20个边境旗县贫困发生率由建档立卡之初的12.77%下降至0.13%，建档立卡贫困人口也由建档立卡之初的84246人下降至1197人，边境旗县中的贫困旗县已全部脱贫摘帽，为内蒙古全区如期全面建成小康社会奠定了坚实基础。①

边民生活水平大幅提升。与1999年相比，边境县城镇居民人均可支配收入累计增长7.4倍，2018年达到34649元，略低于全区平均水平；农牧民人均可支配收入累计增长4倍，高出全区平均水平近5000元。② 截至2018年，内蒙古边境地区一线边民每人每年可以享受3000元的补助，在抵边乡镇居住的非一线边民每人每年补助1000元，累计发放边民补贴2.1亿元。③

新右旗“十二五”时期提出了“三个三分之一”的扶贫新模式，即让牧区三分之一的牧民继续从事牧业生产，三分之一剩余劳动力向城镇二三产业转产就业，其余三分之一的老人、残疾人和孩子到城镇生活，成为城镇居民，享受市民待遇。“十三五”以来，新右旗采取易地扶贫搬迁、整村推进、产业扶贫、就业促进、项目带动等方式，积极开展扶贫工作，紧扣“两不愁、三保障”标准，全面落实“五个坚持、五个一批、六个精准”基本方略，成立脱贫攻坚指挥部，强化宣传，全面覆盖，精准帮扶。

---

① 内蒙古深入推进兴边富民行动助推边境旗市决战决胜脱贫攻坚战［EB/OL］. 内蒙古人民政府网，http：//www. nmg. gov. cn/art/2020/4/20/art_151_314446. html.

② 高志明. 兴边富民行动助推边境地区高质量发展［J］. 实践（思想理论版），2019（12）：32-34.

③ 内蒙古边境地区各族群众生产生活条件进一步改善［N］. 内蒙古日报，2019-01-15（02）.

投资 1208 万元，实施 6 个重点扶贫领域项目。建立扶贫项目库，科学谋划 200 个精准扶贫项目。落实教育扶贫和兜底保障政策，发放教育资助金 4.6 万元。投入 55.7 万元建立门诊住院医疗健康扶贫基金。搭建扶贫就业平台，引导非公企业提供贫困人口就业岗位。坚持以问题为导向，清洗扶贫数据，脱贫攻坚取得决定性突破。

新左旗是内蒙古 26 个自治区重点扶贫开发旗县之一，贫困面大。自 2011 年新左旗被列为内蒙古自治区扶贫开发重点旗后，整合各类资金，推进“资产受益”、易地搬迁后续产业、光伏扶贫、标准化养殖小区、民族食品加工等 6 大类 65 项扶贫产业项目，帮扶贫困人口在产业发展中脱贫。在 2017 年以来的新一轮扶贫攻坚中，新巴尔虎左旗聚焦产业扶贫，大力支持龙头企业发展壮大，探索构建利益联结模式，夯实脱贫攻坚战的基础。在新左旗，股份合作、集体经济、旅游产业、优势产业等引导带动贫困户走出贫困的探索和尝试应运而生。新左旗引导龙头企业和贫困户通过双向入股进行利益联结，建立户企利益共同体，扶贫资金变“股金”，全旗将 280 万元“三到村三到户”资金以入股方式，委托畜牧业龙头企业托管，建档立卡贫困户每年按股分红和利益二次分配，以此获得稳定收入。截至 2018 年，新左旗投入各类资金 2610 万元，发展产业项目 14 个，贫困发生率由 2018 年年初的 1.2%下降为 0.2%，精准脱贫取得实效。

阿尔山市是国家扶贫开发工作重点地区，贫困人口多达 1.4 万，占户籍人口的 29%。近年来，“前借后奖”“消费扶贫”“边贸扶贫”“旅游+五小经济”等扶贫模式落地生效，“三位一体”扶贫大格局作用明显。2018 年，阿尔山市启动京蒙扶贫协作三年行动，文旅部、北京市东城区、自治区脱贫攻坚工作总队、盟直各帮扶单位、驻在军警部队和各类市场主体在资金、项目、人才等方面给予大力支持。截至 2018 年，全市累计建档立卡的 575 户 1398 人中，已经脱贫 544 户 1330 人。贫困发生率已经由 1.78% 下降到 0.42%，扶贫工作成效显著。①

① 阿尔山：脱贫路上的“勤”与“情”［N］. 内蒙古日报，2018-11-16（8）.

（三）大力发展特色产业，经济发展获新动能

支持发展特色优势产业是“十一五”“十二五”及“十三五”时期国家支持边境地区经济发展、促进少数民族群众收入增长、进一步深化兴边富民行动的重要举措。各边境旗县根据自身的实际情况，制定了相应的特色产业扶持规划和政策，积极推动特色产业发展。近年来，农牧业和采矿、冶炼等传统产业科技含量有效提升，内外贸一体化的特色商贸市场加快建成，边境和跨境旅游业蓬勃发展，新兴接续产业得到培育扶持。

新左旗2007年被批准为兴边富民行动特色优势产业国家级试点县。近年来，新左旗扎实推进畜牧业供给侧结构性改革，在建设“绿色有机畜产品生产加工输出基地”上持续发力，通过引进项目，采取“企业+基地+牧户”等多种经营方式，延伸畜产品加工产业链，推动绿色品牌发展，不断提高牧民收入。一是提升精深加工新优势。启动一批“补链”“强链”“扩链”重点项目，累计投资20亿元以上，实施禾木阳光安格斯牛肉养殖加工一体化项目，累计引种繁育澳洲安格斯种牛2.5万头，保持牛肉单体养殖全区乃至全国领先优势。二是完善融合发展新机制。通过“企业+基地+牧户”“企业+银行+牧户”等多种经营方式，架起合作互助桥梁，强化紧密型利益联结机制。三是挖掘产业延伸新价值。为延伸畜产品加工产业链条，规划投资7000万元，引进酶解皮张生产技术，每年可加工处理羊皮500万张。四是释放绿色发展新动能。借助全域旅游、四季旅游发展契机，大力实施“旅游+”“互联网+”战略，打造“牧户游”“跨境游”“连锁直销店”等各类新型平台，搭建牧业经济与旅游文化和畜产品线上线下销售平台，推动绿色品牌发展，打造牧区新的增长点。①

额尔古纳市依托呼伦贝尔大草原1.5亿亩优质草场和三河马、三河牛等闻名南北的优良畜种，2004年引进了世界500强企业雀巢公司，额尔古纳市畜牧业生产发生了质变，由粗放型向集约型生产方式转变。2018年为

① 新巴尔虎左旗成为农牧业结构性供给侧改革先进典型［EB/OL］．新左旗政府网，http：//www.xzq.gov.cn/Item/13666.aspx.

优化产品结构，促进奶业转型升级，额尔古纳市经多方努力引进了宁夏塞尚乳业与雀巢公司合作，成立塞尚雀巢合资公司。塞尚雀巢公司利用宁夏塞尚乳业拥有的前沿乳品深加工技术，依托呼伦贝尔的优势资源，结合市场需求，拟开发常温稀奶油及奶酪等高端乳制品。通过龙头企业的带动，目前额尔古纳市规模化养殖场奶牛存栏比例达80%以上，机械化挤奶率达90%以上，彻底结束了散养户、手工奶的历史，乳品品质大幅提升，额尔古纳市已成为全国首批9家种养结合整体推进试点县之一，农牧产业化水平迈进呼伦贝尔市前列。①

借助呼伦贝尔大草原的独特魅力和无与伦比的旅游品牌优势，额尔古纳市、满洲里市、新巴尔虎右旗、新巴尔虎左旗与阿尔山市，都提出了促进旅游业大发展的规划和具体举措，近几年旅游业都获得了飞速发展，逐渐成为支柱产业。

阿尔山市旅游业的发展最为突出。阿尔山市旅游资源以自然景观为主，矿泉、火山、湖泊、河流、熔岩地貌、洞穴、动植物等各种资源有机地结合成一个综合性的自然资源景观区。阿尔山市提出了“生态立市、旅游兴市、口岸强市”的发展战略，制定了阿尔山市旅游总体规划，力图建设成“国际知名的生态休闲养生度假地”。在不懈努力下，2018 年，阿尔山市共接待游客 431.85 万人次，较 2013 年增长 229.6%；实现旅游收入 52.73 亿元，较 2013 年增长 235.8%。② 覆盖食、住、行、游、购、娱等旅游要素的旅游产业体系日益完善，极大地促进了旅游业向全域、全季、高端方向发展，有力地推动了粗放旅游向集约旅游转变，旅游业支柱性产业地位越发凸显。与此同时，深入落实“为旅而为”发展思路，大力发展旅游扶贫，全市60%的建档立卡户依托旅游业实现稳定脱贫。

满洲里市利用地处中俄蒙三国交界的区位优势，三国风情兼得的文化

---

① 壮丽 70 年奋斗新时代　额尔古纳市打特色牌走绿色路奏响农牧业发展最强音［EB/OL］. 呼伦贝尔市政府网，http：//www. hlbe. gov. cn.

② 改造“小棚户”创造“大幸福”　内蒙古阿尔山推进棚改发展旅游业［EB/OL］. 内蒙古自治区人民政府网站，http：//www. nmg. gov. cn.

优势，依托冰雪、草原、湖泊、湿地等自然资源，借助沿边开发的有利政策，以“打造中俄蒙风情兼得的跨境旅游休闲度假基地”为目标，加速推动旅游模式由观光旅游为主导向休闲度假游为主导的转型升级。近年来，满洲里市旅游产业创新发展，倡导成立边境旅游试验区“2+N”旅游联盟，国家全域旅游示范区通过自治区初评，中东铁路第一站历史文化街区、冰雪大世界和北疆明珠观光塔等精品景点景区建设加快推进，中俄蒙美食街建成运营。2018 年，满洲里市全年旅游总人数 836 万人次、总收入 144.4 亿元，分别增长 10.3%和 11.1%。

（四）积极推动口岸建设和跨境合作

边境县有发展对外贸易的先天条件。随着我国经济总量不断攀升，国际贸易需求量大，目前内蒙古边境县市建设口岸、发展对外贸易的热情非常高涨。五个旗县在“十一五”“十二五”以及“十三五”时期都积极整合各类资金投入到口岸基础设施建设中，口岸成为边境地区投资建设的核心项目。

满洲里口岸是其中开发建设最早的口岸，也是目前基础设施最完备的口岸。满洲里围绕口岸大通关建设，“十一五”时期投入 50 多亿元（其中 30 亿元是地方自筹），“十二五”时期继续投入 1.86 亿元（其中地方自筹 1.41 亿元）。近年来，满洲里市积极参与国家“一带一路”和中蒙俄经济走廊建设，形成了公路、铁路、航空立体化国际疏运体系，口岸规模、承载能力、通关水平均得到了全面提升。目前，开通了 56 条中欧班列，培育了国际贸易、进口资源加工、仓储物流、跨境旅游等特色产业，打造了中俄互市贸易区、综合保税区、经济技术合作区、国际物流产业园区等开放平台，成为进口俄罗斯荞麦、燕麦、葵花籽、亚麻籽、小麦落地加工全国指定口岸以及汽车平行进口试点口岸，获批国家首批边境旅游试验区，开发开放优势日益凸显。2018 年，满洲里市新增外贸企业 228 家。口岸外贸进出口总额完成354 亿元，增长 6.7%。菜果出口 44.3 万吨，增长 5%。国际邮件互换局兼交换站试运营，跨境电子商务企业达 130 家，交易额突破

10 亿元，占全区交易总额的一半以上。汽车平行进口试点工作正式启动，口岸国际物流中心基本具备运营条件，5 家试点企业通过商务部备案，对外贸易提档升级。

新左旗的额布都格口岸 1995 年获批成为国家一类季节性开放口岸，2009 年获批成为双边季节性公路客货运输口岸，2012 年 9 月通过国家级验收，被正式列为国家对外开放口岸。2014 年初经国家口岸办批准，对公众全年临时开放。近年来，新左旗紧抓呼伦贝尔建设“沿边开发开放最具活力合作先导区”重大机遇，投入 5440 万元，完成互市贸易区通道改造、进口粮食饲草加工基地建设工程，启动实施口岸国门景区和联检大楼、智能卡口通道、动植物检验实验室建设项目。2018 年，顺利完成口岸常年开放验收各项准备工作，启动中蒙 2 号界河桥国内申报程序和进口农畜产品指定口岸、国际口岸申报工作。2018 年全年口岸出入境人员 5. 48 万人次、车辆 3. 5 万辆，进出境货物量 44. 5 万吨，进出口额 14 亿元。

四、内蒙古兴边富民行动面临的挑战和难题

随着兴边富民行动的逐渐推进，内蒙古各边境县市在经济社会发展、城市面貌改善、深度开发开放、人民生活质量提升等方面都得到了长足发展，但各边境县市兴边富民行动取得显著成效的同时，还面临一些挑战和困难。

（一）对兴边富民行动的理解不够深刻

目前各级政府对兴边富民行动的战略意义认识不足，对这一重大机遇重视不够，还缺少系统的规划，没有完全形成有效的推进和考评机制。由于社会宣传不够，边境地区干部群众对兴边富民的重要性缺少应有认识，对相应政策举措缺乏足够的了解。

边境县市个别干部对兴边富民行动的理解比较狭隘。一些人认为兴边富民行动是国家民委主导的，因此是由各个地方民委负责的，与其他部门关系不大。尽管兴边富民行动是由国家民委倡议发起的，但推进兴边富民

行动，是党中央、国务院从全局和战略高度作出的重要决策。边境地区全面发展需要各有关部门结合各自的职能，把推进兴边富民行动、支持边境地区加快发展摆上重要日程，制定特殊扶持政策，或将边境地区作为本领域工作重点在项目安排上优先。实际上，兴边富民行动涉及国家民委、国家发展改革委、财政部、教育部、科技部、交通部、农业农村部、中国人民银行、解放军总参谋部等 22 个部委。因此，需要各个部门相互配合支持，才能真正实现兴边富民。

对兴边富民行动理解不够深刻也从另一个侧面反映了边境地区仍然存在着条块分割和部门利益问题。在现有体制下，边境地区的各个科局仍存在着部门利益意识，每个部门都需要向对口的上级部门积极争取项目、资金和政策，这不仅是各部门的重要工作之一，也是各部门工作成绩、任务考核的重要内容。在部门利益意识的驱动下，其他科局认为兴边富民是民委的工作，而自己部门争取的项目、资金不属于兴边富民内容，不愿意也没有动力将自己部门的项目资金与包括民委在内的其他部门的项目资金整合到一起。因此，不少地方各个科局负责的项目都是各自为政，缺乏统一安排、统一部署，导致不少项目没有形成规模，降低了项目资金的使用效率。

（二）脱贫基础不很牢固，返贫风险不容忽视

内蒙古边境地区尽管人均收入增长较快，减贫工作取得重大进展，所有的边境贫困县市均顺利完成脱贫摘帽工作，但由于边境贫困地区大多自然条件差、经济发展水平普遍不高，发展基础薄弱，脱贫基础不很牢固，返贫风险不容忽视。

以新左旗为例，2014 年建档立卡的贫困户有 551 户 1331 人，按照国家和自治区的要求，主要扶贫目标是这些登记在册的 551 户。但如果按照自治区制定的贫困线，新左旗实际上有贫困户 3330 户 7525 人，其中牧业人口 4731 人，占新左旗全部牧业人口 1. 8 万的 26. 28%。牧区贫困户的主要收入来源是草原禁牧、休牧所获得的生态补偿金，占全部收入的 1/3。

受到禁牧、休牧的影响，贫困户牧业生产受到限制，同时，由于当地经济发展基础较差，就业岗位不足，且贫困人口自身文化程度不高，难以找到长期稳定的就业岗位，稳定脱贫的基础还不是很牢固。

阿尔山市是典型的国有林区，天保工程实施以来，森林采伐量锐减，阿尔山市为加强生态保护，提出全面禁伐政策。林业企业除了保留少部分职工管护森林外，其他大量职工需要转移到其他产业。这些林场职工逐步转向农牧业生产，依靠从事采摘、养殖、旅游服务来维持生活。原有林场就逐渐转变为农业村，原有的林业职工就转变为村民，但是林业局自身经济困难，没有能力改善村里的基础设施，而这些职工属于城镇户口，又享受不到精准扶贫政策，导致村里的生产生活条件差，村民收入不稳定，返贫风险较高。

（三）特色农牧业发展存在制约因素，产业化水平较低

虽然各边境县市特色农牧业发展非常迅速，带动了广大农牧民收入增长，但是除个别县市外，多地的特色农牧业空间布局比较零散，难以形成更大的规模，也缺乏有影响力的品牌，还处于特色农牧产业发展的初级阶段。边境县市农业大多以畜牧业为主，工业主要是能源、原材料及粗加工，新兴产业和现代服务业发展明显不足。内蒙古边境地区生态环境还很脆弱，干旱少雨的气候条件并无太大改善，草场林木退化，珍稀濒危野生动植物数量减少的趋势还未得到有效遏制；低碳产业、循环经济培育发展不足，县域经济发展处于较低水平，绿色发展与强边富民还存在一定的矛盾。

新左旗的昂格乐玛奶食品加工合作社在政府的帮助下，打出了自己的品牌，在自治区首府呼和浩特市也开设了直营店。但该合作社仍然属于小微企业的范畴，进一步扩大生产规模存在很大困难。首先，生产技术在本质上与家庭作坊式生产类似，都是手工生产奶制品，只是在卫生标准、产品包装和营销渠道上有一定的优势，因此，产品口味与家庭式生产区别不明显，产品特色不突出。其次，扩大规模缺乏相应的资金、技术。该合作

社如果继续扩大生产规模，需要在邻近村嘎查建立更多的收奶站，同时购买更多的生产设备，实现标准化生产，而这些都需要大量的资金投入和技术支持。最后，面临周边其他地区大中型奶制品厂的竞争。周边地区也有自己的大型奶制品厂，额尔古纳引进了雀巢、兴安盟引进了蒙牛、赤峰和锡林郭勒盟引进了伊利，这些企业无论是在生产技术、产品质量还是在营销渠道上都具有明显优势。因此，新左旗的奶制品行业进一步发展壮大面临诸多困难。

阿尔山市天池镇蔬菜大棚基地，是将扶贫办、农牧业局和民委的资金项目整合在一起完成的一个大型项目，总投资 3000 万元，占地 880 亩，有 96 个大棚。阿尔山海拔 1000 米左右，属于高寒地区，因为昼夜温差大，蔬菜含糖量高，口感好，而且该蔬菜大棚不施农药，不用化肥，只使用少量有机肥或者复合肥，因此很受当地市场，特别是游客欢迎，该基地生产的蔬菜占阿尔山市场的 1/5 左右。但该基地进一步扩大生产规模也存在很大制约，首先，大棚蔬菜上市时间略晚于内地蔬菜，尽管品质好，但面临的竞争也比较激烈，而采用取暖技术让蔬菜提前上市，抢占市场又面临技术困难，成本也很高。其次，销售渠道有限，阿尔山是边境城市，往其他地区运输路途遥远，运输成本过高。最后，供应期短，阿尔山是高寒地区，大棚蔬菜生长期短，从 5 月初到 9 月中旬，其他时间由于天气过于寒冷，蔬菜无法生产，而要进入内地超市，必须能做到常年供应。面临的这些生产和市场方面的困难，仅靠基地自身很难解决。

（四）口岸发展受到地缘经济条件限制

内蒙古是我国向北开放的重要窗口，是我国“北开南联、东进西出”的重要枢纽，是欧亚陆海联运的重要节点城市。内蒙古是建设中蒙俄经济走廊的重要支点，也是草原丝绸之路的重要通道，是中蒙俄友好交往的重要窗口和节点。但是内蒙古的整体开放水平还不高，口岸同质化较为严重，外向型经济发展滞后、通道经济带动效应不明显，中蒙俄经济走廊区域内设施联通基础薄弱等问题亟待解决。我们所研究的这 5 个旗市都有对俄罗斯或对蒙古国的口岸。每个旗市都把口岸建设当作一项重要的任务来抓，努力争取国家、自治区的资金，不断加大对口岸基础设施的投入。但从另一角度来看，这几个旗市的口岸发展容易形成重复建设，造成口岸之间的恶性竞争。

首先，口岸发展不统一。有的口岸起步早，经过多年的发展，基础设施比较完备，口岸每年过货量数千万吨，进出境上万人次，口岸利用率高。而有的口岸起步晚，基础设施还需要进一步完善，全年口岸过货量仅有十多万吨，进出境只有数百人。但是每个口岸要保证基本的边检、国检、海关等功能，都需要建设必要的通关大楼、货场、检验检疫场等基础设施，还需要配备相关人员，这样容易造成重复建设。

其次，口岸实际通过能力远低于设计能力。与5个边境旗市接壤的俄罗斯赤塔州后贝加尔斯克地区和蒙古国东方省经济发展水平不高，缺乏足够的资金投入到口岸基础设施建设。而我方发展对外贸易，建设口岸的积极性很高，许多边境旗县为了保障货物能够正常通关，在我方口岸建设基础设施时，不得不投入资金帮助对方国家的口岸建设必备的基础设施。往往我方口岸基础设施和公路能完全满足大量货物通关要求，但对方国家的口岸基础设施差，而且从口岸到对方最近的重要城市的公路等级低，有些甚至是自然路。我方口岸和对方口岸基础设施严重不对等，使口岸的实际通过能力远低于设计能力，口岸使用效率低。

（五）旅游业发展面临软硬件约束

内蒙古边境地区大多数旅游景点的基础设施比较单一，有的甚至年久失修。由于各盟市间的经济实力不同，用于基础设施的投资力度也不同，投资差距导致区域基础设施发展水平的差距拉大，不能满足游客日益增长的消费需求。我们所研究的这5个边境旗市，新左旗和新右旗的旅游资源开发较晚，旅游收入较少，满洲里、额尔古纳和阿尔山的旅游资源开发早，景点基础设施建设完备，旅游收入较为可观，但都面临着一些共性的问题。

首先，各边境旗县都不同程度地受到交通基础设施的制约。满洲里旅游资源开发早，是著名的旅游城市，住宿、餐饮设施完备，但到旅游旺季时，火车、飞机运量明显不足，火车票、飞机票一票难求。而像新右旗，由于不通飞机、铁路，只能靠公路运送游客，限制了当地旅游业的发展。同时，这 5 个边境旗市地处高纬度地区，冬季时间长且非常寒冷，最低温度低于-40℃，不宜进行室外活动。由于受自然环境、气候条件的制约，内蒙古大部分边境地区适宜旅游的时间较短，旅游旺季只有暑期两个多月的时间，气温条件限制了当地旅游业的进一步开发，而其他季节的适宜性旅游产品严重不足。

其次，边境地区旅游业发展还受到体制机制的制约。边境地区具有发展旅游业的独特优势，但由于远离省会等中心城市，加上旅游业发展受到其他城市的竞争，需要进行体制机制创新。但即使是著名旅游城市满洲里，在国家批复了重点开发开放试验区之后，体制机制的创新动力明显不足。国家在批复试验区设立的同时未赋予相应的自主权，试验区先行先试的容错机制没有建立，导致试验区自主创新受到束缚和限制。①

（六）兴边富民行动项目管理机制不够完善

兴边富民行动项目深入到最基层，确实解决了基层群众的很多实际困难，对于促进特色产业发展也起到了很大的作用，但在项目管理方面还存在一些需要思考的问题。

我们在调研中了解到，有些项目资金使用比较规范，投资形成的固定资产产权清晰，国有资产权益能够得到保障，但是有些投入到合作社的项目，如投资形成的棚圈、青储窖、生产车间等基础设施存在产权不清的情况，国有资产权益得不到有效保障，很容易造成国有资产流失，甚至会出现腐败行为。

此外，财政困难的旗县无力承担监管费用。兴边富民行动项目在建

① 中国人民银行呼伦贝尔中心支行课题组．制约满洲里口岸经济发展的政策瓶颈及对策建议［J］．北方金融，2019（9）：29-32.

设、使用过程中需要旗县民委部门进行相应的监督和管理工作，保证项目能顺利完成并达成预期效果。但是许多兴边富民项目针对的是最基层农牧民，项目分散在各苏木镇、嘎查村，甚至个别牧民家里，路途远且多是自然路，实际监管成本很高。兴边富民项目不允许旗县民委提取管理费，一些财政困难的旗县无力承担监管费用，在实际工作中有些偏远地区的项目只能降低实地审查的次数，项目质量、效果难以得到保证。

（七）就业难问题普遍存在

近年来，内蒙古自治区经济发展增速呈下降趋势，工业经济下行压力加大，服务业部分行业增长放缓，新产业、新业态吸纳就业的能力还不强。同时，内蒙古就业需求人数不断增加，就业形势严峻，而内蒙古这5个边境旗市就业难，包括大学生就业难的问题更为普遍。这些边境旗县的工业发展对吸纳劳动力贡献较少，目前这些地区工业发展主要依赖资源型产业，尤其是采掘业，这些产业属于资本密集型，吸纳劳动力非常有限，而劳动密集型工业企业，如服装业、电子装配业在边境旗县基本没有。旅游业是边境地区服务业中的支柱产业，能吸纳较多的劳动力。但阿尔山尽管旅游业较为发达，不过原有林场职工及其子女人数很多，从原来的林业转产就业压力仍然很大，而且阿尔山旅游旺季短，只有两个多月，仅靠旅游业远不能完全满足就业需求。这些边境旗县就业难问题主要表现在以下方面：

第一，总量压力较大。从近年来高校毕业生就业总量看，基本呈递增趋势，就业压力很大。就业问题最突出的还是工业化程度低、旅游业不发达的边境牧业旗县。这些地区草场面积没有增加而牧民人口不断增加，加上禁牧和休牧的影响，牧区存在大量剩余劳动力或隐性失业人口。由于工业化水平低，旅游业刚起步，新增就业岗位少，不仅难以吸纳牧区剩余劳动力，而且城镇失业人口也不断增加。

第二，就业观念一时难以转变。部分高校毕业生择业观念亟待改变，具体表现为：就业期望值偏高，大多数高校毕业生就业意愿偏重于机关、事业单位和国有企业，不愿到中小企业和生产一线工作。例如苏木需要高校毕业生，但是由于生活条件艰苦、收入不高，高校毕业生不愿意去苏木，更愿意留在旗府所在地。国家为解决高校毕业生工作提供了一些公益性岗位，但由于这些岗位都是临时性的，两三年以后就要解聘，因此这些岗位上的大学生并不安心工作，都把复习公务员考试，转为正式公务员或事业编制当作最重要的工作。由于编制有限，国家的这些政策并没有从根本上解决高校毕业生就业难的问题。

第三，创业工作较为薄弱。受创业融资渠道不畅、创业环境有待优化和创业风险保障低等因素制约，高校毕业生自主创业的意愿不高。虽然近年来内蒙古不断加大创业扶持力度，但创业人数依然相对不多，从 2019 年前 6 个月高校毕业生就业创业统计数据看，扶持成功创业人数仅占 1. 6%。①

（八）困扰边境旗县经济社会发展的一些顽疾仍未根除

出于各种原因，困扰边境旗县经济社会发展的一些体制问题、制度问题、政策设计问题仍然没有得到彻底根除，影响到兴边富民国家战略在边境地区的有效落实。

现有制度过于强调项目的经济效益。边境旗县大多经济发展基础差，一些基础设施项目经济效益差，公路与其他地区公路相比投资回报率低，旗县医院相比大城市医院医疗设备利用率低。在过分追求经济效果的驱动下，项目、资金主要投向大城市，相对忽视了边境旗县的需求。边境旗县不仅是少数民族聚居的地方，还是国家边防重地，项目的经济效益仅仅是需要考虑的一个方面，甚至是最不重要的方面，更重要的是项目在民族团结、社会稳定、守土戍边等方面所产生的效益。

在现有体制下，边境旗县经济社会发展需要积极争取国家和自治区的项目资金，但不少上级政府部门下达的项目资金，都规定地方政府必须按

① 我区如何破解高校毕业生就业难题［N］. 呼和浩特晚报，2019-07-25（WB04）.

照一定比例进行配套。有的旗县财政收入少，用于发展的资金极为有限。某地两年间修了2条水泥路，结果欠了工程款1亿元，如果持续下去，将影响到社会稳定。

在现有体制下，乡镇这一级责权利不统一，乡镇只有事权，没有财权。乡镇这一级承担的责任很多，需要进行畜牧业普查、人口普查、计划生育等工作，还要应付灾害、疫情等突发事件。乡镇财力有限，而内蒙古边境旗县地广人稀，导致乡镇的这些服务工作不能及时跟上，降低了基层政府在老百姓中的威望。一旦敌对势力在边境地区进行各种渗透，乡镇政府难以及时掌握嘎查和牧民的情况，将形成很大的隐患。

边境地区人才缺乏问题始终没有得到解决。干部人才缺乏，一线力量流失，发展内生动力严重不足。苏木、嘎查干部老化，少数民族干部、蒙汉兼通干部、专业守边护边人员不足，抵边居住人口尤其是较高素质的青壮年人口继续减少，抵边嘎查村连续居住6个月以上的一线边民每平方千米只有0.4人，远低于全区21.4人/平方千米的人口平均密度。① 人是最核心的生产力，高素质人口流失多、流动人口大，使边境地区生产与建设力量严重不足，高质量发展受到很大制约。

五、"十四五"时期对内蒙古推进兴边富民行动的思考

内蒙古边境县市肩负着民族团结、守土戍边的重大责任，边境地区也是生态脆弱地区，因此，边境县市农牧业发展、工业化发展、城镇化发展、社会事业发展都与内地不相同。为了进一步推进内蒙古边境地区全面发展，达到富民、兴边、强国、睦邻的最终目的，我们认为各级政府部门应从边境县市实际情况出发，制定更合理有效的政策。

（一）制定更精准的发展战略和规划

兴边富民行动"十一五""十二五"以及"十三五"规划为边境县市

① 高志明．兴边富民行动助推边境地区高质量发展［J］．实践（思想理论版），2019（12）：32-34.

全面发展指明了方向。20 多年的兴边富民建设，已经为边境县市打下了良好的发展基础，在接下来的“十四五”规划中，在国家层面上需要制定更精准的政策，促进边境县市经济社会全面发展，实现稳边、兴边。内蒙古应根据自身边境县市发展的实际情况，制定更为详细的、更切实可行的，能反映内蒙古边境地区实际需求的规划，同时还应制定规划实施细则、政策和资金保障详细措施，以及各类专项规划的具体内容，并努力争取获得国家的支持。

关于边境地区项目配套资金问题，国家相关部门要考虑到边境旗县的实际困难，制定更合理的政策。对于边境地区修建道路、水电工程、楼房等常规项目的平均成本，要准确掌握，对于财政确实困难的地区，要制定具体可行的配套措施，切实减轻旗县配套压力。

关于边境地区乡镇责权不统一问题，要从社会稳定、民族团结、守土戍边的角度出发，合理地确定边境地区乡镇政府的责权，把影响兴边、稳边的隐患消除在萌芽中。

边境地区教育、医疗质量相对较差的根源在于人才问题。边境地区生活条件差，工资不高，不仅不能吸引有才干的年轻人，而且还留不住人才，当地经验丰富的教师、医生更愿意去生活条件好的大城市工作。相关部门要出台更优惠的补贴政策，提高教师、医生等专业技术人员的收入，只有边境地区与大城市的收入差距完全能弥补生活质量上的差异时，才有可能留住人才。

（二）大力改善边境地区基础设施，提升公共服务水平

边境地区基础设施差和公共服务水平低的原因，一是地方财力有限，投入不足；二是地域面积广阔，难以全部覆盖。建议综合考虑边境各段自然条件、人口分布、道路交通、国防安全等情况，合理规划、调整边境地区村镇空间布局，根据实际情况可以增设或撤并村镇，并因地制宜改善基础设施，提升公共服务水平。

在人口集中的边境地区积极推进农村牧区新社区的试点工作，提升农

村社区公共服务综合供给水平。在人口相对密集的沿边地区加强村镇住房建设、基础设施建设，引导鼓励群众向沿边村镇有序转移，增加教育、卫生等公共服务投入，特别是提高教育和医疗服务质量，降低义务教育外出求学和地方常见病外出就医比例，减轻群众负担。而在人口相对稀少的沿边地区，考虑到经济社会成本收益，不宜盲目扩大村镇基础设施和公共服务建设，以利用好现有设施和机构为主，对个别偏远贫困户“一户一策”，以专项补贴的形式解决基础设施和公共服务难覆盖问题。①

基础设施建设方面，有序推进跨境铁路、高速公路建设和边境地区国省道干线升级改造，军地协同提升边境公路等级，重点实施行政嘎查村和抵边自然村通硬化路建设；加快推进电网扩面工程，对抵边牧民居住点尽快实施新能源供电改造升级；加快推进安全饮水升级改造工程，扩大通信网络覆盖，更好地满足边民生产生活需要。②

（三）统筹各项扶贫政策，积极应对返贫风险

内蒙古边境贫困地区已经全部脱贫摘帽，但需要建立长效稳定的脱贫机制和发展机制，不仅能让贫困群众脱贫，还能够有效地应对返贫风险，并不断提升发展动力，持续提高收入。

一是要继续巩固提升饮水工程。要健全边境贫困地区饮水工程运行管护机制，防止重建设、轻管护。要加强饮水工程管理工作，要定期加强水质检测，保证用水安全。针对牧区可能存在的季节性缺水问题，要掌握现阶段的饮水情况，因地制宜地建设供水工程，如确因居住分散，不适宜建设集中供水工程的村镇，应支持群众建设自备井、水窖供水，并加强水质检测，避免简单的望、闻等方法，确保群众饮水达到安全标准。

二是要继续加大边境地区教育和医疗投入。为保证减贫工作持续稳定

---

① 王飞．边疆民族地区精准脱贫中的主要问题及建议［J］．中央民族大学学报（哲学社会科学版），2018，45（4）：45-53.

② 高志明．兴边富民行动助推边境地区高质量发展［J］．实践（思想理论版），2019（12）：32-34.

推进，各级政府应加大对教育、卫生医疗投入，改善公共服务质量。应进一步完善学前教育制度，巩固好“一村一幼”制度，鼓励私人资本投资学前教育；不断完善教育方面的对口支援，加强省内、市内的对口支援；因地制宜鼓励发展远程教育，充分利用其他旗县、其他地区优秀的教育资源。应继续加强村级卫生院建设，巩固好家庭医生签约制度，提高基层卫生公共服务水平，让小病、常见病在村镇基层医院就得到救治，防止小病转化为大病，加重群众负担。要探索农村地区集中养老、集中护理制度，发挥政府投资的引领作用，鼓励私人资本进入，发挥集中养老、护理的规模经济效应，减轻家庭负担。

三是要强化产业扶贫和就业帮扶。要立足实际，在加快推进特色产业发展的基础上，发挥政府的主导作用，用好金融扶贫政策，多元化发展产业，实现收入增长的多元化。同时通过集体经济、合作社等形式提高村民的自组织程度，发展集体经济、互助经济，让贫困群众也能够共享产业发展的红利。要重视贫困地区劳动力培训，还要因人制宜，优化培训内容，为贫困户提供智力支持和技术支持，帮助贫困户稳定就业，同时加强东西部扶贫协作、对口支援、定点扶贫等工作，做好就业帮扶。

（四）加快特色优势产业发展，激发经济发展新动能

兴边富民必须有产业支撑。边境地区应把产业兴边作为主攻方向，发挥区位优势，积极融入“一带一路”建设，依托中蒙俄经济走廊、“苏满欧”“通满欧”等国际班列，发展特色产业，不断壮大自身经济实力。要结合国家和内蒙古的乡村振兴战略，做优特色种植养殖业，依托跨境贸易积极推动进出口加工业发展，发展全域旅游、跨境旅游，培育新兴产业和现代服务业，形成特色优势突出、多元发展的特色产业体系。

内蒙古边境地区特色农牧业发展潜力大，但由于各种约束，仅靠旗市自身努力很难进一步扩大生产规模。政府的扶持对于农牧业发展至关重要，但政府不能代替农牧民，关键是要引导他们做决策。发展特色农牧业需要的市场、技术、品种、规模不是孤立的，是相互联系、相互制约的，

仅靠政府的扶持是不够的。在当前市场机制起决定性作用的背景下，需要积极引入现代化大型企业，利用大型企业的技术、市场和管理优势，这样才能加快农牧业发展步伐。

以额尔古纳市奶业发展为例，额尔古纳市在2002年就开始和世界500强企业雀巢接触，经过两年多达百次谈判，在自治区大力扶持下（资助了1000万元）最终于2004年成功引入了雀巢。雀巢公司的进入，带动了额尔古纳市畜牧业转型升级。现阶段，呼伦贝尔奶业发展正处在转型升级、实现突破的转折阶段，额尔古纳市积极引导企业对外寻求合作，促成宁夏塞尚乳业与雀巢公司的强强联合，成立呼伦贝尔塞尚雀巢有限公司，并于2019年6月11日签订投资合作协议。这对呼伦贝尔奶业实现高质量发展具有重要的战略意义。引入大型企业仅靠边境盟市、旗县难以解决，自治区在这方面应积极支持，包括积极为企业和边境地区牵线搭桥，在资金、政策上对边境地区引入大型企业给予一定的扶持。

（五）加强口岸建设和规划，积极融入“一带一路”

为了避免各边境地区盲目推进口岸基础设施建设，造成资源闲置和恶性竞争，“十四五”时期，国家相关部门应在《国家口岸发展“十三五”规划》的基础上，对中蒙沿边口岸发展作出全面规划，避免口岸发展各自为政，重复建设，为边境地区发展对外贸易、跨境合作提供稳定的政策预期，避免资源浪费。

在口岸建设和发展方向上，我们认为国家层面上不宜采取简单的扶大扶强、重点支持现有发展基础好的口岸的策略。口岸的发展规划依赖于我们与周边邻国的国际政治关系、国际经济贸易联系，因此，针对不同的邻国，我国相对应的口岸应有一套完整的发展规划，既要考虑到当前的经济贸易联系，也要考虑到我国外交策略和地缘政治关系。为了避免恶性竞争，可以对沿边口岸从主要功能上进行划分，有的重点进出口石油、铁矿石，有的重点进出口粮食、肉类产品等，有的重点则是进出境人员。此外，也应当鼓励口岸之间展开适度竞争，通过竞争机制促使各个口岸提高通关效率和管理效率。

要充分利用国家推动“一带一路”建设的历史机遇，加快满洲里、二连浩特国家重点开发开放试验区建设，积极推动二连浩特—扎门乌德跨境经济合作区建设，加大边民互市贸易的扶持力度，推动内蒙古边境地区对外开放不断向纵深发展。

（六）推进旅游业供给侧结构性改革

内蒙古边境县市目前大力发展旅游业的出发点是，边境地区旅游资源丰富，发展旅游业潜力大；旅游业基本上是无烟行业，属于环境友好型，发展旅游业不必担心污染、破坏生态环境，此外，旅游业对就业拉动作用大，扶贫效果显著。

但我们认为，内蒙古边境地区对于发展旅游业应有更深入的认识。内蒙古沿边地区地广人稀，边防哨兵和牧民毕竟数量有限，守土戍边压力大。大量的游客在参观游览草原风光、口岸界碑的同时，在无意识中也起到了巡视边境线的作用。而且，随着旅游资源不断开发，游客日益增加，也会吸引当地牧民、内地个人或企业到边境地区从事旅游工作，边境地区的常住人口的增加可以更好地完成守土戍边的任务。外地游客的增加也会加强边境和内地居民之间的相互交流、相互往来。既能够让内地居民了解到边境地区的民族风情、民族习俗，在相互了解中促进民族团结，也能够让边境居民了解内地地区的经济和社会发展状况，会激励更多的少数民族群众到内地地区工作和学习，掌握更多的知识和技能，带动民族经济发展。因此，发展旅游不仅是促进经济发展、增加就业的一项重要工作，也具有稳边、兴边的作用。

要加快旅游供给侧结构性改革，着力推动旅游业从门票经济向产业经济转变，从粗放低效方式向精细高效方式转变，从封闭的旅游自循环向开放的“旅游+”转变。① 要充分依托区位优势，抓住“一带一路”建设的

---

① 王占义，任东月．内蒙古全域旅游的现状、问题及其对策［J］．北方经济，2018（4）：12-15.

机遇，积极开展跨境旅游、国门旅游、异域风情旅游，结合当前旅游需求的多元化，积极开发休闲旅游、康养旅游等现代旅游产品，丰富旅游产品线，推动旅游业高质量发展。

（七）加强兴边富民行动项目管理

在项目审核上，内蒙古各级政府应充分考虑边境旗县的意见，可以把熟悉边境地区农牧业生产的基层政府官员也引入项目评审专家库中，利用他们的工作经验让项目更准确反映边境旗县实际情况。随着简政放权的实施，自治区、盟市应做好相应的监管工作，保证资金的使用方向和效率，同时要制定相应的激励政策，对合理安排项目和资金的旗县在下一年度增大投入，对资金使用出现问题的旗县相应地减少投入，并追究责任，这样才能充分发挥备案制的长处。

对兴边富民项目资金投入要严格管理，对投入到企业、合作社的资金，尽管不以营利为目的，但也应在合同中约定产权关系和收益形式，保护国有资产。对财政确实比较困难的地区，上级部门应适当增加旗县的项目管理费用，或者直接拨付部分管理费用，或者允许提取一部分项目资金用于监管，并制定相应的管理规范和流程，保证项目得到有效的监管。应提前做好兴边富民项目预算，每年要及时下达经费，保证项目能及时完成。

对边境旗县而言，要充分认识到兴边富民是边境旗县工作的重中之重，各部门的工作都应围绕着“兴边富民”这个主题进行。边境旗县要根据当地经济社会发展实际情况，制定项目储备库，根据项目特点和需要整合各部门资金，统一使用，打破部门利益，提高资金效率。

第四章　广西兴边富民行动成效及思考

兴边富民行动是一项以政府扶持为主，动员全社会力量参与，实现边疆地区加快发展，逐步缩小与内地差距的民族地区政策。广西壮族自治区地处祖国南部边陲，与越南接壤，陆地边境线长1020千米，沿线有3个边境市，8个边境县（市、区），与越南3个省17个县毗邻。边境县市总面积1.8万平方千米，占全区总面积的7.5%。8个边境县（市、区）聚居着壮族、汉族、瑶族、苗族等12个世居民族，少数民族人口200多万人，占边境地区总人口的80%以上。广西边境地区地处对外开放前沿，是我国向南开放的重要门户，是西部陆海新通道的重要枢纽。本章以广西壮族自治区崇左市为例，对广西边境地区兴边富民行动实施成效进行分析，为“十四五”期间广西深入实施兴边富民行动提供依据和政策借鉴。

一、崇左市兴边富民行动的主要成效

崇左市是广西壮族自治区最为年轻的地级市，位于广西西南部，是祖国的“南大门”，下辖7县（市、区），其中宁明、龙州、大新、凭祥4个县（市）与越南3省10县接壤，边境线长533千米，占广西陆地边境线的55.25%，是广西陆地边境线最长的地级市。另外有天等、江州和扶绥3县（区），县域与边境线的最短直线距离分别为9千米、109千米和133千米。集边疆地区、少数民族聚集区、革命老区、对外开放前沿地区为一体的崇左市，在国家西部大开发战略、国家沿边开放战略、集中连片特困地区扶贫行动中和广西建设“一带一路”有机衔接的重要门户以及西南中南开放发展新的战略支点的目标中具有举足轻重的影响。

崇左市于2003年建市，经济总量从建市之初的100亿元飞跃到超过760亿元，由昔日的南部边陲末梢走向对外开放的前沿，外贸进出口总额连续11年位居广西第一。党的十八大以来，崇左市不断锐意创新、扩大开放，围绕口岸经济、文化旅游两大特色产业，通过产业转型升级、农村全面脱贫、新型城镇化、基础设施建设“四大攻坚战”，全市经济社会获得了高质量的发展。

（一）综合经济实力明显增强，边民收入增速明显

截至2019年，崇左市地区生产总值完成760.46亿元，按可比价格计算，比上年增长8.5%，增速比全区平均水平高2.5个百分点，排在全区第4位，实现中高速增长。分产业看，第一产业增加值170.20亿元，增长4.9%；第二产业增加值213.70亿元，增长14.1%；第三产业增加值376.56亿元，增长7.2%。截至2019年，崇左市三次产业结构为22.4∶28.1∶49.5，结构进一步优化，工业化、现代化稳步推进。

崇左市2019年固定资产投资比上年增长12.0%，增速排全区第2位，增长继续保持在全区前列。社会消费品零售总额比上年增长8.0%，增速排全区第5位。财政公共预算收入33.74亿元，比上年增长8.6%。外贸进出口完成1893.39亿元，比上年增长28.3%，总量占全区的40.3%，继续保持全区第1位。

按常住人口计算，2019年崇左市人均地区生产总值36129元，比上年增长7.9%。2019年崇左市居民人均可支配收入20967元，比上年增长9.5%，增速排全区第1位，其中城镇居民人均可支配收入33297元，增长7.7%，增速排全区第4位；农村居民人均可支配收入13320元，增长11.0%，增速排全区第1位。

如表4-1、图4-1所示，崇左市下辖的4个边境县（市）中，大新县2019年完成地区生产总值98.67亿元，同比增长7.1%，三次产业结构为25.1∶31.9∶43.0。固定资产投资同比增长13.4%。社会消费品零售总额实现18.18亿元，同比增长7.8%。财政收入3.93亿元，同比增长5.19%。

城镇居民人均可支配收入达34918元，同比增长8.3%；农村居民人均可支配收入达14042元，同比增长12.1%。

表4-1　崇左市边境县（市）2019年主要经济指标

县（市）	地区生产总值/亿元	财政收入/亿元	社会消费品零售总额/亿元	城镇居民人均可支配收入/元	农村居民人均可支配收入/元
大新	98.67	3.93	18.18	34918	14042
宁明	91.48	2.87	—	29831	12988
龙州	87.05	2.9	24.97	31030	11889
凭祥	63.73	4.5	—	37539	13354

注："—"表示数据缺失。

资料来源：各县市政府提供资料以及统计公报。

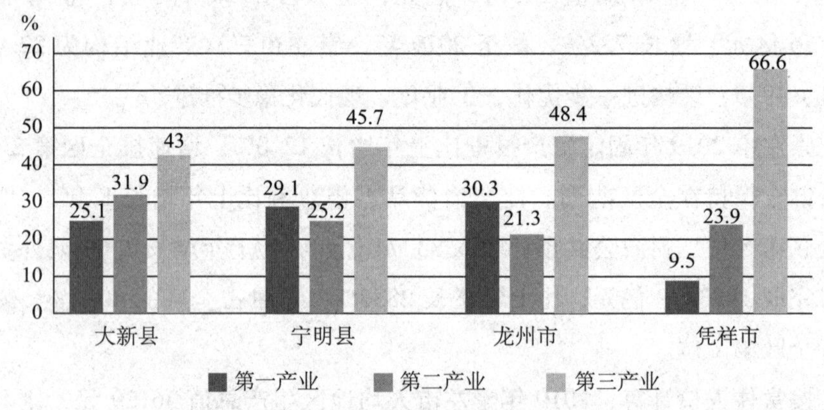

图4-1　广西崇左市边境县市三次产业结构

宁明县2019年地区生产总值实现91.48亿元，同比增长8.5%，三次产业结构为29.1∶25.2∶45.7。固定资产投资同比增长15.8%。社会消费品零售总额同比增长7.9%。财政公共预算收入2.87亿元，同比下降16.2%。城镇居民人均可支配收入达29831元，同比增长7.6%；农村居民人均可支配收入达12988元，同比增长10.2%。

龙州县2019年地区生产总值实现87.05亿元，同比增长6.0%，三次产业结构为 30. 3 : 21. 3 : 48. 4。固定资产投资同比增长 17. 4%。社会消费品零售总额达 24. 97 亿元，同比增长 8. 0%。财政公共预算收入 2. 9 亿元，同比增长 15. 1%。城镇居民人均可支配收入达 31030 元，同比增长 6. 9%；农村居民人均可支配收入达 11889 元，同比增长 10. 4%。

凭祥市 2019 年地区生产总值实现 63. 73 亿元，同比增长 9. 1%，三次产业结构为 9. 5 : 23. 9 : 66. 6。固定资产投资同比增长 14. 3%。社会消费品零售总额同比增长 8. 3%。财政公共预算收入 4. 5 亿元，同比增长 6. 3%。城镇居民人均可支配收入达 37539 元，比上年增长 8. 4%；农村居民人均可支配收入达 13354 元，比上年增长 9. 4%。

（二）基础设施建设加快，边民生产生活条件得到极大改善

近年来，崇左市加快推进交通运输基础设施建设，不断织密交通路网，进一步补齐交通基础设施短板。目前，崇左至钦州高速公路、崇左至靖西高速公路、崇左至水口高速公路、左江崇左至南宁Ⅲ级航道工程等项目已建成使用，“县县通高速”目标提前一年实现。驮卢至大新公路、南宁新江经吴圩至崇左扶绥公路（扶绥段）、凭祥市边境贸易货物物流中心（中越跨境）货物专用通道等建成通车。铁路方面，南宁至崇左城际铁路开工建设，崇左正加速迈向“高铁时代”。云桂沿边防城港至文山段铁路项目列入广西“十三五”铁路发展规划和国家中长期铁路网规划。此外，隆安至硕龙高速公路、广西山秀船闸扩能改造工程等一批重大交通基础设施项目相继开工建设。左江治旱驮英水库枢纽工程顺利实现大坝截流，驮英灌区四大干渠工程开工建设，各工程标段施工已全部铺开。

2018 年，崇左市大力改善生产生活用水条件，积极推进水利基础设施建设。为全面提高农村饮水安全保障水平，崇左市建设农村饮水安全巩固提升工程建设项目 162 个，累计解决 6. 97 万农村居民饮水不安全问题。[①]

① 2018 年崇左市边境基础设施建设成果丰硕［EB/OL］. 广西民族报网，http: //www. gxmzb. net/content/2019-02/14/content_27059. htm.

（三）进出口规模增长迅速，进出口产品基地集群初步形成

崇左市目前有5个国家一类口岸、2个国家二类口岸、14个边民互市贸易点，是中国口岸最多的边境城市，是西部陆海新通道的重要节点城市，也是中国通往东盟国家最便捷的陆路大通道，凭祥市境内的友谊关成为这条陆海新通道的重点口岸。2019年崇左市外贸进出口总额1893.39亿元，比上年增长28.3%。其中，出口额为1300.24亿元，比上年增长18.9%；进口额为593.15亿元，增长55.1%。

作为边境城市，崇左充分发挥“边”的优势，做足“边”的文章。全市外贸进出口总额连续11年位居广西第一；边境小额贸易占广西比重近八成、全国比重近三成，是全国边贸第一大市。凭祥综合保税区园区口岸进出口货值在广西单个口岸排名第一，园区口岸完成报关单量占广西口岸的53.1%，进出口货值占广西口岸的34.6%，成了广西唯一连续6年产值（贸易额）突破千亿元的重点园区；入区企业进出口总额在广西园区中排名第一，入区企业进出口总额约占广西6个主要外向型保税园区进出口总额的61.6%，在全国10个沿边海关特殊监管区域中排名第一。①

崇左市立足边境地区特殊的区位优势，不断扩大对外开放，成为面向东盟开放合作的重要门户和窗口。全市差异化的进出口产品基地发展格局初步形成，其中凭祥市以红木家具、五金机电、水果蔬菜、纺织服装为主，宁明县以中草药、农资、农产品为主，龙州县以矿石、农产品、陶瓷为主。

（四）特色优势产业差异化发展

崇左市是广西乃至中国重要的甘蔗产区，蔗糖业也因此成为崇左市的支柱产业。崇左市是苦丁茶的原产地，被誉为“苦丁茶之乡”，是全国主要的龙眼生产基地之一，形成规模的农林产品还有松香、八角、山黄皮、

① 凭祥综合保税区多元发展创三个第一［EB/OL］. 广西新闻网，http://www.gx-news.com.cn/staticpages/20191214/newgx5df4b360-19110579.shtml.

速生桉、剑麻、木薯等。主要矿藏有锰、铁、膨润土、三水铝、稀土矿、铅锌矿等40多种，其中锰矿储量居全国之首。长期以来崇左市工业产业结构较为单一，只有糖、锰两大支柱产业，受市场经济下行影响，企业连续几年亏损经营，导致蔗农种蔗积极性不高，锰业企业开工率不足，对其经济运行造成了较大影响。

为改变产业结构单一的问题，加快特色优势产业发展，崇左市利用兴边富民行动资金，整合其他资金，创新发展思路，不断提升地方经济发展质量。一是重点延伸支柱产业链条，实现现代制造业差异化发展。深化蔗糖深加工，重点发展甘蔗浓缩汁、糖蜜制药、蔗渣生产食用纤维等糖关联产业，打造制糖、造纸、酒精、酵母、生物肥、生物质发电等多条蔗糖循环经济产业链。针对传统锰产品能耗高、污染重、产能过剩、行业不景气的状况，崇左市积极进行“二次创业”加快推进技术升级、产品升级，实现传统铁合金产品转型升级和拉长锰深加工高附加产业链，锰系新能源材料等一系列产品纷纷上马。

二是通过引导土地整理，打造热带水果、中药材等特色种植和休闲生态观光农业示范基地。扶持龙州县发展乌龙茶种植加工，龙州县发展坚果产业，凭祥市发展种植竹子产业，鼓励大新县发展葡萄种植，建立“蔗—牛—沼气—葡萄”良性循环生态休闲观光农业示范基地。

三是推动文化旅游融合发展。崇左境内有中越德天跨国大瀑布、世界文化遗产左江花山岩画文化景观、凭祥友谊关等著名旅游资源，2018年，大新县德天跨国瀑布景区成功创建国家5A级旅游景区，崇左市实现了5A级景区零的突破。依托旅游资源优势，崇左加快文化旅游融合发展，现已成为广西四大旅游目的地之一。2019年崇左市接待国内游客4726.46万人次，增长30.8%，国内旅游收入471.38亿元，增长37.2%；接待入境旅游游客45.81万人次，比上年增长6.3%，国际旅游收入1.83亿美元，增长9.47%。

（五）深入实施兴边富民行动，夯实民族团结进步事业基础

多年来，崇左市深入实施兴边富民行动，努力改善民族地区人居环

境，促进民族地区经济社会发展。崇左市以大新、宁明、龙州、凭祥4个县（市）及天等县边境线0~20千米范围内的32个乡（镇）246个行政村为主战场，深入实施兴边富民行动规划，重点实施基础设施提级、扩大保障民生、建设重点设施、促进基层卫生共享、促进沿边开发开放、培育特色优势产业、促进边境地区团结和谐等七大工程。2003—2018年，全市累计争取国家少数民族发展资金兴边富民行动补助经费7.12亿元，实施了包括基础设施、特色优势产业、民族团结屯等在内近2000个项目，为民族地区基础设施完善、扶贫产业发展等注入了巨大动力。①

崇左市不断加强宣传教育引导，注重营造民族团结进步良好氛围。坚持每年开展“民族团结进步宣传月”活动，动员和组织全市各级各部门利用报纸杂志、广播电视、网络媒体等媒介开展宣传。大力开展“和谐壮乡·团结进步”宣传教育活动，以民族团结进步为主题，在社区、党政机关、企事业单位广泛开展读书周、图片巡展、演讲比赛、山歌比赛、民族团结“心连心”等群众性宣传教育活动。全市开展“百团千场”“文化进万家、共筑中国梦”等主题文化演出活动2732场，打造了民族文艺大会演、壮族山歌擂台赛、骆越始祖公祭大典及“三月三”系列民俗文化活动。②

二、崇左市兴边富民行动存在的主要问题

虽然崇左市经济社会发展取得了显著的成绩，但仍应注意到，崇左市经济社会发展还面临一定的困难和挑战。

（一）产业结构较为单一，口岸城市发展不够充分

崇左市边境地区支柱产业较为单一，经济结构不合理。4个边境县（市）都以糖、贸、矿、游其中之一为支柱产业，经济发展支撑点较少。

①② 崇左市民族团结进步事业发展综述［EB/OL］. 崇左新闻网，http://www.gxcznews.com.cn/xwzx/czyw/2019/04/641327.shtml.

4个边境县（市）中第二产业比重都明显偏低，且除凭祥市外，其余3个边境县第一产业比重都超过20%，说明工业化发展程度不足。由于工业化程度不足，尽管旅游、边贸等带动第三产业发展，但产业结构较单一，容易受外部因素的影响。

此外，口岸城市凭祥市的主要经济指标与全国及区内其他同类重点口岸城市差距大。例如，2019年崇左口岸城市凭祥市的人均生产总值为5.26万元，但相比云南省瑞丽市人均生产总值7.08万元，内蒙古满洲里市人均生产总值6.56万元，仍有一定差距。人均收入方面，2019年凭祥市城镇居民人均收入为3.75万元，与瑞丽市基本持平，低于满洲里市城镇居民人均收入3.93万元，更低于广西东兴市城镇居民人均收入4.27万元；凭祥市2019年农村居民人均收入为1.36万元，略高于瑞丽市农村居民人均收入，但显著低于东兴市农村居民人均收入1.97万元。2019年凭祥市财政公共预算收入4.5亿元，同期满洲里财政公共预算收入达到11.2亿元，瑞丽市财政公共预算收入也达到10.9亿元。

（二）边境地区管控压力增大

随着经济社会不断发展，开放程度不断扩大，边境地区大多青壮劳动力外出务工，边境地区主要由“3860”边民驻守，给边境一线带来诸多隐患。随着我方边民人均收入不断提高，越南妇女跨境通婚的现象逐年增加。一些研究指出，当前广西边境地区跨境婚姻中大部分属于事实婚姻，①容易导致无国籍人员滞留，给跨境流动人口管理带来压力。我们在调研中也发现，凭祥市友谊镇边民中超过80%的跨境婚姻属于事实婚姻，且跨境婚姻大多发生在贫困家庭中。由于边境线较长，跨境婚姻所导致的非法出入境情况一时还没有很好的解决方法。

此外，边民互市贸易对贸易品种作出了较为严格的限制，根据南关监〔2018〕316号文件要求，互市贸易仅限于越南准入的商品，文件执行后目

① 雷明光，王保同．我国边民跨境婚姻家庭的困境与思考——以云南、广西边境地区为例［J］．中央民族大学学报（哲学社会科学版），2016（2）：72-78.

录品种从原先互市进口商品目录的532种减少到281种。① 而且大量第三方非越南产的商品无法通过互市贸易进口，导致非法走私案件多发。2018年到2019年上半年，宁明县查获走私案件604起。其中，查获冻品案件518起，查获各类无合法手续冻品共1321.128吨；查获活体案件36起，查获活体牛、鸡、鸭、鱼等大批物资；查获其他无合法手续货物共108.56吨、洋酒1823支。②

（三）边境地区中心城市及小城镇发展较慢

兴边富民行动实施范围是沿边县市，“十三五”以来，兴边富民行动实施重点是沿边贫困地区，对于边境地区区域中心城市以及小城镇建设有所忽视。根据区域经济理论，城市作为区域发展的核心，会通过开发和利用周边地区的各类资源产生极化效应，但长期看中心城市会通过扩散效应带动周边区域发展一体化。而且，中心城市的发展与区域内其他城镇的发展相互影响，其产生的各类经济联系会吸引农村向其集聚。调研中，沿边村镇的青壮劳动力去广东等外省打工居多，留守儿童、养老问题都成为制约边疆地区发展的主要社会问题。如果边疆地区的核心城市和小城镇的非基础产业实现快速发展，不仅会发挥增加经济需求的巨大作用，与边境地区兴边富民行动扶持的各类优势产业有效对接，也能在整体上提高兴边富民行动资金的效益和效率，带动边疆地区的城乡融合。

（四）兴边富民行动组织实施机制有待进一步完善

首先，旨在“富民、兴边、强国、睦邻”的兴边富民行动按照“国家支持，省负总责，地州配合，县市落实”的方针展开实施。实践中，崇左各县、区民宗局直接向自治区民委申报兴边富民项目，自治区财政部门直

① 崇左市实施新一轮兴边富民行动面临新问题新挑战新思考［EB/OL］．崇左新闻网，http://www.czdjw.gov.cn/UCM/wwwroot/gxcznews/xwzx/shxw/2019/11/663823.shtml.

② 宁明县重拳打击走私活动［EB/OL］．崇左新闻网，http：//www.czdjw.gov.cn/UCM/wwroot/gxcznews/nm/nmxxw/2019/08/654150.shtml.

接拨付资金给予边境县市。崇左市民委仅仅履行指导职能，对各县市资金使用只能事前指导，无法做到事中的监督，无法对全市的兴边富民项目申报进行通盘考虑，也很难在宏观层面上对项目的进展进行有效监督和协调。项目制的这种垂直输入的体制路径，强化了县级基层部门的项目职能。而基层部门需要大量的专业人手应对烦琐的项目规范，也需要对下级乡镇部门进行资源分配以及项目管理。在经济面临下行压力、保增长任务重的形势下，基层申报的项目谋划时间短，项目质量难以保证。

其次，资金的使用效率有待提高。在现有的专项转移支付制度安排下，兴边富民行动需要撬动各部门的专项资金，各部门都有项目的审批权和管理权，因而造成在行动推进中项目资金过于分散、资金使用限制不同的多头管理状况。同时专项资金要求的项目单一性和地方实际项目的综合性之间的矛盾，使得资金统筹协调困难，使用效率较为低下。如龙州县村庄整治的示范项目，包括村庄规划、道路建设、饮水工程、污水处理以及优势产业发展等内容。同时，大多数项目要求地方政府有相应的配套资金，在此门槛下，很多项目只能进入有自投入能力或有举债筹款能力的地区，而不具备这些能力的地区则出现“躲项目”的情况，形成了兴边富民行动资金与地方实际需求的错配，容易造成富者越富、穷者越穷的马太效应。

最后，项目实施的协调机制有待完善。兴边富民行动项目基本由自治区部门下达给各边境县市，但在时间上并不统一，影响项目统计和实施。如自治区扶贫办在 5 月就已经将项目资金指标和使用要求下发到市、县，从下达到实施有半年的时间；但发改、商务等部门却在 9 月、10 月才下达项目计划，考核执行率，影响了项目实施。

三、广西兴边富民行动面临的机遇

“十四五”时期，广西边境地区在进一步扩大对外开放、加快“一带一路”建设、新型城镇化等方面面临历史机遇。

（一）进一步扩大开放机遇

沿边地区作为我国建设“一带一路”的最前沿，沿边开放的质量和水平不仅会决定自身增长极功能的充分发挥，而且也会影响内地对外开放发展和我国全方位对外开放新格局的形成。陆海地缘兼备的广西被定位为我国西南、中南地区开放发展的新战略支点。广西边境地区地处中国—新加坡走廊的咽喉和中国与东盟开放合作的前沿，是连接我国西南腹地与边境陆路通道的重要节点，深化中国与东盟互联互通、经贸合作的突破口。崇左市是全国口岸最多的地级市，有5个国家一类口岸，2个国家二类口岸，在建设面向东盟开放合作新高地、推进西部陆海贸易新通道建设、打造“一带一路”有机衔接上将发挥重要作用。

2018年3月，凭祥口岸的中欧班列正式开通，发往东盟的钢材、化工品、服装、食品等产品，不再只有公路口岸这一条线路；泰国、缅甸、新加坡、马来西亚等国家的货物经越南进入中国，可直达重庆、四川等西部省份，并对接中欧班列发往欧洲地区。目前崇左市已成功打通了凭祥—越南海防港、凭祥—越南河内—越南胡志明、凭祥—越南谅山—老挝沙湾拿吉—泰国穆达汉—马来西亚黑木山—新加坡3条黄金物流线路。同时，东盟国家经凭祥综保区—苏州—满洲里—欧洲（苏满欧）、凭祥综保区—郑州—霍尔果斯—欧洲（郑新欧）、凭祥综保区—重庆—阿拉山口—欧洲（渝新欧）的物流线路得以开拓；并开通仁川—青岛—凭祥—河内及开辟台湾—平潭—凭祥—河内等海陆、陆铁联运物流线路，为企业提供跨境物流配送，大大降低企业物流成本。① 随着我国西部陆海新通道和欧亚大陆桥通道的逐步完善，崇左将成为中国内陆和东盟国家货物流通的重要中转站。

2019年8月30日，中国（广西）自由贸易试验区崇左片区在广西凭祥综合保税区正式成立。广西自由贸易试验区崇左片区是首批沿边自贸区

---

① 崇左：跨境物流打通内外连接大动脉［EB/OL］. 人民网，http：//gx. people. com. cn/n2/2019/1126/c372293-33578661. html.

之一，实施范围 15 平方千米，东至凭祥镇南山村板那屯，南至弄怀，西至浦寨，北至凭祥镇林东路。崇左片区将充分发挥作为连接东盟的西部陆海新通道陆路主通道优势，促进口岸经济转型发展。围绕跨境贸易、跨境物流、跨境金融、跨境旅游和跨境劳务合作等跨境经济合作，重点打造跨境产业合作示范区，构建国际陆海贸易新通道陆路门户。

（二）新型城镇化机遇

“十四五”末我国城镇化率预计将达到65%左右，提高城市生活质量、社会保障水平和城市管理水平将成为城镇化面临的核心问题。预计 2025 年超过 100 万城市群人口占比达到 32.5%，2035 年接近 40%。“十四五”时期我国将综合考虑生产、生活、生态和安全的需要，推进一轮以人为核心的新型城市化治理改革，适度控制超大城市规模和密度，积极推进城市多中心、郊区化发展，建设网络型城市。①

随着“一带一路”建设的深入实施，西部陆海新通道建设的扎实推进，广西自由贸易试验区的建立发展，广西边境地区产业结构升级和经济持续稳定增长等潜力将进一步释放，劳动力需求稳定增加，对人口的吸引力也会持续增强，边境口岸城市和区域中心城市常住人口增长有望提速。国家发展改革委发布的《2020 年新型城镇化建设和城乡融合发展重点任务》中指出，要在边境地区打造以内陆邻近的大中城市为辐射源、边境县级市及地级市市辖区为枢纽、边境口岸和小城镇为节点、边境特色小镇为散点的边境一线城镇廊带。

推动新型城镇化建设，一方面可以为边疆地区提高兴边富民行动绩效提供支持，另一方面也为促进边疆地区城乡区域实现良性互动、协调发展提供了巨大机遇。新型城镇化建设能够缓解边境劳动力向内地的长距离流动。新型城镇化标志着工业化和现代服务业的不断提升，产生资金、技术、劳动力等生产要素的集聚效应，会创造大量就业岗位尤其是第三产业

---

① “十四五”时期经济社会发展的十大趋势［EB/OL］. 中国经济形势报告网，http://www.china-cer.com.cn/shisiwuguihua/202008317934.html.

的就业岗位，从而缓解农村剩余劳动力的矛盾，增加农民收入。同时，也可以使边境富余劳动力就近就业，缓解劳动力长距离流动带来的留守儿童、养老以及边境地区农村空洞化问题。

新型城镇化推进会产生巨大的市场需求，城镇也是边疆地区对内对外开放的主要承载地区。加大基础设施建设投资，相当一部分农业人口转为城镇人口，从而提高最终消费需求。兴边富民行动众多特色优势产业项目主要分布在人口和资源比较分散的边境地区，且以建设和提供生产资料等途径为主对边民进行发展扶持，因为城镇需求有限以及运输成本高，从产业供给的角度推行的兴边富民项目经济收益不高且难以持续。因此，需要大力推进边疆地区城镇化建设，发挥其辐射和带动作用，与农村地区形成供需链条，加快城乡一体化的进程，实现边疆地区区域协调发展。

此外，城镇化有利于巩固民族团结、稳定边疆。边疆地区也是多种民族、思想、文化、宗教并存、传播、吸收、融合的交汇点。城镇化进程有利于各民族之间的交往不断加深，各族人民群众在发展中相互交融，促进了民族团结和共同繁荣，有利于促进边疆地区的安全与稳定，为推进兴边富民行动创造和谐稳定的环境。

广西作为祖国的南大门，鉴于特殊的地理位置、历史战争原因，广西边境地区的经济发展仍落后于全国平均水平，城镇建设资金不足，严重影响了城镇的发展速度。截至 2019 年，崇左市常住人口城镇化率只有 40%，远远低于全国平均水平，户籍人口城镇化率仅为 21%。城市整体经济实力不断增强，但市区作为区域中心城市的主导功能并未得到加强，产业要素集聚度低，难以形成规模效益，难以发挥中心城市辐射带动力，本地吸纳劳动力的潜力有限。这导致了西部地区人口长距离大规模流动，增加了经济社会运行和发展成本。因此，广西边境地区应积极抓住当前新型城镇化机遇，如崇左市可考虑以凭祥市和江州区为城市聚集发展核心，以广西自由贸易试验区崇左片区为载体，加快推进边境县市的新型城镇化步伐，以产兴城，以城兴产。

四、扎实推进广西兴边富民行动的思考和建议

广西要充分利用国家深入推进兴边富民支持政策，以加快边境地区基础设施建设为重点，以特色优势产业转型升级发展为核心，抓好重大项目建设，扎实推进兴边富民行动，加快边境地区经济社会全面发展。要始终坚持兴边富民的根本目的，以民为本，切实提高边境地区各族人民群众收入，稳固脱贫攻坚成果，实施教育、卫生、文化、社会保障等社会事业均衡发展，着力解决发展不平衡不充分问题。

（一）实施区域优势互补，高质量协调发展

随着兴边富民行动的开展，沿边一线的边境县市公共服务水平有了很大程度的提高，但与之相毗邻的县市公共服务水平提高相对缓慢，这既是造成区域差距的一个原因，也是区域差距产生的一个重要后果。对于边境地区而言，“吃饭财政”是非常普遍的现象，地方财政收入加上上级政府转移支付后的财力仍非常有限，在教育、卫生、社会保障等公共服务方面投入偏少。个别沿边口岸城市由于对外开放早，口岸基础设施条件好，经济发展起步早，经济发展水平较高，可用财政资金也相对充足，能够在公共服务上投入更多财政资金，公共服务水平也相对较高。这样就会导致同一边境州市内部存在比较明显的公共服务水平上的差距，这种差距如果控制在一定的范围内，可以起到对落后地区的激励作用，但如果差距过大，将会导致县市之间产生较大矛盾，甚至引发社会冲突、民族冲突，不利于区域和谐发展。为了实现边境地区经济社会和谐发展，我们建议边境州市内部各个县市之间要实现基本公共服务的均等化，经济发展水平相对落后的地区，上级政府也应适当增加在公共服务上的转移支付，允许边境县市之间公共服务水平存在一定差距，但要注意防止差距过大。

习近平总书记在 2019 年 8 月 26 日中央财经委员会第五次会议上指出，当前区域协调发展总的思路是：按照客观经济规律调整完善区域政策体系，发挥各地区比较优势，促进各类要素合理流动和高效集聚，增强创新

发展动力，加快构建高质量发展的动力系统，增强中心城市和城市群等经济发展优势区域的经济和人口承载能力，增强其他地区在保障粮食安全、生态安全、边疆安全等方面的功能，形成优势互补、高质量发展的区域经济布局。

“十四五”时期，广西在推进兴边富民行动过程中，也应该坚持区域之间优势互补、协调发展。兴边富民行动需要加大对边境地区中心城市的投入，以新型工业化、信息化和农业现代化加快推动边境地区新型城镇化的建设。边境地区需要根据城镇规模和等级明确功能定位和产业发展方向。以崇左市为例，应大力发展以江州区—宁明县—凭祥市为轴心的桂西南城镇群，江州区大力发展现代服务业，着力改善投资环境，提升基础设施配套能力，主动承接东部产业转移，大力发展特色旅游业；凭祥、宁明等其他边境小城镇的发展要与崇左市相配套，形成特色产业结构，顺应边境中心城市的经济辐射带动，将资源优势转化为经济优势，进而增强边疆地区城镇化的要素集聚能力，提高地州市发展的反哺能力，扩大其市场需求潜能，与兴边富民在边境地区的项目供给相匹配，提高兴边富民项目的整体效益和可持续性。建设以宁明、凭祥、龙州为核心的沿边城镇带，以城镇群建设带动沿边地区快速发展；将边境地区城镇建设成为面向东盟开放合作的前沿门户城镇带。

（二）注重边民资产的培育，加大边境地区教育投入

有组织地引导和帮助边民进行资产积累与投资，而非简单直接增加其收入与消费，推行兴边富民行动，一方面是加大边境地区基础设施的硬件建设，另一方面应选择培育边民的资产等软件建设为切入点。以个人资产账户为工具，鼓励个人进行金融积累，增强其自力更生的能力和信心。根据“贫困恶性循环”的相关理论，边境贫困地区需要拥有储蓄和积累，形成内生资本，而不是短期的收入和消费的增加。兴边富民行动的重点应放在边民资产培育方面，让每个人都参与资产建设，利用资产具有收入所无法替代的传承效应，打破低收入循环链条。这可借鉴国外人力资本训练账

户、教育储蓄账户以及医疗储蓄账户等个人资产账户的建立。这些普惠性和储蓄性的资金账户在达到足够水平的情况下，能够为中低收入群体提供更大的补贴。

通过制度设计，提高边民的社会保障水平，将事后救助措施提前，采取“救助渐退”办法打消贫困家庭的后顾之忧；实现从单纯的收入提高到收入与能力共同提高，从开发性扶贫向防止返贫转变。首先需要进行政策创新，鼓励边境居民进行资产证件质押借款，用于生命周期内的各种应急事项。利用城乡居民的养老保险个人账户，拓展其附加功能，使其成为养老、医疗、教育、住房以及投资理财等多种功能的综合资产账户，允许其行使转让、租赁、抵押、流转等基本权利。兴边富民行动可直接拨付适当资金补贴贫困边民的个人账户，激励他们积极参与个人账户的积累，积极参与经济社会事务，有利于提高居民素质、增强发展能力。

边民资产的培育以及兴边、富民目标的最终实现需要通过人力资本的提升，通过其能力的建设来达成。因此需要在政策体系中嵌入“上游干预”的理念，重视为边民家庭子女提供平等的受教育与其他发展机会，防止贫困代际传承。一是国家和自治区从政策、投入层面上加大对边境地区教育的扶持力度，逐步缩小与内地教育发展差距，进一步提升边境地区教育水平。二是政府在边境乡镇、村建立起寄宿制与困难学生专项补助相结合的配套制度，提高中小学寄宿生生活费补助标准，实行边境义务教育免费政策，逐步推行边境地区十二年义务教育，将高中教育纳入义务教育范围，提高入学率，减少学生特别是留守儿童学生流失问题。三是通过人才引进机制、本地人才培训计划，进一步解决边境地区部分学校教师编制不足、队伍年龄老化、结构不合理、缺乏生机的现状，提高边境基层教师待遇，鼓励更多的人才安边乐教。四是进一步完善农村义务教育投入保障机制，特别要加大财政对边境地区教育的转移支付力度；有针对性地提高对边境地区的教育资源倾斜程度，提高民族地区学生高考录取比例，定向培养基层人员，提升边境民族地区教育现代化水平。

（三）加大对边境地区扶持力度，提高项目资金运行效率

边境地区发展基础薄弱，贫困地区多，应加大兴边富民行动对边境地区的扶持力度。第一，提高中央渠道的行动资金投入水平，完善行动扶持内容。调研中普遍反映兴边富民项目单体资金规模较小，难以有效开展项目，也难以集中资金形成规模效益。如边境地区村屯道路建设后的维护资金缺乏，使道路的使用寿命大幅缩短。第二，落实好对边境地区的政策支持。尽管目前国家制定了不少支持边境地区加快发展的政策，但这些政策多是指导性意见，还缺乏详细的、具有可操作性的政策。建议广西加强与国家各部委的沟通，从加快边境地区经济社会发展全局出发，争取尽快将支持边境地区发展的政策落地，切实发挥出效果。

首先，边境少数民族地区经济社会发展的一个重要制约因素就是基础设施落后。如果仅从经济效益上考虑，基础设施建设应主要考虑经济发达地区，因为经济总量大，对基础设施使用需求多，基础设施建成后能够迅速地发挥出经济效益。但边境地区具有特殊的地位，肩负着边疆稳定的重要责任。目前，随着边境地区对外开放工作的推进，对外开放通道的增加，各种境外敌对势力、宗教极端势力和恐怖势力也不断向我国边境地区渗透，维护边境稳定、宗教和顺的压力显著增加。因此，边境地区的基础设施建设就不能仅从经济效益角度出发，必须要考虑到社会效益、生态效益和国防效益，要更多地关注基础设施对民族地区社会稳定、民族团结的影响。

其次，要加强兴边富民行动的管理和监督。兴边富民行动项目制的组织运行方式是为实现国家发展战略和调动地方资源平衡地区发展差异双重目标的公共管理创新，旨在通过行政性授权和竞争性授权实现各级政府的合作博弈。兴边富民行动推进中，既要强化省级民委宏观指导调控，也要加强地州民委、县市民委的管理和监督。这样既可以缓解省级部门对基层信息的缺乏造成的项目监管难的困境，杜绝基层部门设租寻租的可能，也可以在对地区发展全面掌握的基础上，提升和协调项目申报质量和项目进展。

再次，要提高兴边富民行动资金的使用效率。建议相关部门能够对相关的专项资金根据地方发展的实际需求进行整合，变单一目标为综合目标，避免专项资金切块过细，增加地方进行项目申报的各类成本，也便于各类资金的统筹使用。同时，考虑到边疆地区地方财力水平，适当降低或者取消某些专项资金的配套要求，避免基层地方为争取项目进行多渠道举债，破坏当地居民对其乡镇发展的控制权和话语权。

最后，要完善项目实施的协调机制。在“十四五”规划设计和政策推进中，应该更加强调部门职责，强调通过联席会议等方式加强部门协作。尤其是，各地民委应该加强与发展改革等部门的沟通，及时了解其他部门的问题需求与政策实施进展。广西兴边富民行动是省级政府调动全社会资源在更大范围内实施的地方整体社会经济的联动运作，涉及部门达23个。在统一规划的前提下，明确各部门项目推进的进度，建设各部门之间的横向联系机制，为项目的推进和后续统计、评估提供基础。

（四）推动边贸转型升级，提升边境区位价值

沿边地区可充分利用国内外“两种资源、两个市场”，积极融入“一带一路”建设。结合西部陆海新通道、广西自由贸易区、珠江—西江经济带、左右江革命老区等政策优势，以面向东盟为重点，构建开放合作大通道，实现边境区位价值的再造和提升。以崇左市为例，以凭祥、龙州、宁明、大新为沿边开放枢纽，以广西自贸区崇左片区、凭祥重点开发开放试验区、中越凭祥—同登跨境经济区、凭祥综合保税区、凭祥边境经济合作区、龙州边境经济合作区等为重要开放合作载体，深化与越南等东盟国家合作，加快口岸、边境城镇、产业园区以及铁路、公路等基础设施建设，打造面向东盟的进出商品集散中心、进出口加工基地以及中越文化旅游与农业合作的示范区，逐步形成中越沿边国际经济合作带，使大量集聚在边境中心区的企业通过供给和销售的前后联系形成复杂的开放式经济网络，各类资源得以在跨边境间流动与交换，提升边境对外开放水平。

推动产业结构优化升级，提升外贸发展竞争力。积极培育边境加工贸

易产业。充分发挥崇左市陆路东盟大通道优势，积极培育红木、机电等边境加工贸易产业，改变崇左“有口岸、无加工，有物流、无产业”的现状。充分挖掘边民互市贸易带动边民致富的潜力，适时增加边民互市贸易商品品种。根据中越边境贸易商品的互补性，将紧缺的资源性产品列入互市贸易进口商品品类，扩大互市商品品种，支持将互市商品进口来源从越南扩大到东盟国家，支持组建边民合作社作为主体参与互市贸易，完善对其运转的引导与监督，确保真正带动边民致富。

我国边疆地区发展基础和潜力各不相同，兴边富民行动忽略此差异“一刀切”式的推进，难以满足不同边疆地区的具体需求。“十四五”时期，兴边富民行动需要突破路径依赖，挖掘边疆地区内源性和外源性的发展动力，通过制度创新和政策创新，提高行动的绩效水平。建议边境地区选取典型试点作为兴边富民行动综合示范区，鼓励地方政府发展实践的探索，先行先试，为其他边疆地区发展提供参考和借鉴。

第五章　新疆生产建设兵团兴边富民行动成效及思考

为帮助边境民族地区尽快摆脱贫困落后现状，实现边境地区各族人民致富奔小康，1999 年，由国家民委联合国家发展改革委、财政部等部门倡议发起了兴边富民行动，加大对边境地区的投入和对广大边民的帮扶，实现富民、兴边、强国、睦邻。兴边富民行动实施（试点）范围是逐步扩大的，2000 年全国只有 9 个试点边境县市和新疆生产建设兵团（以下简称“兵团”）的 5 个边境团场，到 2009 年，试点范围扩展到全国 136 个边境县（旗、市、市辖区）和兵团的 58 个边境团场。对于这项惠民工程，兵团党委高度重视，专门召开司令员办公会进行研究，对兵团兴边富民行动进行了全面的动员部署，对项目的筹划、立项和实施工作提出了具体要求。本章对新疆生产建设兵团兴边富民行动进行全面的概述，并分析兵团兴边富民行动的实施成效与当前所面临的挑战，为“十四五”时期继续推动兵团深入实施兴边富民行动提供政策建议。

一、新疆生产建设兵团概述

新疆生产建设兵团分布在新疆维吾尔自治区境内。兵团与蒙古国、哈萨克斯坦、吉尔吉斯斯坦 3 国接壤，国界线 2019 千米左右。兵团的土地面积 700 万公顷，占新疆总面积的 4. 2%，约占全国农垦总面积的 1/5，是全国农垦最大的垦区之一。

（一）历史沿革

新疆自古以来就是中国领土不可分割的有机组成部分。屯垦戍边是历代政府治理新疆的重要国策。新疆屯垦戍边事业源远流长，可以追溯到西汉时期，从那时起一直延续到现在，屯垦戍边事业不断发展变革。

新疆生产建设兵团成立于 1954 年 10 月，是在特殊的地理、历史背景下成立的。兵团是新疆维吾尔自治区的重要组成部分，承担着国家赋予的屯垦戍边职责，实行党政军企合一体制，受中央政府和新疆维吾尔自治区双重领导。1990 年，中央政府批准兵团在国家实行计划单列。兵团在继续作为新疆维吾尔自治区的重要组成部分、接受自治区领导的同时，逐渐由中央政府有关部门对口管理。这种双重领导体制的建立，是兵团行政隶属关系上的创造性变革，有利于中央与自治区对兵团的领导，有利于兵团履行肩负的各项职责，理顺了兵团与国家机关各部门的关系，进一步推动了兵团事业的发展。

屯垦戍边是国家赋予兵团的职责。兵团的“屯垦”以现代农业开发为基础，同时大力发展第二、第三产业，着重保护和改善生态环境，促进新疆的社会进步与民族团结。兵团的“戍边”，一方面守卫国家边防，另一方面维护国家统一和新疆社会稳定，防范和打击暴力恐怖势力的犯罪破坏活动。20 世纪 80 年代后，民族分裂势力、宗教极端势力、暴力恐怖势力等“三股势力”及其破坏活动严重威胁新疆社会稳定和国家统一，兵团戍边的重点转移到防范和打击“三股势力”破坏活动的任务上。

（二）管理体制

兵团实行党、政、军、企高度统一的特殊管理体制。兵团各级都建有中国共产党的组织，发挥着对兵团各项事业的领导作用。在财务方面，兵团为一级预算单位。兵团也是一个“准军事实体”，设有军事机关和武装机构，沿用兵团、师、团、连等军队建制和司令员、师长、团长、连长等军队职务称谓，涵养着一支以民兵为主的武装力量。兵团也称为“中国新建集团公司”，是集农业、工业、交通、建筑、商业于一体，承担经济建设任务的国有大型企业。兵团的党、政、军、企四套领导机构与四项职能合为一体。兵团全面融入新疆社会，所属师、团场及企事业单位分布于新疆维吾尔自治区各地（州）、市、县（市）行政区内，主要由兵团自上而下地实行统一领导和垂直管理。在战略地位重要、团场集中连片、经济基础好、发展潜力大的垦区，设有9个“师市合一”的新疆维吾尔自治区直辖县级市和11个“团（场）镇合一”的建制镇，由兵团实行统一分级管理。“师和市”“团（场）和镇”党政机构设置均实行“一个机构、两块牌子”。①

（三）发展现状

兵团从成立之初逐步发展壮大，已成为新疆地区经济社会发展的重要力量。兵团总人口由1954年年末的17.55万人增至2018年年末的310.56万人，年均增长4.6%；占自治区人口比重由1954年的3.5%提高到2018年的12.5%；兵团汉族人口由16.91万人增至262.94万人，年均增长4.4%；汉族人口占兵团总人口比重持续保持在80%以上。

表5-1　新疆生产建设兵团经济社会发展情况分析

经济社会指标	1954年	2018年	年均增长率/%
生产总值/亿元	1.18	2515.16	9.60
人均生产总值/元	723.00	82318.00	4.70
财政一般公共预算收入/亿元	34.45	103.82	—
工业增加值/亿元	0.24	792.00	11.40
第三产业增加值/亿元	0.26	919.39	11.00

资料来源：《新中国70年新疆生产建设兵团经济社会发展成就》。

兵团经济规模连续迈上新台阶。如表5-1所示，1954年兵团生产总值仅为1.18亿元，2018年达到2515.16亿元。按可比价格计算，1954—2018

① 引自2018年《兵团年鉴》。

年兵团生产总值年均增长 9.6%；地区生产总值占自治区比重由 11.2%提高到 20.6%。人均生产总值由 1954 年的 723 元提高到 2018 年的 82318 元，年均增长 4.7%，比自治区和全国平均水平分别高出 66.4%、27.3%。财政一般公共预算收入从 1954 年的 34.45 亿元增至 2018 年的 103.82 亿元。2018 年兵团财政管理体制正式实施，建立了财政预算管理体系，全面实行国库集中收付制度。

产业结构不断优化，工业化进程不断加快。工业增加值由 1954 年的 0.24 亿元增加到 2018 年的 792 亿元，年均增长 11.4%；截至 2018 年，工业增加值占地区生产总值比重达到 31.5%。服务业发展持续推进，第三产业增加值由 1954 年的 0.26 亿元增至 2018 年的 919.39 亿元，年均增长 11.0%，占生产总值的比重由 22.1%提高至 36.6%。①

二、兵团兴边富民行动实施概况

新疆生产建设兵团有 58 个边境团场，占兵团团场总数的 32.4%，总人口 48.63 万人，占兵团人口总数的 15.7%。58 个边境团场分布在新疆的 11 个地州市的 24 个县市中，管控边境线长达 2019 千米，占新疆边境线总长的 37.4%，约占我国陆地边境线的 10%，分别与蒙古国、哈萨克斯坦、吉尔吉斯斯坦 3 国接壤。自 2000 年“兴边富民行动”提出以来，兵团通过“金边工程”、屯垦戍边新型团场建设工程、安全饮水工程、安居工程、边境团场基础设施建设工程等实施兴边富民工作，大致可以分为三个发展阶段。

（一）试点启动阶段：2000—2008 年

第一阶段是 2000—2008 年，属于兵团兴边富民行动试点启动阶段。兴边富民行动于 2000 年启动实施，投资 1.78 亿元，首批有 5 个边境团场作为兴边富民行动重点单位被列入“金边工程”建设计划，2001 年扩大至

① 引自《新中国 70 年新疆生产建设兵团经济社会发展成就》。

15个边境团场。[①]“金边工程”主要是为各边境团场完善基础设施建设，包括改造危旧住房、公路，建设社会事业，改善饮用水等项目。截至2008年6月，兵团已圆满完成“金边工程”，140多万人实现了安全饮水达标，21万户农牧工危旧住房得到改造，55个偏远连队4万多人的生产、生活用电问题得到解决，职工群众交通、文化、就医、看电视、听广播、环境卫生等方面的条件得到明显改善。[②] 2005年12月开始，兵团以“经济发展、生活富裕、场风文明、环境良好、管理民主”为指导，确立了建设屯垦成边新型团场的目标和要求。2006—2008年，兵团累计投入110.9亿元实施为职工建设保障性住房、连队卫生室和连队综合活动室等“十件实事”，近35万名职工借助危旧房改造工程和保障性住房建设乔迁新居，为连队新建综合活动室847个、卫生室1252个、沼气池1.2万个，培训职工66万人次。[③]

（二）全面开展阶段：2009—2015年

第二阶段是2009—2015年，属于兵团兴边富民行动全面开展阶段。经国家民委的大力支持和协调，国务院办公厅2007年下发《关于印发〈兴边富民行动“十一五”规划〉的通知》，将兵团纳入了规划范围。2009年3月，时任总理温家宝在政府工作报告中明确指出，“推进兴边富民行动覆盖所有边境县和新疆生产建设兵团边境团场”。兴边富民行动扶持范围扩大到我国全部136个边境县和新疆生产建设兵团58个边境团场。中央财政加大对兵团兴边富民行动的支持力度，每年每个边境团场补助100万元，2009年当年的补助资金总额达到5800万元，兵团边境团场兴边富民行动

① 引自国家民族委员会经济发展司《新疆生产建设兵团兴边富民行动“十一五”调研报告》。

② 新疆兵团“金边工程”使140多万人实现饮水安全［EB/OL］．中国政府网，http：//www.gov.cn/jrzg/2008-06/23/content_1024982.htm.

③ 新疆兵团四年投110亿实施“十件实事”改善民生［EB/OL］．中国新闻网，http：//www.chinanews.com/cj/news/2010/06-04/2324998.shtml.

项目得以迅速落实。① 2010年边境团场实现生产总值84亿元，占兵团生产总值的10.9%，比上年增长26.3%。人均生产总值19307元，比上年增长27.6%。② 兴边富民行动成效显著，为“十二五”时期兴边富民行动在兵团的工作深入和拓展奠定了重要基础。

“十二五”时期，是边境团场全面贯彻落实中央关于新疆和兵团发展稳定总体部署、实现跨越式发展和长治久安的重要时期，是加快转变经济发展方式的攻坚时期。“十二五”以来，为推进兴边富民行动，新疆兵团已投入114亿元，通过大力实施安居工程，加强边境团场基础设施建设，分类推进边境团场战略支点城镇建设，职工群众住房条件得到明显改善。2011—2013年，新疆兵团实施的58个边境团场城镇保障性安居工程覆盖9.34万户，争取国家保障性住房补助资金37.36亿元，每户补助4万元；实施的边境团场农村安居工程覆盖33086户，户均中央财政补助超万元；拨付7434万元实施游牧民定居工程，让2478户游牧民受益。到2013年年底，已使超过18.7万职工群众直接受益。新疆兵团“兴边富民行动”补助资金也从2009年每个边境团场100万元增加到2013年的400万元。③ 边境团场充分利用项目资金建成了一大批投资少、见效快、职工群众得实惠的项目，群众生产生活条件得到显著改善。

“十二五”时期，九师一六五团经济稳定增长，生产总值由2010年的7202万元增加到1.83亿元，年均增长20.5%。以旅游为主的服务业收入累计达300万元，是“十一五”时期的3倍；社会消费品零售总额由961万元增加到2132万元，年均增长17.3%；城镇化率达到82.3%，与“十一五”末相比提高了26.73个百分点。

“十二五”时期，四师六九团累计投入兴边富民资金1100万元扶持少数民族经济发展，到2015年年底，全团72户少数民族家庭户均年收入

---

① 引自国家民族委员会经济发展司《新疆生产建设兵团兴边富民行动“十一五”调研报告》。

② 引自《兵团兴边富民行动规划（2011—2015年）》。

③ 国家“兴边富民行动”改善新疆兵团边境团场民生［EB/OL］. 中国新闻网，http://www.chinanews.com/df/2013/12-02/5571236.shtml.

6.72万元，人均年收入1.78万元；[①] 四师六十一团通过“兴边富民行动”，先后在5个少数民族聚居连队投入近3000万元，发放扶贫牛、羊7800头（只），划分葡萄园、果园800亩，建成了224套保障性住房，修建育肥暖圈，解决园林三连、园林四连等少数民族聚居连队的人畜饮水等难题，少数民族群众住房难、饮水难、致富难等问题得到有效解决；[②] 四师七十四团利用兴边富民行动项目资金1000余万元，先后发放扶贫牛羊5000多头（只），帮扶170多户少数民族困难职工脱贫致富，使他们户均收入达3万元，最高收入达10万元。[③]

（三）脱贫攻坚阶段：2016年至今

第三阶段是2016年至今，是兵团深入实施兴边富民行动的脱贫攻坚阶段。“十三五”时期是我国全面深化改革的关键时期，也是边境地区同步全面建成小康社会的决胜阶段。兵团按照党中央牢固树立和贯彻落实新发展理念，聚焦新疆工作总目标，当好“三个力量”、履行好“三大职能”、发挥好“四大作用”的要求，坚持“富民、兴边、强国、睦邻”宗旨任务，扎实推进兴边富民，坚持以保障和改善民生为着力点，把实施兴边富民行动与维护稳定、脱贫攻坚结合起来，使兴边富民项目资金更好惠及各族群众。

2016年九师结合《九师经济和社会发展“十三五”总体规划》和《九师兴边富民行动“十三五”发展规划》中的重点项目和各团场实际，共实施兴边富民行动项目10个，总投资5080.21万元，其中申请国家财政资金4400万元，自筹资金680.21万元。这些项目产生了较好的社会效益、经济效益及生态效益，充分发挥了兴边富民行动项目资金“四两拨千斤”

---

① 科学谋划展宏图　凝神聚力促发展——四师六九团经济社会发展纪略［EB/OL］. 新疆生产建设兵团网，http：//www.xjbt.gov.cn/c/2016-07-26/2514078.shtml.

② 同心掬得满庭芳——记兵团民族团结模范集体四师六十一团［N］. 兵团日报，2017-01-04.

③ 坡马高原铸丰碑——四师七十四团经济社会发展掠影［EB/OL］. 新疆生产建设兵团网，http：//www.xjbt.gov.cn/c/2015-11-09/7142529.shtml.

的作用。一六五团、一六六团、一七〇团和团结农场通过实施项目，各族群众家庭收入有了较大幅度提高，生产生活条件得到显著改善，有力地促进了边境团场发展；一六三团、一六四团养殖基地项目和一六七团、一六八团实施农业项目带动了群众增收。2018 年，兵团本级财政继续加大投入力度，争取兴边富民行动专项补助资金 2.32 亿元，在办好教育、民族团结、树立婚育新风、促进人口集聚、提升农业科技水平等 11 项民生实事方面着力。①

2019 年红旗农场党委积极争取兴边富民项目资金 560.2 万元，为十连、十一连两个少数民族连队修建养殖区。目前，该工程已完工，即将投入使用。同年，十师北屯市实施兴边富民行动项目 11 个，投入项目资金 9452 万元，加大边境一线团场和深度贫困连队脱贫攻坚力度，改善了边境一线团场各族群众的生产生活条件，进一步巩固了边境安全、民族团结、社会和谐的良好局面。② 2019 年四师七十四团利用兴边富民项目资金 100 多万元，为 21 户贫困家庭发放新疆褐牛 126 头；对 65 名没有劳动能力、大病、残疾的贫困群众进行社保兜底。③

三、兵团兴边富民行动成效

通过实施兴边富民行动“十一五”“十二五”“十三五”三个五年规划，边境团场综合经济实力明显增强，基础设施和基本公共服务体系不断健全，边民生产生活条件大幅改善，对外开放水平持续提高，民族团结和边防巩固效果突出，各族群众凝聚力和向心力显著增强，为边境地区全面建成小康社会奠定了坚实基础。

（一）边境团场基础设施不断完善，生产条件极大改善

各边境团场通过加大基础设施建设投入不断改善生活条件。一方面，

① 兴边富民行动项目惠及九师 1174 名各族群众［EB/OL］. 人民网，http：//xj. people. com. cn/n2/2017/0104/c188523-29553304. html.

② 红旗农场扎实推进兴边富民项目［N］. 兵团日报，2019-06-17（02）.

③ 春到牧场景色新——北塔山牧场整体脱贫［N］. 兵团日报，2019-04-08（02）.

在各边境团场、连队投入建设的滴灌灌溉、渠道防渗、斗渠防渗改建等工程项目，缓解了边境团场灌溉季节缺水、渠道输水损失等问题，保证适时适量灌溉，提高了农业综合生产能力；通过人畜饮水改扩建、供水工程等改水工程项目的实施，解决了边境团场职工人畜饮水安全问题，进一步提高农牧民的生活水平和健康水平。例如，“十二五”时期，九师一六七团在2011年8月实施人畜饮水安全工程，总投资230万元（其中200万元为兴边富民补助资金），建设引泉池、更新管网等，解决了300多户1200人、7000多头（只）牲畜的饮水问题；一六五团新建供热交换站2座，高标准打造“东进九师第一路”，全面完成达因苏街、北大街、团场路灯和平改坡等工程；新建滴灌地6579亩，建设高标准农田9315亩；累计实施15万亩保护地耕作项目，新建马铃薯组培室，培育脱毒马铃薯原种21万粒；农业机械作业率达95%以上。①

另一方面，各边境团场、连队对各类基础设施建设的投入，改善了边民的生产生活条件，提高了边民维稳戍边的综合实力。到2018年年末，兵团城市区域光网和家庭光网覆盖率均达100%，团场及连队光网覆盖率均达98.3%，光纤宽带用户占比96%，4G网络覆盖全部师团及85%的连队。多年来，十师北屯市把落实兴边富民政策作为稳边兴边的重要举措，高度重视边防管控和边境一线基础设施建设工作，全面实施守边、稳边、固边、丽边、兴边、富边“六边工程”，投资5000余万元建设屯兵楼和边防，争取67个兴边富民行动项目，补助资金1.55亿元，受益人口2.4万人；2019年10月，红旗农场针对照明设施不全问题，筹措资金120万元实施“五纵四横”主干道亮化工程，极大地改善了边民的生活条件。②

---

① 踏上新征程　谱写新篇章——九师一六五团经济社会发展纪实［EB/OL］. 新疆生产建设兵团网，http：//www. xjbt. gov. cn/c/2016-07-18/4536298. shtml.

② 辉煌壮丽七十载　维稳戍边谱华章——新中国成立70周年兵团经济社会发展成就系列报告之一［EB/OL］. 新疆生产建设兵团统计局，http：//tjj. xjbt. gov. cn/c/2019-08-26/7269027. shtml.

（二）推动产业结构调整升级，壮大兵团整体经济实力

兴边富民行动项目的实施，在促进边境团场经济发展的同时，有效推动了边境团场产业结构的调整与升级。一是各边境团场通过无公害、优质高产栽培技术的推广，推动农业、种植业的产业化、规模化、集约化，促进绿色农业、有机农业等现代农业的发展，不断提升农产品、果蔬产品附加值，切实促进了团场产业结构调整与升级，从整体上提高了团场设施农业规模和技术管理水平的快速提升，达到农产品优质、专用、稳产、稳收、高效的目的。如 2017 年，八十一团利用兴边富民政策资金 274 万元实施 2500 亩葡萄园改建工程，加快推进 1300 亩葡萄低产田改造，发展绿色有机果品，全面推广“厂”字形构架模式，强化葡萄种植户市场意识和质量意识，落实订单生产和质量可追溯体系，创新销售模式，葡萄种植户增收明显。2018 年，团场实收葡萄商品果 1.7 万吨，商品果率较近 3 年平均水平提高 20%以上，实现团场增效 366 万元，职工增收 2918 万元，人均增收 3.3 万元;① 一八二团还依托兴边富民行动项目，引导职工种植构杞树苗，组织贫困户按照经营户的要求，参与构杞树苗管护，年底获得利润分红，实现了稳定增收;② 九师团结农场充分利用国家兴边富民行动政策和援疆资金，投入 1000 多万元，新建果蔬大棚 300 多座，引导部分少数民族群众从传统的牧业生产中转移出来，从事现代设施农业，增强了边境团场群众增收致富能力。

二是通过畜牧养殖项目的实施，加快了项目区畜种养殖、改良、繁育、防疫等先进技术的推广，在改善边境团场现有畜牧养殖业生产经营状况的同时，提高了养殖户的自我发展能力，并通过以点带面，示范带动团内及周边地区牲畜养殖水平，一定程度上壮大了兵团的整体实力。例如，

① 五师八十一团优化产业结构、技术结构、经营结构，稳步推进农业供给侧改革——激发农业发展新动能［N］. 兵团日报，2018-04-09（04）.

② 瞄准靶子　找准法子——十师一八二团退出贫困团场序列纪实［N］. 兵团日报，2019-06-13（04）.

一八四团借助国家兴边富民项目资金和团场自筹资金 1600 万元，新建了占地面积 1 万多平方米、存栏量达 6000 多只羊的南屯牧业养殖合作社，引进了萨福克羊、阿勒泰大尾羊等优质母羊 2400 只。①

（三）从“输血”到“造血”，带动资源优势向经济优势转化

从“输血”到“造血”，带动资源优势向经济优势转化，开辟边境团场经济新增长点。边境团场通过果蔬大棚、基地建设、畜牧养殖项目的实施，进一步带动团场资源优势向经济优势转化，并带动团场绿色种植、特色养殖、农家乐、旅游等城郊经济快速发展，加快了“团场增效、职工增收”目标的实现，带动项目区各民族经济发展由“输血型”向“造血型”转变。例如，“十二五”时期，六十九团累计投入兴边富民资金 1100 万元扶持少数民族经济发展，到 2015 年年底，全团 72 户少数民族家庭户均年收入 6.72 万元，人均年收入 1.78 万元。九师团结农场各连队成立了少数民族大棚蔬菜种植协会，协会成员在蔬菜种植、育苗等方面对少数民族群众进行技术指导，增强他们的致富本领。目前，该场生产的大棚蔬菜出口到中亚国家。另外，团结农场还通过集中建圈示范的形式，为少数民族群众搭建了定点生产的平台，投入 1500 万元建成千头肉牛育肥养殖基地，并按照“家家有畜不见畜、户户按股有分红”的原则，带动了 53 户少数民族家庭和 100 户低收入家庭参股，户均年增收 6000 元。② 十师北屯市仅 2015 年就投入边境一线旅游项目资金 3700 万元，近期还将投入 2000 万元启动智慧旅游项目。这些项目的落地，不仅改变了边境一线的生产生活环境，还大大增加了职工群众的收入，边境团场职工家庭人均纯收入同比增长 15%，仅一八五团人均最高增收可达 5900 元。③ 2019 年，红旗农场利用

---

① 新疆兵团十师一八四团多举措助贫困户脱贫［EB/OL］. 人民网，http：//xj. people. com. cn/n2/2017/0207/c188514-29681499. html.

② 团结一心共奔致富路——记全国民族团结进步模范集体九师团结农场［EB/OL］. 新疆生产建设兵团商务局，http：//swj. xjbt. gov. cn/c/2016-05-11/2407493. shtml.

③ 十师北屯市以“兴边富民”促边防稳定［EB/OL］. 新疆生产建设兵团网，http：//www. xjbt. gov. cn/c/2015-10-26/7142531. shtml.

兴边富民项目补助资金790万元，依托特色旅游资源，积极完善大三台沟哈萨克民族风情园二期项目基础设施，改善旅游环境，提高旅游基础设施水平。项目建成后，将进一步完善红旗农场大三台沟哈萨克民族风情园基础设施，进一步提升景区吸引力，拓宽农场职工就业渠道，实现致富增收。①

（四）改善边境团场职工生活条件，促进民族团结和社会稳定

兴边富民行动项目在边境团场的广泛开展，极大地改善了边境团场各民族职工的生活条件，为团场职工安心在团场工作，维护边境地区繁荣稳定奠定了坚实基础。一方面，通过逐步完善社会保障体系，健全教育、医疗、养老体系，不断改善职工生活条件，逐步提升职工幸福感。例如，六十九团着力扩大养老保险和医疗保险覆盖面，完善了以低保为核心，医疗救助、住房救助、教育救助、司法援助等专项救助为辅助，临时救助、社会捐助、邻里互助为补充的新型社会救助体系。加快教育事业发展，进一步改善了办学条件，巩固了“两基”成果，医疗卫生事业稳步发展，医疗软硬件设施和配套服务明显改善。实现了老有所养、少有所学、病有所医、住有所居、困有所济。

另一方面，通过逐步改善边境团场的人居环境，提升边民生活品质。自2018年4月《新疆生产建设兵团连队居住区人居环境整治三年行动实施方案》实施以来，兵团将改善人居环境作为新型城镇化建设的重要内容，大力推进连队居住区整治和转型发展，人居环境明显提升。例如，新疆兵团集中实施边境团场城镇基础设施建设，投资超26亿元实施供排水、污水处理、集中供热、城镇道路和边境团场城镇保障性安居工程配套基础设施等建设，改善了团场城镇面貌，提升了住宅小区的品质。2019年来，红旗农场累计申请和筹集资金2000余万元，为群众修缮廉租房、露天篮球场、

① 红旗农场扎实推进兴边富民项目［EB/OL］．新疆生产建设兵团网，http：//www. xjbt. gov. cn/c/2019-06-17/7251213. shtml.

文化活动中心；为少数民族聚居连队改造垃圾场、供排水设施。①

（五）改善边境团场生态环境，实现生态与经济社会和谐发展

边境团场是我国的国防安全屏障，同时又是生态脆弱区。兴边富民行动在促进边境团场经济发展的同时，兼顾了生态保护，实现了生态经济与社会和谐发展。一是通过林果种植项目的实施，新增了经济林木，提高项目区植被的覆盖率，改善了人工草场植被条件，为畜牧业发展提供优质牧草，为牧业防灾、抗灾、救灾提供保障；二是通过畜牧养殖项目的实施，改变了牧民原有生产模式，有效减少了牧民四季转场的投入，有效提高了农牧民收入，同时降低了牧区长期超载放牧程度，减轻了天然草场压力；三是通过果蔬大棚建设、农业基础设施建设以及改水工程等项目的实施，整体上使边境团场在保护环境、防风固沙、涵养水分、改良土壤、草地保护、植被恢复和改善退化草原等方面打下坚实基础，生态环境得到逐步改善。

如一八四团把改善生态环境作为实现可持续发展的重要工作来抓，不但坚持每年至少植树造林 1000 亩以上，而且还建起了三座总容量为 3000 万立方米的水库。特别是近些年，该团通过实施绿化、美化、净化工程和城镇化建设，使生态植被率达到 49.32%，形成了绿树成荫、湖光潋滟、风光秀美的“花园式团场”新格局。目前，一八四团的飞禽走兽种类达到 120 多种，其中仅大雁、天鹅等国家一类、二类保护动物最多的时候就达 3000 余只，成为野生动物和各类飞禽的“乐园”。②

四、兵团实施兴边富民行动的制约因素

兴边富民行动实施以来，兵团在国家的大力扶持下，边境团场经济、社

① 全心全意为民办实事做好事解难事［EB/OL］. 新疆生产建设兵团网，http://www.xjbt.gov.cn/c/2019-12-17/7312795.shtml.

② 新疆北部边境团场成鸟类嬉戏繁衍乐园［EB/OL］. 中国新闻网，http://www.chinanews.com/sh/2019/04-01/8796663.shtml.

会有了较大发展，但在以下方面仍面临一些突出问题和挑战，影响了兴边富民项目的实施，制约着边境团场经济发展和团场职工生活水平的提高。

（一）自然环境恶劣，基础设施建设投入不足

根据国家战略需要，90%以上边境团场集中在边境地区和少数民族聚集区，分布在高寒、丘陵、沙漠、干旱缺水区，经常受低温、大风、干旱、冰雹、霜冻、沙尘暴等自然灾害侵袭。据统计，边境团场轻度以上水土流失面积约占总面积的70%，土壤盐渍化、草场退化面积占总面积的80%以上，对于以农业为主要支柱经济的边境团场来说，农牧业和工业发展受到生态环境容量和质量的限制。① 同时，由于边境团场地处偏远、条件艰苦、资源匮乏，加之经济发展水平低，发展市场经济有很多不利因素。尤其是风沙侵蚀、季节洪水、草场退化等环境问题已危及边境团场可持续发展。

尽管基础设施有了较大程度的改善，但由于发展基础弱，资金自筹能力差，基础设施建设投入仍严重不足，导致道路、水利等基础设施与内地相比，差距还比较明显，这严重制约边境团场经济发展。在遇到自然灾害或市场波动时，基础设施不足使团场生产能力降低、财务大幅亏损、职工收入下滑的现象时有发生，影响边民生活条件的改善。

（二）边境团场经济基础薄弱，对外开放程度低

边境团场经济基础薄弱，优势资源转化率低。边境团场经济基本以农业为主，且以种植业为重，第二产业尤其是工业基础薄弱，现有工业主要是一些小型农产品加工企业，对团场经济的支撑作用和拉动作用较弱，由此第三产业发展也受到制约。在兵团179个团场中，共有贫困团场58个，其中国家级贫困团场42个，兵团级贫困团场16个，58个边境团场就有39个贫困团场，占贫困团场总数的67.2%。

而且，边境团场普遍存在着产业结构单一，产业化、集约化程度低等

① 来自调研时新疆生产建设兵团提供资料。

问题。如南疆农一师、农三师、农十四师，北疆农四师、农五师、农九师、农十师的边境团场以粮食和畜牧业生产为主，经济增长依赖农业，经济稳定性差，致使经济发展缓慢，自我发展能力不足。

此外，边境团场的区位优势尚未有效发挥。58 个边境团场中有 37 个团场分布在 17 个国家一类、二类过境口岸地区，如都拉塔、木扎尔特、霍尔果斯、阿拉山口、巴克图、吉木乃等口岸，发展边境贸易和外向型农业具有得天独厚的优势，但由于龙头企业缺乏，特色优势产品规模有限，产品附加值低，表现为出口的大部分商品档次较低，仍以劳动密集型、资源密集型的纺织品、日用工业品等为主，缺乏主导产品和品牌产品，工业附加值不高，基本上是通过增加出口数量来扩大出口，边境贸易和出口加工区与周边国家的经济合作尚未得到充分发展。①

（三）边境团场人才匮乏

长期以来，由于地处偏远、环境恶劣，加上投入不足，新疆边境团场人民生活水平相对较低。一方面，边境团场人口低增长导致边境团场职工队伍的急剧萎缩和一线劳动力严重不足，青壮年人口大量流失减缓了产业结构和就业结构的调整升级，致使经济发展后劲乏力，职工增收缓慢。另一方面，边境团场人才严重匮乏，职工素质有待进一步提高。由于边境团场职工的开放与发展观念落后，缺乏一定的技术和眼光，也缺乏一定的市场意识，产业以种植、养殖业为主，职工收入增长缓慢。而且边境团场人才留不住、引不进，特别是懂管理、掌握先进科学技术的实用性人才，造成团场创新能力不足。科技对边境团场经济社会发展的支撑作用、服务作用不强，造成收入增长的动力不足。

（四）边境团场社会事业发展相对落后

边境团场资源配置、资源利用效率不尽合理，社会事业发展相对落

---

① 王淑娟．关于加快兵团边境团场建设与发展的思考［J］．中共伊犁州委党校学报，2016，85（1）：89-91.

后。边境团场既有兵团的特殊性，又兼有民族性与贫困性的特点，贫困人口较多，边境团场群众生活水平仍然较低，社会事业发展相对落后。兵团经济社会发展现状与职工群众日益增长的服务需求相比，医疗服务质量有待提高。执业（助理）医师中，大学本科及以上学历者占比仅为45%；注册护士中，大学本科及以上学历者占比仅为10%。边境师团医疗卫生资源质量较低。一是公共卫生服务体系发展相对滞后，公立医疗机构所占比重过大，床位占比90%；二是资源配置不尽合理，医护比仅为1∶1.21，护士配备严重不足；三是专科医院发展相对较慢，儿科、产科、精神卫生、康复、老年护理等领域服务能力较为薄弱，服务体系难以有效应对日益严重的慢性病高发等健康问题。①

（五）维稳固边形势严峻

边境团场少数民族较多，维稳固边形势严峻。兵团少数民族人口分布南北疆各半，南疆少数民族中维吾尔族占多数，占兵团维吾尔族人口的77.75%。其中：农一师、农三师、农十三师所在的阿克苏、喀什、和田、克州少数民族人口最多；回族主要集中在北疆，以农六师、农四师居多；哈萨克族主要集中北疆的农四师、农五师、农六师和东疆的十三师的山区牧场；蒙古族主要集中在北疆农四师和农五师。②58个边境团场中，少数民族比例超过30%的有11个为少数民族团场，占兵团37个民族团场的29.7%。边境团场有14个民族成分，少数民族人口占边境团场总人口的17.4%。南疆三地州面积49.17万平方千米，共有25个县市、21个农牧团场，少数民族人口超过90%。特别是农三师、农十四师及阿克苏地区的农一师各团场屯垦戍边任务较重，维稳兴疆、维护民族团结形势严峻。③

五、“十四五”时期兵团兴边富民发展思路

“十三五”时期为确保边境地区与全国同步全面建成小康社会，国家

①③ 来自调研时新疆生产建设兵团提供资料。

② 赵子芳．经济融合背景下兵团民族聚居单位发展的相关问题探讨［J］．经济研究导刊，2011（16）：111-113.

加大了对兵团边境团场的扶持力度，着力实施了一系列强基固边、民生安边、产业兴边、开放睦边、生态护边、团结稳边工程。取得显著成效的同时，也应注意到当前还存在一些制约因素，明确兵团兴边富民战略地位和思路，对于“十四五”及今后一定时期内兴边富民行动在兵团和各边境团场的扎实推进至关重要。

（一）坚持以国家利益为核心，明确兴边富民行动实质

在全球化背景下，新疆作为我国西北地区的门户，是我国最靠近国际政治、宗教势力交汇中心和国际“热点”多发地区的省区，局部地区冲突及我国边境地区安全隐患依然存在。尤其是“十四五”时期中国与其他国家的摩擦还将长期存在，国际形势仍将复杂多变。兵团作为党政军企合一的特殊组织，经历了创建、撤销、恢复和发展等几个阶段，体现了不同时期兵团的不同历史定位，从“屯垦戍边”到“三个队”，从“四个力量”“四个模范”到“三个放到”。从兵团的历史定位来看，地缘政治和地缘经济上的国家核心利益一直是兵团的指导思想。

2009 年兴边富民行动实施范围囊括了兵团 58 个边境团场，体现了国家对国内外形势和边境环境日益严峻的思考，同时也反映出“兴边富民”的实质。兴边富民的实质从不同的角度可以有不同的认识，但其核心和根本的问题应当是国家主权的问题。[①] 2014 年，习近平总书记在新疆考察时强调指出，在新疆组建担负屯垦戍边使命的兵团，是党中央治国安邦的战略布局，是强化边疆治理的重要方略。新形势下，兵团工作只能加强，不能削弱。我们党要巩固执政地位，要团结带领人民坚持和发展中国特色社会主义，保证国家安全是头等大事。边境地区地处我国对外开放的前沿，是确保国土安全的重要屏障，因此必须加强边防建设，筑牢国土安全的铜墙铁壁。[②] 坚持捍卫国家主权和领土完整，是兴边富民行动的重要指导思

---

① 刘永佶 . 兴边富民的实质［M］//兴边富民行动理论研讨论文集 . 北京：中国经济出版社，2010.

② 孙志香 . 新时代兴边富民行动具有重要意义［N］. 中国民族报，2019-08-30（06）.

想。兴边富民行动坚持军民融合，共建共享，坚持军地资源优化配置；坚持平战结合、防管一体、深度融合，补齐短板弱项，提高边境综合防卫控制能力，维护边境地区安全稳定。边境地区多年来的稳定发展表明，兴边富民行动对于确保边境安全、保证领土完整、捍卫祖国统一具有重要意义。党的十九大报告强调，加快边疆发展，确保边疆巩固、边境安全。这是中国特色社会主义进入新时代，全国各族人民共同有效维护国家安全的重要内容。“十四五”时期，国家对兵团兴边富民行动的扶持，仍然要坚持以国家利益为根本，通过对边境团场的政策扶持、资金投入以及项目实施，实现各族群众共同富裕，维护国家统一和民族团结。

（二）以“安边固疆”为目标，促进兵团“三大功能”进一步发挥

新疆在我国的重要地位决定了兵团的重要作用，而边境团场的特殊性又决定了兴边富民行动对其扶持的重要性以及新疆和兵团“安边固疆”的目标实现。新疆生产建设兵团始建于1954年，60多年来，兵团人充分发扬热爱伟大祖国、无私奉献、艰苦创业、开拓进取的兵团精神，履行了建设大军、中流砥柱和铜墙铁壁的三大历史使命。如今，兵团按照中央新疆工作座谈会精神要求，充分发挥着“稳定器”“大熔炉”“示范区”的优势，为稳疆兴疆、富民固边作出了重要贡献。2014年，习近平总书记视察新疆兵团，从治国安邦的战略高度，“安边固疆的稳定器”作为兵团发挥“三大功能”之首被提出。习近平总书记指出，做好新疆工作，必须把兵团工作摆在重要位置，在事关根本、基础、长远的问题上发力。

要发挥好兵团调节社会结构、推动文化交流、促进区域协调、优化人口资源等特殊作用，使兵团真正成为安边固疆的稳定器、凝聚各族群众的大熔炉、先进生产力和先进文化的示范区。因而，兴边富民行动在“十四五”时期对边境团场的扶持要形成“固边→富民→兴边→戍边”的思路，一方面继续加大对边境团场基础设施建设的扶持力度，解决边境团场发展

的“卡脖子”问题，同时提升边境团场维稳戍边的能力；另一方面要实现边境团场职工、边境各族群众可持续增收，大力发展社会事业，尽快实现公共服务均等化，实现“富民兴边”的目标，不断向构建和谐兵团和屯垦戍边新型团场以及各族人民共享发展成果的目标迈进。

（三）以边境团场区域发展为突破，提升兴边富民行动的战略地位

“屯垦废，则边疆乱；屯垦兴，则边疆宁。”这是新疆生产建设兵团自1954年10月批准成立以来国家赋予屯垦戍边的历史使命。在新时代国家发展新的战略安排背景下，兵团各师团要从实际出发，科学系统做好与长期现代化发展战略相协调的顶层设计，攻坚克难，逐步实现各师团全面振兴，为实现兵团现代化夯实基础。因此，“十四五”时期，兴边富民行动应在坚持以国家利益为核心，实现“稳疆兴疆”目标的基础上，以中央新疆工作座谈会精神为指导，把握“一带一路”机遇，积极融入“一带一路”，充分发挥“边”的优势，不断扩大边境团场开放程度，提高边境团场对外开放水平，努力成为“一带一路”建设实施的排头兵；从整体上增强新形势下边境团场经济发展能力，夯实边境团场各族群众屯垦戍边的物质基础；增强边境团场各族群众的凝聚力和向心力，使巩固祖国边防的力量不断强化，使打击和防范“三股势力”能力、化解人民内部矛盾能力和处置突发事件的能力不断提升，兴边富民行动的战略地位也得以在新疆和兵团不断凸显，有助于发挥更大的政策效力。

（四）以高质量发展为重点，实现“富民兴边”思路转换

“民惟邦本，本固邦宁”是“富民”的根本。当下，边境团场受历史因素、自然条件、资源禀赋以及团场经营管理体制等问题制约，各农牧团场整体发展质量与新时代发展要求存在一定差距，重要领域的经济发展主要依靠自然资源驱动、资本驱动，还没有实现以创新驱动推动团场经济社

会发展的根本转型。以解决和发展边境民族团场少数民族经济为重点，实现“兴边富民”到“富民兴边”的思路转换，是兴边富民行动在“十四五”时期转变思维方式和工作思路的重要跨越。具体而言，首先最主要的是继续完善边境团场最低生活保障制度。一是“十四五”时期，尤其是边境团场刚刚实现脱贫的群众很多是老人，部分已丧失劳动能力，贫困脆弱性强，应持续做好他们的兜底保障工作。二是边境团场自然条件恶劣，灾害频发，防灾、减灾补助和灾后应急保障对于边境团场群众生产生活至关重要，所以下一步要不断完善边境团场灾害预警和灾后保障制度，防止团场群众因灾再次致贫。其次要重点发展边境民族团场少数民族经济，一方面要改善边境团场少数民族经济生产条件，加快转变少数民族经济发展方式，不断提升少数民族经济发展水平；另一方面要改善边境团场少数民族生活条件和生活环境，加快转变少数民族发展观念，提高少数民族生活质量。

（五）以维护民族团结为主线，拓宽“兴边富民”内涵和外延

维护新疆稳定，巩固祖国边防，是兵团屯垦戍边职责中的应有之义。第二次中央新疆工作座谈会召开以来，兵团各族群众牢记习近平总书记的嘱托，民族团结是我国各族人民的生命线。兴边富民行动对边境团场的扶持，是我国实现民族平等、促进民族团结、加快各民族共同繁荣的重要保证。没有民族团结和边防稳固，边境地区发展就会成为无源之水、无本之木。兴边富民行动以“促进团结，固边睦邻”为重要基本原则，全面贯彻落实党的民族宗教政策，不断巩固平等团结、互助和谐的社会主义民族关系，维护边境地区社会稳定，增强兴边富民辐射作用，增进睦邻友好，为边境地区发展营造良好的内外环境，汇聚起实现社会稳定和长治久安的强大正能量。

20 年来的实践证明，兴边富民行动在促进各民族交往交流交融中发挥了重要作用，民族团结和边防巩固成效突出，各族群众凝聚力和向心力显著增强。新时代持续推进兴边富民行动，有助于铸牢中华民族共同体意

识，把各族人民紧紧团结在党中央周围，共同繁荣祖国边境，共同创造美好生活。“十四五”时期，以维护民族团结为主线，拓宽兴边富民行动内涵和外延主要应进一步重视以下三个方面问题：一是要明确兴边富民行动的主体。兴边富民行动在边境团场的主体实践，不仅事关党的民族政策、宗教政策能否落到实处以及社会稳定和谐的问题，同时也事关政府行为与社会参与主体的关系。二是理解什么是“民”。“民”不仅包括边境团场的各少数民族的各族群众职工，同时还包括边境团场外来务工人员以及引进人才。“以民为本”才能真正解决各族群众共同生产生活，共同团结奋斗、共同繁荣发展的问题。三是理解什么是“富”。“富”不仅指物质层面的经济富裕，还包括精神需求的充实富有，因此兴边富民行动的实施不仅要努力提高各族群众的收入水平，同时也要重视各族群众的精神需求，包括公共服务和文化需求等方面的供给水平。随着兴边富民行动在边境团场的深入展开，兵团少数民族文化对兵团屯垦戍边文化和中华文化逐渐认同，将有利于实现兵团多元文化的融合，不断促进兵团各族群众的团结。

六、“十四五”时期兴边富民行动对兵团的扶持重点

基于兵团在我国西北边境地区的特殊地理位置和重要战略地位，“十四五”时期兴边富民行动对兵团 58 个边境团场的政策倾斜和资金扶持，将是兴边富民行动最终达到富民、兴边、强国、睦邻目的的重要保障，也是实现我国边疆繁荣稳定、边防巩固的重要保证。我们认为，应从以下几个方面加大兴边富民行动对兵团及各边境团场的扶持。

（一）继续加大基础设施投入，提高维稳戍边综合实力

解决边境团场发展的问题，需要基础设施的保障；提高边境团场维稳戍边的实力，需要基础设施的支撑。下一步，兴边富民行动要继续加大边境团场基础设施方面的资金投入，不断提高基础设施建设水平，为兵团发挥维稳戍边功能提供坚实基础。“十四五”时期，兴边富民行动专项资金主要应投入到以下几个方面：一是道路交通基础设施建设。包括国防、边

防公路建设；沿边（境）等级公路以及边境团场之间、边境团场与边境连队之间，以及边境连队之间的公路网建设；口岸公路、边民互市点公路、边境旅游点等公路的建设。二是信息安全基础设施建设。包括边防边控通信、监控设施等工程建设以及以灾害预警、应急指挥体系、应急物资保障等为主的边境应急管理体系建设，不断扩大通信网络覆盖范围。三是边境团场电网扩面建设。尽快实施新能源供电改造升级，不断提高边境团场各群众的生活水平。四是边境团场农田水利基础设施建设。主要包括边境团场抗旱减灾工程、安全饮水升级改造工程等。五是生态环境保护基础设施建设。包括边境团场综合防护林（防风固沙林、基干林、农田防护林）建设工程，边境团场农田林网化建设，防洪堤坝、防洪渠建设等项目。

（二）加大民生保障力度，提高团场职工生活水平

以“边民为本，改善民生”为原则，不断加大民生投入，通过扶持特色优势产业和发挥沿边优势，着力提高边境团场职工、群众的生活水平和质量，努力实现边境团场各族群众尤其是守边户“安得下、守得住、能致富”三大目标。

一是扩大帮扶范围，在原有对边境一线团场扶持的基础上，逐步扩大到边境二线团场，以扩大兵团“屯垦戍边，稳疆兴疆”的区域，壮大守边群体。二是提高对边境团场的补助标准，根据环境和边防任务具体情况安排戍边岗位津贴，诸如住房补贴、医疗补贴、教育补贴、探亲补贴、通信补贴等。三是不断提高边疆团场基本公共服务水平，补齐边境地区公共卫生机制短板，强化基层医疗卫生机构服务能力建设，降低边民看病成本，提高边民看病便利性，让边民在“家门口”就能看病；加快建立和完善边境团场养老、医疗保险和最低生活保障的多层次救助体系。四是加快文化事业发展，力争解决边境团场及一线，尤其是二线连队科技文化事业配套建设问题。五是优化边境团场教育结构，重视双语教育，提高学前入园率，巩固义务教育成果，提升中小学教育水平，推动高中教育普及，支持职业教育发展；加大对贫困学生生活费、住宿费等的资助力度和范围；做

到本地培养与人才引进相结合，为边境团场的人才储备积蓄力量。

（三）加大政策扶持倾斜力度，推动优势特色产业发展

以“因地制宜，分类指导”为原则，推动边境团场产业结构调整，促进优势特色产业发展，加快“团场增效、职工增收”目标实现。

一是发挥边境团场资源优势，大力发展有机、绿色等现代农业，促进边境团场农业经济结构调整。推广特色种植业、畜牧业和果蔬园艺业，推进粮、畜、果、棉四大基地建设。北疆边境团场以发展特色种植、养殖业为主，东疆、南疆边境团场以发展果蔬园艺业为主。同时引导和鼓励边境团场根据资源优势，引进和培育农业产业化龙头企业，围绕畜牧业、果蔬业、种植业、农副产品深加工等发展绿色、观光农业，促进农业现代化经营，不断延伸产业链，促进一二三产业融合发展。二是充分发挥边境团场资源优势，促进资源优势向经济优势转化。边境团场兼具民族性、地域性等特点，拥有丰富的文化资源，发展旅游业具有得天独厚的优势，以军垦文化、戈壁名城、绿洲农业、边境口岸、边防哨所为依托，将旅游品牌和旅游线路融入兵团及新疆旅游市场。根据各边境团场实际，开发军垦文化游、红色旅游、生态农业游、民族文化游、边境口岸游、商贸游等项目，打造边境团场特色文化品牌，拓宽职工增收途径。

（四）发挥沿边区位优势，不断提升沿边开放水平

“一带一路”的深入开展，为边境团场的经济社会带来了历史新机遇，边境口岸成为开放交流的门户和发展合作的平台，“边”在区域发展格局中的劣势正在转变为优势，“十四五”时期，兴边富民行动宜顺应时势，强化机遇意识、战略定位，深刻认识到兴边富民行动在“一带一路”中不可替代的作用，抓住机遇，发挥“边”的潜能，[①] 大力发展边境贸易，提升沿边开放水平，为边境团场经济发展注入强劲动力。

---

① 王文长，盛叶．推进兴边富民行动的扇形支撑结构研究［J］．中央民族大学学报，2016（4）：53-60.

一是重点支持北疆的霍尔果斯、阿拉山口、吉木乃、巴克图口岸及南疆的吐尔尕特、伊尔克什坦、卡拉苏等口岸的边境师团大力发展边境贸易，促进各边境团场优势特色产业出口，打造边境团场外向型经济。二是围绕民族特色，不断挖掘自身优势，强化产业链条整合与开发，加快技术改造、新技术应用，改变对外贸易以单一初级产品为主的局面。三是完善边境口岸管理，建立各口岸信息共享平台，利用大数据，促进各口岸不同部门间的数据互通、资源共享，实现对进出口货物、交通工具、集装箱、出入境旅客等的数据的及时获取、处理，形成人员、货物等通关的“绿色通道”，提高口岸的信息管理水平，推进边境口岸通关便利化，促进兵团对外贸易经济发展。四是紧跟国家新型城镇化建设步伐，积极建设边境口岸集仓储物流、加工贸易、互市贸易、产业园区等于一体的综合体系，提升口岸、产业、口岸城镇发展的相互联动效应，形成兵团边境口岸带，发挥进出口对边境团场经济带动的作用。

（五）推进民族团结事业发展，建设繁荣美丽和谐新边疆

党的十九大报告明确要求，“加快边疆发展，确保边疆巩固、边境安全”。习近平总书记指出：“民族团结是各族人民的生命线”“发展是解决民族地区各种问题的总钥匙”“要处理好团结稳定与繁荣发展的关系，这两个方面密不可分、相辅相成；要着眼于团结稳定抓繁荣发展，这样才能形成繁荣发展的合力；要立足繁荣发展缩小差距，促进各民族交往交流交融，这样才能铸牢民族团结、社会稳定的基础”。① 而边疆稳定与发展的关键在边境，边境兴则边疆兴，边境治则边疆治，边民富则边防固。②“十四五”时期，兴边富民行动应根据国内外形势和边境地区维稳形势，积极做好兵团的民族团结工作，提高边境团场“屯垦、戍边、维稳、兴疆”的综

① 刘玲．兴边富民行动与民族团结进步［J］．云南师范大学学报（哲学社会科学版），2020，52（2）：37-44.

② 王红文．民族工作的“神来之笔” 边疆治理的“扛鼎之作”——写在兴边富民行动实施20周年之际［N/OL］．民族画报，http：//mzzjw.com.cn/html/report/200532296-1.htm，2020-05-20.

合实力。

一是以边境团场一线、二线连队为单位，加强民族团结宣传，增强爱国主义教育，培育中华民族共同体意识和国家意识，引导各族群众不断增强对伟大祖国、中华民族、中华文化、中国共产党、中国特色社会主义的认同，树立正确的国家观、民族观、宗教观、历史观、文化观。二是在师团连一级树立模范，推进“兴边富民行动示范团”“兴边富民行动示范连”等建设，在党和国家相关政策指导下，通过地方政府、兵团、边境团场、一线连队和守边户五级网建设，在加快经济社会发展的同时，构筑党、政、军、警（公安、武警）、（民）兵、（边）民“六位一体”的联防体系，以应对边境地区的国防安全、社会治安、生态保护、灾害应急处理等任务。三是推进“兴边富民行动示范户”建设，树立民族团结进步、爱民固边和经济致富先进个人榜样，扩大先进典型的影响力和示范带动作用，从基层提高边境团场民族团结、维稳戍边的实力。

第六章　兴边富民行动特色优势产业发展思考

大力发展边境地区特色优势产业，一直以来都是国家兴边富民行动的重要战略，是各级政府兴边富民工程的核心组成部分，是边疆地区开发工作的重中之重。“产业兴，则边境兴；产业旺，则边民富。”特色优势产业的培育、扶持与发展关系到边境地区的经济成长、兴边富民行动的实施成效以及边境地区的民族团结与社会安定。从 1999 年国家民委首倡兴边富民行动以来，历经 20 多年的发展，尤其是 3 个五年规划的大力推进，兴边富民行动已经在改善边民生产生活条件和提升边境基础设施建设水平等领域取得可喜成就，同时也为边境地区特色经济发展打下了坚实基础。随着兴边富民行动进一步向纵深推进，发展特色优势产业定位已经从行动初期的产业扶贫、增加边民收入，上升至调整产业结构、发展壮大县域经济，推进经济社会高质量发展。下一步的兴边富民行动将在一个新的更高的平台上，在巩固原有行动成果的同时，突出特色优势产业发展，以产业进步带动地区经济结构优化，做大做强县域经济，实现边境地区高质量发展。

本章在对兴边富民行动“十二五”以来边境地区特色优势产业发展状况进行回顾的基础上，总结成就，正视问题；依托国家战略、宏观经济形势、地区发展走向，为“十四五”兴边富民行动特色优势产业发展提出战略构想。

一、兴边富民行动特色优势产业发展状况与成效

“十二五”以来，在国家的支持下，各边境省区根据自身实际情况，积极推动边境地区特色产业发展，取得了显著的成效。特色产业逐渐成为支撑地区经济发展的重要产业。

（一）发展特色优势产业的主要措施

1. 构建特色产业扶持发展工作机制

在中央政府层面，由国家民委牵头，国家发展改革委、财政部密切配合，联合制定《兴边富民行动规划》；其他各相关部委广泛参与，建立了兴边富民行动部际协调机制，统筹协调兴边富民行动规划实施。在地方政府层面，各边境省区在省市县各级政府成立了以党政一把手负总责、民委部门总协调、各相关职能部门广泛参与的兴边富民行动领导小组，并设立领导小组办公室，定期、不定期召开小组成员会议，制定并执行本地兴边富民行动政策。从中央到地方，富有成效的组织机制为兴边富民行动的成功实施提供必要组织保障，同时也为边境地区特色优势产业培育构建了重要实施机制。在坚持统一领导，部门协调，各负其责，各展其能，各记其功的原则下，民族、发展改革、财政、扶贫、农牧、工信、商务、旅游等部门信息共享，密切配合，统一部署，携手推进，最终形成边境地区特色优势产业培育、扶持、发展、升级的合力。

2. 不断加大资金投入

边境地区经济基础多薄弱，特色优势产业发展长期受困于资金约束。中央财政通过在“少数民族发展资金”中设立兴边富民补助资金，引导地方政府加大资金配套力度，撬动各类社会资金多渠道投入，实现特色优势产业跨越式发展。2018 年 10 月，云南启动“兴边富民工程改善沿边群众生产生活条件三年行动计划”，2018—2020 年，云南将实施 6 大任务 38 项重点工程，计划总投入建设资金 126.1 亿元，实施范围是保山、红河、文山、普洱、西双版纳、德宏、怒江、临沧等 8 个州（市）25 个边境县

（市）的110个沿边乡镇、878个行政村和19个边境农场，覆盖235.6万人。实施中低产田地改造和高标准农田建设工程、特色优势农产品种植工程、畜禽产品养殖工程、农产品加工企业扶持工程、电子商务进农村综合示范工程、多彩边境旅游工程、兴边富民特色优势培育工程、扶持发展村级集体经济工程等8个工程加快云南边境地区特色产业发展。

3. 推进特色优势产业培育工程，以项目促发展

特色优势产业培育工程是边境省区贯彻落实《兴边富民行动规划》战略部署以及执行相应配套规划和实施方案的重要抓手，构成各地兴边富民行动系统工程的基本组成部分。以特色产业培育工程为平台，各边境省区、市、县结合本地实际，依托优势特色资源，响应市场需求，开发设立了特色产业项目库，对库中的产业项目在科学论证、透明审批的基础上，统筹规划、逐步推进、加强监管，取得了良好的经济社会效益。如广西2019年兴边富民行动第一批项目129个，计划总投资194.04亿元，根据计划将打造八大沿边特色产业，包括生态农业、农产品及食品加工业，林产品加工业，矿产品加工业，电子产品加工、组装业，服装、鞋帽、箱包产业，装备配套和组装业，跨境旅游，跨境金融等，形成一批有竞争力的特色产业集群。依托统一战线资源优势开展招商引资活动，引导、支持央企和大型民营企业到边境地区投资，力争为每个边境县引进一批重大产业项目。①

4. 家庭经济激活，中小企业扶持，龙头企业带动，园区经济升级

现阶段，边境地区特色优势产业发展基础尚薄弱，发展水平仍有限，面向市场开发优势特色资源，仍离不开以边民家庭为经营单位的自然参与以及当地中小企业的开发与创新。兴边富民行动特色产业项目与农牧业经营大户、农牧业合作组织、特色中小企业相嫁接，满足它们紧迫的发展资金需求，激发小规模市场主体的生命活力。出于提升特色产业竞争力的目的，各地通过创建或引入大型龙头企业的方法，采用“公司+农户”或

---

① 广西：今年集中推动新一轮兴边富民行动［EB/OL］. 中国政府网，http：//www.gov.cn/xinwen/2019-04/28/content_5387003.htm.

"公司+基地+农户"等发展模式，在较短时期内，快速实现本地特色优势产业的规模化、集约化和市场化。在产业升级基础上，通过大力发展园区经济，集中特色产业优势资源，做大做强特色产业，提升市场影响力，形成优势品牌，积极申报国家地理认证。

5. 发挥区位优势，充分利用国内国际两个市场

边境地区区位属性特殊，既有制约社会经济发展的不利一面，也有独特区位优势的一面。除了面向国内的巨大市场需求外，边境地区处于国家对外开放的前沿，是对外经济交往的桥头堡和排头兵。各边境省区发挥各自区位优势，通过边民互市点、边境口岸扩大对外贸易规模，为特色优势产业发展提供国际市场支撑。随着沿边自由贸易试验区、跨境经济合作区、保税区、开发开放试验区、国际旅游区等对外合作形式的升级，国际市场需求将为边境地区特色优势产业发展提供更为良好的机遇。如广西自由贸易试验区崇左片区成立，这是中国第一个沿边自由贸易试验区；广西壮族自治区的中越凭祥—同登跨境经济合作区建设得到较快发展，凭祥综合保税区、东兴开发开放实验区取得实质性进展，广西东兴越南芒街跨境经济合作区、东兴面向东盟的国家级边境贸易中心、珍珠湾国际旅游区等三大项目也实现了全面推进，在多个层次上为当地特色优势产业发展提供机遇。

6. 结合区域实际，将特色优势产业发展同国家优惠政策相衔接

除了利用兴边富民行动政策外，在支持特色优势产业发展中，各边境省区同时综合运用国家的西部大开发、振兴东北老工业基地、扶持人口较少民族发展、中国—东盟自贸区、长吉图开发开放先导区等优惠政策，充分利用国家民委、国家发展改革委、财政部、国家税务总局、工信部、商务部、农业农村部、文化和旅游部、国务院扶贫办、中国人民银行等职能部委对边境地区的政策倾斜，在项目安排、财政税收优惠、金融服务等诸多领域为特色优势产业发展提供良好政策空间。

（二）取得的成效

随着国家兴边富民行动的渐进发力、特色优势产业项目的不断上马、

兴边富民资金的持续投入，边境地区特色优势产业迎来了前所未有的发展机遇。边区政府和边境居民在党和政府政策引领下，把握住历史机遇，掀起了特色优势产业发展高潮。

从全国范围看，除极少数经济发展严重滞后边境地区特色优势产业刚起步外，绝大多数边境县市均已初步形成具有地域比较优势的特色优势产业体系，基本构建起东北、西北、西南三大特色优势产业区版图。东北地区大力发展优质大米、大豆、马铃薯、玉米和优质牛羊肉、皮毛及奶制品等绿色、特色经济产品生产加工基地，重点发展优质绿色林果生产以及林蛙、冷水鱼等特色养殖和加工业，搞好朝鲜族风情旅游、对俄对朝跨境游以及内蒙古地区的草原风情游。西北地区加快建设优质畜产品生产、加工和出口基地，推进优质棉、葡萄、哈密瓜、樱桃李、番茄、药材等特色产业基地建设，加快发展大西北特色的生态旅游、少数民族风情游，发挥敦煌国际旅游城市影响力，建设大敦煌旅游圈。西南地区发挥山区立体气候优势，形成立体种植、特色养殖和庭院经济为主要方向的特色农业、生态农业和效益农业，建设热带生态农业园示范区，发展农业观光生态旅游、边境及少数民族特色旅游，推进我国与东南亚国家的经贸交往和文化联系。

在特色优势产业快速发展的带动下，边境地区经济社会发展也步入了“快车道”。截至 2018 年年底，我国陆地边境地区国内生产总值达到 9264.15 亿元（按当年价格计算，下同），比 2010 年年底的 5158.75 亿元增长了 1.8 倍。边境地区综合实力和自我发展能力得到显著增强。截至 2018 年，边境地区三次产业结构为 21 ∶ 36 ∶ 43，经济结构调整取得明显成效。

从边境省区情况看，各地依托自身资源优势，加强政策引导，加大资金投入，突出特色，努力实现边民增收致富。如吉林省把边境地区独特的区位优势、丰富的资源优势转化为发展优势，积极谋划一批特色优势产业项目，让边民靠“边”脱贫，靠“边”致富。重点扶持了种植、养殖及农产品加工等特色优势产业项目，建成了以人参、医药、食用菌、延边黄牛等为主的一批特色产业基地，边境地区“一乡一业”“一村一品”的产业化格局已初步形成，增强了边境地区的发展动力。依托“互联网+”农村电商等手段，有效整合边境地区农副产品资源，打造特色农产品品牌，积极将吉林边境特色农产品推向全国。①

内蒙古边境地区大力发展现代养殖、牧草、粮油、蔬菜果品种植、传统手工艺、特色旅游等产业，重点发展物流和加工等产业。同时以企业为主体，加强科研，为边境地区产业技术创新提供支撑。定期组织企业参加境内外大型展会，赴俄罗斯、蒙古国等国开展贸易促进和营销活动，搭建中蒙博览会等交流合作平台。口岸经济进一步发展，对外开放程度进一步提升。②

此外，辽宁省还形成了“特色优势产业项目带动、龙头企业牵动、技能培训支撑，促进群众增收致富”的发展新路；甘肃省形成了以矿产、水电开发和清洁能源为主的民族工业框架；新疆维吾尔自治区和新疆生产建设兵团形成了以畜牧、林果、民族手工艺为主的特色产业；云南省形成了有机茶、油茶、核桃、胡椒、草果、紫山药、橡胶、咖啡等特色作物以及以野猪养殖为代表的特色养殖产业；黑龙江省形成了以水箱养殖为代表的特色水产养殖产业和优质水稻种植产业等；西藏自治区形成了牦牛、绒山羊、藏香猪、虫草、藏红花等特色农牧业，藏毯、藏香、唐卡、氆氇等特色手工业，特色藏药业，特色旅游业等产业。

二、边境地区特色优势产业发展面临的问题

尽管在国家的大力扶持下，边境地区特色产业发展取得了显著的成绩，但我们注意到，由于发展基础薄弱，边境地区特色产业在未来发展过程中仍然面临一些困难和阻碍。

---

① 朴松烈．聚力兴边富民　打造繁荣和谐稳定边疆［N］．中国民族报，2020-08-04（01）．

② 内蒙古：推进兴边富民行动，建设美丽幸福和谐新边疆［EB/OL］．内蒙古自治区民委，http：//mw. nmg. gov. cn/zwxxgk/smwz/202008/t20200810_24195. html.

（一）面临多种因素制约

受地域自然条件和历史因素影响，边境地区普遍存在基础设施建设滞后问题，农田水利、交通、通信、能源等基础设施严重不足，直接制约特色优势资源开发，构成特色优势产业发展“瓶颈”。尽管兴边富民行动已经并正在投入大量财政资金，但是边境地区经济社会发展历史“欠账”较多，个别地区受贫困问题困扰已久，对产业发展资金需求巨大。仅靠财政投入无法抹平资金供求缺口，资金约束将是边境地区发展特色优势产业需要面对的长期问题。边境地区自然条件恶劣，社会经济条件落后，对高素质人才缺乏吸引力，引进人才难、留住人才更难；当地居民受教育水平低，思想观念保守陈旧，自我发展能力弱，人才匮乏严重影响特色优势产业发展。我国陆地边境多处于限制开发、禁止开发的生态脆弱地区，自然生态条件较差，保护生态与发展生产之间矛盾尖锐，如何处理好二者间的关系具有较强挑战性。

（二）产业发展层级不高

在兴边富民行动政策的推动下，边境地区特色优势产业蓬勃发展，在许多地区都涌现出“一村一品”“一乡一业”的成功案例。然而由于起点低、基础差，一些地区特色优势产业以边民家庭分散经营为主，产业规模较小，尚未形成市场竞争优势；同时特色优势产业集中度不高，无法形成主导产业优势，对本地其他产业和地区经济发展拉动作用有限。部分特色优势产业与国内外市场联系渠道不畅，产业化、市场化水平不高，生产模式多为简单粗加工，产业链条短，产成品附加价值低。多数特色优势产业并未形成自有品牌，拥有品牌的产业也未能产生名牌效应。

（三）产业组织化程度有限

边境地区特色优势产业发展的主力仍然是边民个人，经营模式以传统家庭经营为主，小生产与大市场矛盾突出。虽然特色优势产业发展也吸引了不少企业参与，推出“公司+农户”“公司+基地+农户”“公司+合作社+农户”等组织形式，但在发展实践中，龙头企业因自身科技实力、管理能力不强，在技术推广、组织生产、衔接市场、供应农资等环节支持作用有限，对农户带动能力较弱。农民自发组织的合作社数量不多，组织内部机制不健全，在产供销一体化中发挥效力不突出，抗击市场风险能力不高。

（四）产业发展支持资金来源单一

从资金来源看，边境地区特色优势产业发展资金仍以国家和地方投入的财政性资金为主，主要通过财政补贴形式引导边民、企业申报特色优势产业项目，加大资金投入。在产业起步阶段，财政补贴支持有其必然性，然而在产业发展过程中，单一性财政资金支持不利于资金配置效率的提高，还有可能产生产业发展对财政资金的依赖性，对特色优势产业自我发展能力提升产生负面影响。与财政资金渠道相比，来源于金融机构的支持资金相对较少。商业性金融机构以营利为目的，业务重心集中于内地大中城市，远离农村、远离边境，对边境地区特色优势产业发展的金融支持作用有限。当地社会性资金实力弱小、积累能力不高，内陆地区社会资本实力雄厚，但投入意愿不强。

（五）政府各部门业务整合不完善

在兴边富民行动特色优势产业推进过程中，相关政府职能部门主要在各自业务范围内，制定、执行支持政策，组织、配置发展资金，分工界限清晰，协同合作相对模糊。尽管存在政府统一领导下的部门会议机制以及民委主导的内部协调机制，然而部门差异的天然阻隔使相互间的信息共享和业务协作相对不足，易于形成“政出多门”的尴尬局面。兴边富民行动资金出自多个部门，来源混乱，管理成本高，资金监管难度大。因部门间信息沟通不足，项目资金重复投入，财政资金整合力度不大。

三、"十四五"时期特色优势产业的发展构想

（一）基本原则

1. 政策导向与市场导航相结合

在兴边富民行动政策框架下，在政府制定的产业政策指导和区域经济发展规划指引下，充分发挥市场在边境地区特色优势资源配置中的决定性作用，实现"看得见的手"与"看不见的手"密切配合，合力推动特色优势产业实现跨越式发展。

2. 统一部署与分类指导相结合

坚持中央政府对兴边富民行动特色优势产业发展的统一领导，在国家层面上统一思想，统一政策，确定边境地区特色优势产业发展的目标与原则，制定相应的指导方针和行动规划；坚持因地制宜、分类指导，由各边境省区、市、县具体制定本地区特色优势产业发展的具体规划和实施方案，并结合经济走势加以贯彻执行。

3. 对内开放与对外开放相结合

发挥边境地区特殊区位优势，同时利用国内和国际两种资源。进一步增进边境地区与内陆腹地的经济联系，吸引内地发达地区投资，承接内地产业转移，扩大对内贸易量；进一步扩大对外开放，在党中央提出的"一带一路"建设指引下，迅速把握历史机遇，积极推进边境地区与邻国的经济技术交流与合作，不断提升合作层次。

4. 项目支撑与科技先导相结合

继续以投资项目形式配置财政资源，积极引导金融机构和社会化资金投入，支持特色优势产业发展；强化技术创新、技术改造对特色优势产业发展的引领和带动作用，鼓励先进实用技术开发和成果转化。

5. 产业开发与环境保护相结合

在保护生态环境的前提下，以科技发展为支撑，走新型产业化道路，大力推进特色优势资源开发；产业开发与环境保护兼顾，实现边境地区经

济社会的可持续发展。

（二）发展目标

1. 总体目标

特色优势产业快速发展，逐渐在地区经济中发挥主导作用，持续带动经济结构调整与优化，拉动县域经济跨越式发展，实现自我发展能力的良性循环，成为边境地区高质量发展的重要推力。

2. 具体目标

（1）特色优势产业保持快速发展

在兴边富民行动推动和边境地区自我发展合力的作用下，特色优势产业发展增速明显高于地区平均水平，排在各产业增速的前列，对其他产业形成示范和带动作用。

（2）特色优势产业成为地区支柱产业

特色优势产业规模逐渐做大，产业增加值占地区生产总值的比重大幅上升，在地方财政收入创造和边民致富上发挥显著作用。

（3）特色优势产业组织实力强大

在“龙头企业”带动下，在农牧民专业合作社组织下，产业链条延长与深化，产供销一体化水平上升，特色优势产业的市场地位大幅提高。

（4）特色优势产业布局合理

在国家层面，特色优势产业基本实现边境地区全覆盖，力争做到“一村一品”“一乡一业”“一县多产”；在地区层面，实现特色优势产业依据规划发展，做到空间上布局合理，结构上不断优化。

（5）县域经济做大做强

在特色优势产业带动下，边境县市社会经济自生能力获得显著提升，经济增速达到甚至超过本省区平均水平，大幅缩小与东部发达地区差距，基本实现全面建成小康社会目标。

（三）重点任务

1. 大力发展特色优势农牧业

边境地区是特色农牧业资源富集区，发挥农牧产品比较优势是培育边境地区经济增长点的重中之重。积极引导边境居民引进优良品种，大力发展生态型农牧业、设施农牧业、有机绿色农牧业，增加特色作物种植和特色牲畜、禽类、鱼类、蜂类养殖，做大做实特色优势第一产业。大力扶持特色农牧产品加工业，鼓励企业采用先进生产技术，做好农牧产品深加工，延长农牧业产业链条，提升特色产品附加价值。保障产品质量，树立产品形象，注重特色优势农牧产品品牌培育，提升产品的市场占有率、竞争力和美誉度。提高农牧产品生产加工的产业化、组织化程度，重点扶持一批带动力强的龙头企业，继续推进“公司+农户”“公司+基地+农户”“公司+专业合作社+农户”等开发模式；政策引导农户联合，鼓励发展农牧业合作组织，使其在产供销一体化中发挥积极作用。

2. 加强边境地区地质矿产勘察开发

边境地区是我国矿产资源战略储备区。加强边境地区地质矿产资源勘察，摸清家底，坚持矿产开发与环境保护相结合，在生态环境容量许可前提下，适度推进优势矿产资源富集区的科学有序开发、合理利用，将矿场资源的潜在优势转化为现实市场竞争优势，不断提升边境地区工业化水平。

3. 大力发展清洁能源

西部边境地区清洁能源储量较为丰富，大力发展清洁能源产业，突破生态脆弱性对矿物化石燃料能源产业发展的严格限制，为经济发展注入动力。西南边境地区大江大河源头密集，水电资源储备大，在处理好流域生态保护问题的同时，适宜发展以水电为主的清洁能源产业。西南边境地区常年气候潮湿炎热，适于沼气资源的开发与利用。西北边境地区风电、光电资源分布密集，加快发展风力发电、太阳能光伏发电，以降低对常规非清洁能源的依赖，加快边境资源枯竭城市（地区）转型。

4. 大力发展民族文化产业和边境旅游业

边境地区少数民族群众多，少数民族传统文化源远流长。面向市场需求，充分挖掘民族文化资源，倾力打造特色文化品牌，推动非物质文化遗产的生产性保护和开发利用，繁荣边境地区文化产业。边境地区或山川秀美，或景色奇异，或具民族特色，或有异国风情，旅游资源十分丰富，发展潜力巨大。整合各类资源，吸引战略投资伙伴，设计开发具有边境特色的重点旅游景区和旅游线路，铸精品，上档次；鼓励发展边境旅游、民族特色村寨旅游、休闲度假旅游、生态旅游、探险旅游、农业旅游等特色旅游；在条件适宜的边境地区，拓宽跨境旅游通道，鼓励开展旅游业跨国合作，开辟国际跨境旅游区；力争把旅游业发展成为边境地区经济发展的支柱产业。

5. 支持边境地区中小企业发展

中小企业是边境地区科技创新、劳动力就业与特色优势产业项目建设的主要载体。完善边境地区中小企业扶持体系，加大中小企业发展扶持力度。增加中小企业技术改造和产业结构调整等专项资金对边境地区中小企业发展的投入，支持中小企业科技成果转化与应用。增加对边境地区中小企业市场化融资的财政支持，帮助中小企业扩大经营规模、开拓国内外市场、增强人员培训和扩大人员就业。充分考虑边境地区中小企业发展用地需求，在用地审批上予以重点倾斜。继续支持边境地区少数民族特需商品定点生产企业和民族特色手工艺品生产企业发展，为其生产技术改造和大型商品市场升级提供政策优惠和资金支持。

6. 大力推进劳务经济产业化

边境地区产业发展水平较低，劳动力吸纳能力弱，富余劳动力充足。富余劳动力向非农产业、城镇、城市转移是实现经济结构调整、促进农民增收、发展边境地区经济的重要手段。当前，边境地区的劳务活动正从零星分散变为规模化、集中化、有序化，日益发展成为一个重要的特色优势产业。顺应形势，大力推进劳务经济产业化发展，加强劳务技能培训，组织、引导农牧区富余劳动力就近转移，发挥边境民族地域、文化、技能优势，建设一批集制作、培训、销售、展示为一体的民族特色劳务基地，形成一批民族劳务品牌。

7. 构建发达的商贸物流体系

“无商不活”，边境地区特色优势产品与国内外市场的紧密衔接，离不开现代化商贸物流通道的支持。积极构建边境地区大型集贸市场，推动原有市场升级改造。大力发展大型特色优势产品专业交易市场，推进特色优势产业的产供销一体化。重点发展边民互市点，提升货物交易额。加大边境口岸建设力度，提升货物检验检疫与通关速度，积极开拓国际市场。组建或引进具有一定规模和实力的仓储物流企业，加快仓储物流基础设施建设。依托互联网通信技术和专业管理软件，提高特色优势产品的流转效率，形成有边境特色、民族特色的现代化商贸物流产业体系。

8. 鼓励科技创新，促进科技成果转化与应用

“科技是第一生产力”，科技发展水平长期滞后于内陆，是边境地区经济社会发展显著落后的重要原因之一。改变边境地区落后面貌，做大做强特色优势产业，提高自我发展能力，长期来看还是要依靠科技创新与科技成果的转化与应用。坚持从边境地区实际出发，依靠科技进步，强化农牧民科技培训，鼓励农牧民引进良种、采用先进生产技术，提升特色优势产业技术含量。支持有条件的中小企业和农业产业化龙头企业开发高新技术，鼓励高等院校、科研院所对特色优势产业发展提供科技支持，推动农林牧渔科技服务机构锐意创新，大力推进科技成果向现实生产力转化。

（四）政策建议

1. 优化协调机制

各级政府强化统筹职能，优化部际（含部门）协调机制，明确民族工作部门、发展改革部门、财政部门的协调角色和职责，进一步加大协调整合力度，增强信息共享和业务整合，提高财政支持特色优势产业建设项目效率。

2. 完善财税支持

坚持边境地区特色优势产业差异化优先发展原则，进一步增加财政补贴投入，一般性转移支付向边境地区倾斜，加大专项转移支付力度，免去地方政府资金配套要求，大力落实税收减免，协助处理边境地方政府债务，在国家政策范围内，给予边境地区优先发债权。

3. 加强金融服务

中国人民银行、银保监会、证监会制定支持边境地区特色优势产业发展的金融政策，引导各类商业性金融机构增加金融支持，鼓励国家政策性金融机构加大信贷资金投入，帮助特色优势产业提升“造血”能力，为形成兴边富民行动资金退出机制提供条件。

4. 加大社会扶持

在中央政府统筹下，主要采用定点扶持、对口支援、国际援助等形式，动员全社会力量，全力支持边境地区特色优势产业发展。

第七章 边境地区旅游业发展成效分析

兴边富民行动的宗旨是，加大对边境地区的投入和对广大边民的帮扶，使边境地区尽快发展起来，边民尽早富裕起来，在发展中进一步增强爱国主义情感和加强各民族大团结，最终达到富民、兴边、强国、睦邻的目的。兴边富民行动实施以来，边境地区基础设施得到极大改善，社会事业有了全面发展，民生保障不断加强，特色产业加快发展，尤其是旅游特色产业已成为一些边境地区富裕边民的重要支柱产业。旅游业的发展既能体现当地经济发展情况，又能带动相关产业的快速发展。本章从我国旅游市场大环境出发，结合对广西崇左市、云南德宏州的实地调研，来考察边境地区旅游业发展成效。

一、我国旅游产业发展现状及趋势

（一）旅游产业发展迅猛，成为国家经济支柱之一

“十二五”以来，我国旅游业规模持续扩大，产品与服务体系日趋完善，市场秩序持续优化。2018 年全国旅游业 GDP 达 5.97 万亿元，对我国 GDP 的综合贡献为 9.94 万亿元，占我国国内 GDP 总量的 11.04%（见图 7-1）。[①] 旅游业作为我国经济发展的支柱性产业之一，不断彰显活力，不断带动相关产业的发展。目前，国内游市场是我国旅游市场的主力军，无论从人数还是贡献的旅游收入来看，国内市场都是我国旅游业主要的增

① 2018 年全国旅游业对 GDP 的综合贡献为 9.94 万亿元［EB/OL］. 中国经济网，http://travel.ce.cn/gdtj/201905/20/t20190520_6791725.shtml.

长点。2018 年，国内旅游人数达到 55. 39 亿人次，同比增长 10. 8%；国内旅游收入为 5. 13 万亿元，同比增长 12. 3%。

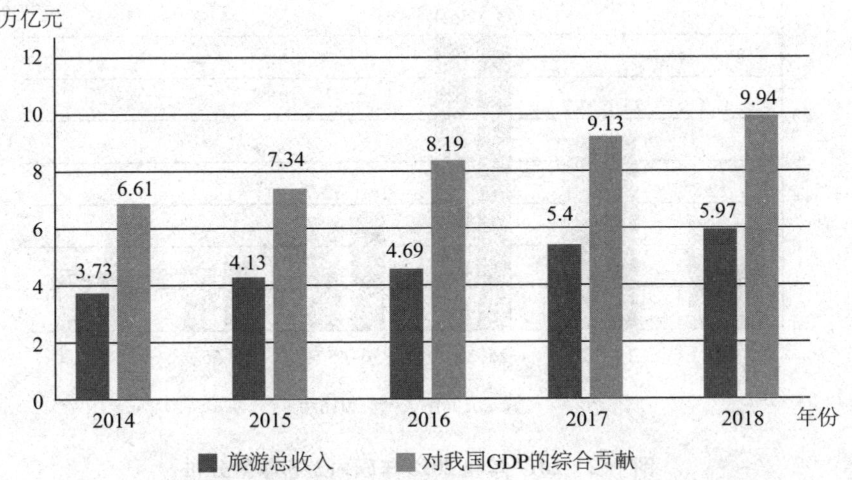

图 7-1　2014—2018 年中国旅游总收入及对我国 GDP 的综合贡献情况

据估计，2020 年以后，我国旅游行业的总产出约占 GDP 总量的 8. 6%，居民旅游消费将占全国居民总消费支出的 6. 79%，旅游业投资将占全国总投资的 8. 16%，将达到世界平均水平。据文化和旅游部预测，2020 年全国旅游业总收入将达到 3. 3 万亿元，约占国内生产总值的 8%，真正成为国民经济的支柱产业。①

（二）青年人数上升，旅游年轻化趋势明显

2017 年，国内旅游群体中，19～25 岁年龄群体占 23. 1%，2018 年，19～25 岁年龄群体占 23. 2%（见图 7-2）。2018 年，25 岁以下年龄群体占 36%，较 2017 年提升 0. 5%，国人旅游呈年轻化趋势。从各个年龄段人均消费支出水平来看，越年轻的消费群体，旅游消费支出金额越低，“90 后”人均消费支出为 3032 元。②

① 杨婕．谈我国旅游市场现状及发展趋势［J］．旅游纵览（下半月），2016（1）：24.

② 2019 年中国旅游行业市场现状及发展趋势分析［EB/OL］．企业观察网，http：//www. cneo. com. cn/portal. php？mod＝view&aid＝151066.

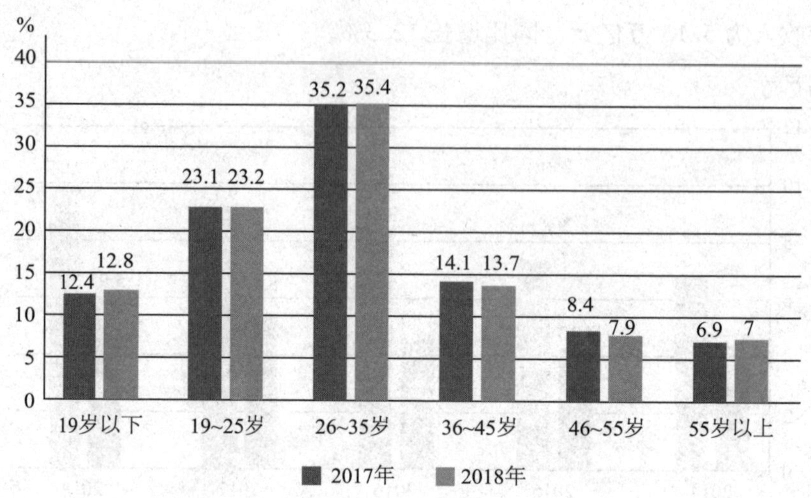

图 7-2　2017 年和 2018 年国内游客年龄分布

（三）旅游者更加重视旅游体验

旅游者更加重视旅游消费的价值和品质。体验至上，体验成为旅游者的核心诉求，人们更加注重旅游体验的沉浸式和品质化，关注细节。① 在未来，旅游将更偏向主题化、深度化，更加侧重旅游体验。从观光旅游到休闲度假再到当地的特色文化体验，从美景时代进入美宿时代，跟着酒店去旅行、跟着美食去旅行的越来越多，人们的出行将更多地围绕酒店、休闲、放松、美食来展开。美食、民宿、综艺节目、抖音小视频的流行都有可能激发人们去旅行。②

（四）"互联网+"旅游新业态蓬勃发展

随着"互联网+"加速与产业融合，数字经济已成为中国发展的新引

① 妥艳媜，陈晔．"十四五"时期我国国内旅游消费新趋势与促进战略［J］．旅游学刊，2020，35（6）：8-10.

② 2018 年中国旅游行业研究报告［EB/OL］．http：//www.easeye.com.cn/news/2677.html.

擎，在此背景下，“互联网+旅游”“数字旅游”等新业态将迎来更大发展机遇。在5G时代，景区对人工智能、传感器、移动通信等技术的应用，促进了文旅新业态的不断涌现和完善。这些依托移动互联网建立的旅游业态，拓展了用户、客户、受众的体验内容、体验方式、体验质量，并成为旅游市场发展新的增长点。①

“互联网+旅游”改变人们旅游决策，同时影响旅游产品结构与业态。以往人们的旅游决策依赖于个人来源、商业来源、公共来源以及经验来源，如人们更加相信自己的经验与体验以及亲朋好友的口碑。“互联网+旅游”情境下，除了传统旅游方式，人们有了更多选择。旅游方式向自助游与自由行转化，要求旅游企业提供更多吃住行游购娱的组合，利用自己的专业特长提供更好的服务。②

（五）文化与旅游紧密结合

2018年3月国务院进行机构改革，将文化部、国家旅游局的职责整合，组建文化和旅游部，作为国务院组成部门。文化与旅游的融合为文化产业找到了很好的推广渠道与消费市场，也为旅游产业找到了内容生产的源头。随着人们对精神生活的追求不断提高，越来越多的旅游者正跨入深度旅游阶段，文化日益成为支配旅游活动的精神支柱和旅游经济的重要引领。旅游则是文化实现教化功能与娱乐功能的重要载体，是发掘、弘扬、优化、保护和丰富文化的有效途径。以文化为内容、旅游为平台的文化旅游产业呈现出前所未有的生机与活力。促进文化与旅游融合发展，是世界旅游发展的大趋势和旅游先进地区的成功经验。因此，文化旅游相互融合，能够实现文化旅游业的良性互动，共赢发展。③

---

① 李佳霖．数字技术催生旅游新业态：带给游客不一样的体验［N］．中国文化报，2020-06-27（03）．

② 张苗荧．“互联网+旅游”迎来更大发展机遇［N］．中国旅游报，2020-06-09（03）．

③ 文化与旅游要融合发展［EB/OL］．人民网，http：//culture. people. com. cn/n1/2019/0708/c428400-31220814. html.

二、云南德宏、广西崇左旅游资源禀赋状况

云南德宏州与广西崇左市地处我国西南边陲，“一带一路”倡议、孟中印缅经济走廊、建设“云南面向南亚东南亚辐射中心”等国家战略的深入实施，使两地沿边特区、开放前沿的地位和作用更加凸显。

（一）区位特点

云南德宏州三面与缅甸接壤，有瑞丽、畹町两个国家一类口岸和章凤、盈江两个国家二类口岸，国境线长 503.8 千米，是中国陆地连接东南亚、南亚，走向印度洋的最佳接合部和最便捷的通道，也是我国向西南开放的桥头堡和云南对外开放的前沿。

崇左市位于广西西南部，处于华南经济圈、西南经济圈和东盟经济圈交汇的中心地带，是中国的“南大门”。下辖宁明、龙州、大新、凭祥 4 个边境县（市），与越南北方的谅山、高平、广宁 3 省 10 个县接壤，边境线长 533 千米，占广西陆地边境线的 52%，是广西与越南接壤县（市）最多和边境线最长的地级市。有 5 个国家一类口岸、2 个二类口岸、14 个边民互市点。

（二）资源特点

德宏州自然环境优美，历史文化灿烂，民族风情独特，有傣、景颇、阿昌、德昂、傈僳等五种跨境而居的世居少数民族，有风光秀丽的大盈江和瑞丽江，有与缅甸接壤的边境口岸，有瑞丽国家重点开发开放实验区，有闻名全国的珠宝玉石和红木产业等，异国民族风情与边疆自然风光融为一体，具有“边、情、绿、宝”特色和人文资源优势。德宏物种资源丰富多样，素有“植物王国”“物种基因库”之美称。德宏地热资源极其丰富，有 70 多个温泉，良好的自然环境和优越的光热水土气条件，为发展生物特色产业、大健康产业提供了得天独厚的条件，使德宏成为最适宜人居的地区之一。经过多年的开发建设，德宏

已成为中国小粒咖啡、柠檬、坚果、香料烟、优质大米的重要生产基地。德宏因为拥有丰富的咖啡资源优势，被指定为亚洲咖啡年会永久举办地，同时，紧邻世界著名的珠宝玉石、名贵硬木产地缅甸，使德宏成为全国著名的珠宝翡翠、红木制品交易中心。

崇左市地处桂西资源富集区，是重要的蔗糖、锰业基地，是“中国糖都”“中国锰都”“中国红木之都”。全市年产糖量 200 万吨左右，约占中国的 1/5。锰矿资源储量占中国的 19.41%，居全国首位，铝土矿、稀土、膨润土、铁矿等矿产资源也很丰富。崇左是生态旅游名城，森林覆盖率 54.92%，是“中国白头叶猴之乡”“中国木棉之乡”“国家珍贵树种培育示范市”，荣获“国家森林城市”称号，素有“崇左天下美”的美誉。崇左市名胜古迹众多，旅游资源特色鲜明，集“民族风情、红色革命、绿色生态、边关历史文化”等于一体。有保护最完整、发育最完全的喀斯特地貌，有被列入世界自然文化双遗产预备名录、代表壮族先祖文化的宁明花山岩画群，拥有陆地生物多样性 14 个关键地区之一，有宁明的陇瑞—弄岗国家级自然保护区、亚洲第一大跨国瀑布等自然生态景观；有中国九大名关中唯一边关——凭祥友谊关，有镇南关大捷遗址、法国领事馆旧址以及中国工农红军第八军的龙州指挥部旧址等红色文化遗址；有中越最大的边贸市场及国家级口岸等边关民俗文化旅游资源等。

崇左市 4 个边境县（市）和德宏州的资源禀赋见表 7-1。

表 7-1　崇左市 4 个边境县（市）和德宏州的资源禀赋

地区	口岸	边民互市点	主要景区、景点	特点
凭祥市	友谊关、凭祥火车站、平而关	油隘、叫隘、平而、弄尧（含浦寨、弄怀）	友谊关、金鸡山古炮台、中法战争遗址、红木文博城，大连城等	边关军事、红木文化
大新县	硕龙	岩应、德天、硕龙	德天跨国大瀑布、明仕田园、黑水河、龙宫仙境	绿色生态

续表

地区	口岸	边民互市点	主要景区、景点	特点
宁明县	爱店、北山、板烂	爱店、板烂、北山	花山壁画	骆越文化
龙州县	水口、科甲	水口、布局、那花、科甲	弄岗自然保护区、红八军纪念馆、法国驻龙州领事馆旧址、小连城	红色文化
德宏州	瑞丽、畹町、章凤、盈江	瑞丽、畹町、陇川、盈江	一寨两国、畹町边关文化园、莫里热带雨林景区、瑞丽江、大盈江等	边关商贸、珠宝玉石、跨境民族文化、绿色生态

三、云南德宏、广西崇左旅游要素发展情况

“十三五”以来，德宏州实施兴边富民基础设施、扶贫开发、产业培育、素质提高、民生保障、城镇建设、民族文化、开放窗口、边境和谐、生态保护“十大工程”。广西采取了边境基础设施大会战的形式对接国家兴边富民行动战略。兴边富民行动的实施，使两地基础设施得到极大改善，社会事业有了全面发展，特色产业加快发展，民生保障大幅提升，旅游业吃、住、行、游、购、娱等各方面要素建设得到全面发展。

（一）经济实力显著增强

2019 年，德宏州实现生产总值 531. 66 亿元，比上年增长 7. 9%；地方一般公共预算收入 40. 10 亿元，增长 8. 3%；固定资产投资增长 10. 4%；社会消费品零售总额 169. 36 亿元，比上年增长 11. 2%；外贸进出口总额 53. 79 亿美元，比上年增长 12. 0%；城镇常住居民人均可支配收入 31479 元，比上年增长 8. 2%；农村常住居民人均可支配收入 11409 元，增长 10. 5%；居民消费价格指数上涨 1. 8%。

2019 年，崇左市实现生产总值 760. 46 亿元，比上年增长 8. 5%；地方一般公共预算收入 33. 74 亿元，比上年增长 8. 6%；固定资产投资增长 12%；社会消费品零售总额比上年增长 8. 0%；外贸进出口总额 1893. 39 亿

元，比上年增长 28. 3%；城镇居民人均可支配收入 33297 元，增长 7. 7%；农村居民人均可支配收入 13320 元，增长 11. 0%；居民消费价格指数上涨 3. 8%。

（二）交通基础设施不断完善

综合交通基础设施建设进一步加强，交通运输能力实现大幅提升。随着腾冲至陇川、潞西至梁河二级公路的建成，环州公路实现高等级化，德宏州各县市县城所在地和各口岸全部实现二级公路直达，德宏两小时经济圈基本形成；龙瑞高速公路建成通车，杭州至瑞丽实现全线高速化，瑞陇高速公路正在有序推进。2016 年瑞丽试验区一核两翼芒市、瑞丽、陇川三县市实现高速公路贯通和快速连接，全州纳入统计的公路通车里程为 7978 千米，公路密度 69. 22 千米/百平方千米，高于全国、全省公路密度，其中高速公路 110 千米、一级公路 16 千米、等级公路 6220 千米（高等级公路 766 千米），全州乡镇通沥青（水泥）路率 100%，建制村公路通畅率 83. 69%，全州乡镇班车通达率 100%，建制村班车通达率 98%。水运航道里程 165 千米，龙江及瑞丽江航运条件得到改善。2020 年年底实现全州 100%建制村通硬化路，高速公路通车里程达 392. 3 千米。芒市国际机场开通，口岸机场开放，航线开放达到 18 条以上，其中国际航线力争开通 2 条。年旅客吞吐量和货运吞吐量分别达到 250 万人次和 17500 吨。建成陇川一类通用机场、盈江二类通用机场。

“十三五”时期，崇左市全力加快推进以高速公路、铁路为重点的交通基础设施建设，不断提升交通运输服务能力和管理水平，全市交通基础设施投资增速达到 101. 59%。2018 年，崇左市市级层面以上统筹推进基础设施项目共 127 项，完成投资 111. 1 亿元，全市基础设施建设稳步推进，为全市经济社会发展提供了坚实的基础。公路方面，驮卢至大新公路、南宁新江经吴圩至崇左扶绥公路（扶绥段）、凭祥市边境贸易货物物流中心（中越跨境）货物专用通道等建成通车，崇左至水口高速公路、隆安至硕龙高速公路、大新德天至宁明花山公路、山圩至中泰产业园一级公路等一批重大交通基础设施项目正在加快推进。铁路方面，新建南宁至崇左铁路全线开工，崇左正加速迈向“高铁时代”；云桂沿边防城港至文山段铁路项目列入广西“十三五”铁路发展规划和国家中长期铁路网规划。水运方面，崇左港中心港区濑湍作业区工程一期已投入运营，二期正在进行场地平整。同时，加快工业园区、边贸口岸基础配套路网工程建设，促进园区、口岸与地方经济发展相结合，努力提高中新互联互通南向通道建设新水平。①

（三）城镇公共服务设施日益完善，生态环境明显改善

“十三五”时期，德宏州加快推进城镇基础设施建设和生态环境工程。积极实施“美丽县城”建设和特色小镇创建，公共交通、停车泊位等市政公共服务产品不断增加，城市污水集中处理率达 86%。大力整治废气、扬尘、秸秆焚烧、餐饮油烟等污染源，空气环境质量大幅改善，州府芒市空气质量优良率保持 100%。严格落实河湖长制，芒市大河城区段截污治污工程全面启动，“三江四河”出境水质和 8 个国控省控断面水质达到Ⅲ类以上，县级以上城市集中式饮用水源水质全部达标。城乡人居环境持续好转，2019 年实施农村环境综合整治项目 250 个，“厕所革命”有序推进，乡镇“两污”处理设施不断完善，完成 50 个“大棚房”问题整治，农业农村面源污染治理效果明显。

崇左市全面推进农村人居环境整治、乡村风貌提升、“美丽崇左·幸福乡村”三个专项行动。2019 年开展了 8 条乡村振兴示范带建设，在 3968 个村屯开展“三清三拆”工作，乡村面貌焕然一新。山水林田湖草保护修复工程项目全面开工，全市空气质量综合指数连续 5 年稳居全区前列，纳入“水十条”考核的地表水水质连续 4 年 100%达标。崇左市获得广西壮族自治区级生态县（市）命名率 100%，居广西全区第 1 位。

---

① 崇左市基础设施建设取得良好成效［EB/OL］. 搜狐网，https：//www.sohu.com/a/294325980_732289.

（四）口岸物流基础设施全面加强

德宏州通过实施盈江、陇川、瑞丽和畹町边境口岸基础设施建设、边民互市交易市场建设、口岸出入境通道建设、通关便利化等项目，口岸软硬件环境明显提升，功能更加完善、口岸流量迅猛增长。随着瑞丽国家重点开发开放试验区建设的全面推进，为提升通关效率，作为中缅边境人员、车辆、货物流量较大的口岸之一，瑞丽口岸推行分类通关改革和企业信用等级改革、通关作业无纸化改革，落实便利措施，使得人车通关效率大为提高，提升了贸易便利水平。云南瑞丽口岸 2018 年共验放出入境旅客 1764 万人次，交通运输工具 416 万辆次，与 2017 年相比，出入境旅客数量基本持平，车辆数量增长 7.6%。

近年来，崇左市不断加大口岸基础设施建设，提升口岸基础设施保障能力。按照《国家口岸查验基础设施建设标准》，所有口岸按一类口岸标准建设，充分保障年全市 5 个一类口岸实现全部对外开放，2 个二类口岸、14 个互市点正常运行。推进友谊关口岸升级改造工程、硕龙口岸主通道建设、凭祥市边民互市综合开发项目。深入挖掘陆海新通道跨境物流优势，加快编制崇左市冷链物流发展规划，促进跨境物流与国际产能合作融合发展。探索组建公路跨境物流运营主体，统筹中国—中南半岛经济走廊沿线物流组织，科学布局建设货物集散中心和配套服务设施。配合广西壮族自治区举办中国—中南半岛跨境公路物流发展工作会议，积极推动中国—中南半岛跨境公路物流通道建设与合作。①

（五）民族文化保护进一步加强，民族特色得以彰显

德宏州是全国 30 个、云南 8 个少数民族自治州之一，少数民族人口占全州总人口的 48.07%，有景颇族、阿昌族和德昂族 3 个人口较少民族，其中景颇族 13.44 万人，占全州总人口的 11%，阿昌族 3.04 万人，占

① 充分发挥口岸优势　主动融入西部陆海新通道建设［EB/OL］．崇左新闻网，http：//www.gxcznews.com.cn/xwzx/xxysj/2019/07/651818.shtml.

2.5%，德昂族1.44万人，占1.2%。民族文化特色浓郁，傣族的“泼水节”、景颇族的“目瑙纵歌节”、阿昌族的“阿露窝罗节”、傈僳族的“阔时节”、德昂族的“浇花节”、中缅胞波狂欢节、中缅国际马拉松比赛、瑞丽国际珠宝文化节、中缅边交会等节会赛事已成为传承民族文化、增进民族团结、促进中缅友谊、推动经贸旅游、促进边疆和谐稳定的重要经贸文化交流平台。

崇左市居住着壮、瑶、苗、侗、回等10多个少数民族，少数民族占总人口的89.8%，壮族人口占总人口的89.43%，是广西少数民族人口比例最高、全国壮族人口最集中的地级市。崇左市是骆越民族文化重要发源地，崇左各族群众创造了鲜明、多彩的历史文化。崇左全市文物类民族文化共有文物保护单位207处，其中国家级4处、自治区级18处、市级50处、县级135处，全市非物质文化遗产共有16个门类50多个种类，经过多年来的积极申报，截至2016年12月20日，全市共有县级项目125个、市级项目52个、自治区级项目25个、国家级项目1个、世界级项目1个。截至2018年年底，崇左已经建成15个自治区级非物质文化遗产传承基地（中心）。①

（六）对外开发开放水平进一步提高

2019年，中国（云南）自由贸易试验区德宏片区正式挂牌，德宏州对外开放迎来了又一个历史机遇。德宏州主动服务和融入国家重大战略，加快推进中国（云南）自由贸易试验区德宏片区建设，重点发展跨境电商、跨境产能合作、跨境金融等产业，打造沿边开放先行区、中缅经济走廊的门户枢纽。工商银行仰光分行已经与缅甸境内主流银行签订了业务合作协议，即将建立覆盖缅甸全境的中缅资金双向结算服务体系。自贸试验区有利于德宏加快构建连接南亚东南亚国际开放大通道，有利于培育外向型加工制造基地，有利于打造对外人文交流窗口，有利于发挥先行先试示范引

① 中共崇左市委党校课题组．努力推进崇左市民族文化资源保护与开发工作［N］．左江日报，2017-11-04（02）．

领辐射带动作用。①

2019年以来，崇左市积极参与西部陆海新通道建设、主动对接粤港澳大湾区建设，提升全市对外开放合作水平。崇左市将以西部陆海新通道建设为重要载体，推进互联互通基础设施建设，加快跨境物流体系建设，形成经崇左沿边连通“一带一路”的现代化多式联运交通运输网。加快硕龙口岸升格基础设施建设，水口口岸升格为国际性口岸通过验收，水口界河二桥、友谊关口岸扩大开放至浦寨弄尧通道建设，加快推进“两国一检”中方区域“一路一桥一场一区”建设。加快推进崇左与大湾区的产业融合发展，探索在凭祥跨境经济合作区建立“港深加工贸易区”，力促形成与粤港澳地区分工合理、优势互补的产业协作体系。②

四、云南德宏、广西崇左旅游项目实施成效

交通、通信等基础设施的显著改善，城镇公共服务设施和生态环境的日益完善，口岸通道建设的加强，以及浓郁的民族特色文化，极大地提升了边境县（市）的旅游吸引力。两地还积极争取各方面资金进行旅游项目建设，景区景点建设成效显著。

（一）德宏州旅游发展成效

如表7-2所示，2019年，德宏全州接待海内外游客2945.72万人次，其中接待海外游客66.27万人次，旅游总收入达到564.06亿元。德宏在云南及国内外旅游消费市场的知名度明显提升，市场消费初步实现向质量效益型转变，游客平均停留时间持续增加，旅游可持续发展能力和水平显著提升。“十三五”时期，德宏在巩固提升已建成的11个省级民族特色旅游村和12个特色旅游村基础上，新建了30个左右省级特色旅游村（包括15个

---

① 德宏：开启沿边开放新篇章［EB/OL］. 云南网，http：//yn. yunnan. cn/system/2019/09/25/030386449. shtml.

② 充分发挥口岸优势　主动融入西部陆海新通道建设［EB/OL］. 崇左新闻网，http：//www. gxcznews. com. cn/xwzx/xxysj/2019/07/651818. shtml.

民族特色旅游村)，形成了30个以上宜居宜游的旅游特色村。推进了30个旅游重大项目建设，投资总额154亿元。截至2019年年底，德宏州共有星级酒店49家，其中五星级2家、四星级2家、三星级31家、二星级14家。①

表7-2　2014—2019年德宏州旅游接待人数、旅游收入

年份	2014	2015	2016	2017	2018	2019
旅游人数/万人次	897.45	1040.07	1279.51	2101.08	2528.02	2945.72
增长率/%	13.2	15.9	23.0	64.21	20.3	16.5
海外游客/万人次	21.03	21.45	40.48	47.78	58.6	66.27
增长率/%	19.5	2.0	88.7	18.03	22.7	13.1
国内游客/万人次	876.42	1018.62	1239.03	2053.3	2469.42	2879.45
增长率/%	13.0	16.2	21.6	65.72	20.3	16.6
旅游收入/亿元	185.25	157.58	221.43	327.97	476.25	564.06
增长率/%	127.22	23.9	40.5	48.12	23.1	18.4

资料来源：历年《德宏州国民经济和社会发展统计公报》。

芒市完成了芒市广场灯光秀、生态田园观光区（一期）等项目建设，孔雀谷原始森林公园（一期）投入运营，瑞丽江史迪威码头湿地旅游度假区、银塔等项目进展顺利。上线了"一部手机游云南"芒市版，省级全域旅游示范区创建工作扎实推进。仙佛洞、孔雀谷森林公园向游客开放。银塔、史迪威码头旅游度假区主体工程完工。回贤、上井坎、出冬瓜等村寨成为新兴乡村旅游目的地。2019年接待海内外游客882.8万人次，增长32.1%；实现旅游业总收入188.1亿元，增长38.2%，位居全州第一。

瑞丽市完成文旅小镇、畹町红色文化景观设计，畔崩温泉村码头、界河长廊等项目稳步推进，瑞丽江黄金旅游岸线、幻境雨林旅游康养小镇、"一寨两国"实景演出等项目正在加快推进。畹町镇荣获央视文化旅游年度魅力小镇，畹町镇回环村荣获中国少数民族特色村寨称号。深入推广"一部手机游云南"，获中国旅游百强城市称号。2019年接待国内外游客

① 2019年德宏州旅游星级饭店复核工作总结［EB/OL］. 德宏州政府网，http://www.dh.gov.cn/Web/_F0_0_28D00JLCO440DTRVWSXB7JBQYX.htm.

638 万人次，同比增长 6%；实现旅游总收入 154 亿元，同比增长 12. 6%。

梁河县“旅游+生态农业”“旅游+研学”“旅游+文化”模式初见成效，关璋阿昌族民俗文化之旅、生态回龙茶山之旅、葫芦丝寻根之旅线路成为乡村旅游新热点，南甸宣抚司署 AAAA 级景区顺利通过复核。成功举办全国无线电测向锦标赛、云南省青少年运动会乒乓球冠军赛、中国·梁河国际葫芦丝文化旅游节等高规格、高水平赛事，“旅游+赛事”魅力显现。积极推进“一部手机游云南”智慧景区建设。2019 年接待游客 174. 4 万人次，增长 12. 9%，旅游收入 20. 45 亿元，增长 23. 8%。

盈江县“滇西塔象城·花飘大盈江”品牌知名度和影响力不断提升，“中国犀鸟谷”生态名片越发亮丽，观鸟旅游实现从“数量”向“质量”转变。乡村旅游备受青睐，“盈江花海”刷爆朋友圈。成功举办中国盈江第二届国际旅游摄影大展、“七彩云南·秘境百马”马拉松挑战赛盈江站等赛事活动，2018 年接待游客 601 万人次，实现旅游总收入 84. 27 亿元，分别增长 28. 3%和 3. 99%。

陇川县大力推进京旺温泉、龙安水上乐园、土砖文化驿站、景罕傣文化传承中心等综合旅游项目建设，全面启动“户撒——全国最美乡村”旅游项目规划工作。成功举办了第十届目瑙纵歌狂欢活动及泼水节、阿露窝罗节等民族节庆活动，组织策划专题采访、文学摄影采风、民俗民风体验活动等 70 余场次。举办了户撒马拉松（山地自行车赛）、中缅雨林汽车摩托车越野赛、野外露营等体验式旅游活动。积极推进“一部手机游云南”，制作了陇川宣传片，2018 年共接待游客 276. 14 万人次，实现旅游总收入 43. 76 亿元，分别增长 11%和 27%。

（二）崇左市旅游发展成效

“十三五”时期，崇左市立足边境丰富的旅游资源，依托与越南山水相连、人文相通的优势，充分利用国家给予边境地区的优惠政策，推动边境旅游资源保护和开发、旅游基础设施建设、旅游市场宣传等工作有效开展。广西为统筹边境地区旅游发展一盘棋，以全域旅游的视角来审视和指导边境旅游的发展，利用“十三五”时期我国要重点培育 25 条国家旅游风景道的契机，打造中越边关风情旅游带——国家风景道项目，而崇左就位于自治区规划建设的边关风情旅游带的中心位置。①

“十三五”以来，崇左市把文化旅游发展列为两大抓手之一，制定实施崇左市文化旅游大发展三年行动计划，成立了由市委书记、市长担任组长的崇左市实施文化旅游大发展三年行动计划领导小组，先后完成了大新德天瀑布核心景区、花山景区、乡村旅游等一系列规划工作，并出台了《关于加快崇左市旅游产业跨越发展的若干政策》等一系列政策文件和具体措施，为文化旅游发展提供了政策保障、增强了发展活力。② 2019 年，崇左市接待国内游客 4726. 46 万人次，比上年增加 1114. 1 万人次，同比增长 30. 8%；国内旅游收入 471. 38 亿元，同比增长 37. 2%。2019 年崇左市接待港澳台游客 17. 72 万人次，外国游客 28. 08 万人次，国际旅游收入 1. 83 亿美元。

凭祥市全域旅游示范区创建全面展开，旅游产业规模得到进一步扩大。创 A 评星成果显著，大连城景区获评国家 AAAA 级景区，城市规划馆获评国家 AAA 级景区。友谊关景区创建国家 AAAAA 级景区已完成总体规划、景评报告和景区重点地段修建性详细规划，中国—东盟（凭祥）水果城创建国家 AAAA 级景区部分项目建成投入使用。成功举办“广西·凭祥中越边关旅游节”、中国文联文艺志愿服务团“欢乐下基层”走进凭祥慰问演出等文旅活动。积极推动上级有关部门出台实施《中国广西—越南谅山跨境自驾车旅游管理试点方案》，2018 年 9 月友谊关成功举行中国广西—越南谅山跨国自驾车游线路开通仪式并实现常态化运行。2018 年接待游客人数 704. 83 万人次，同比增长 11. 71%；旅游总消费 63. 55 亿元，同比增长 15. 25%。

龙州县积极推进文化旅游发展。小连城景区、龙州左江景区获评

①② 绘就全域旅游美丽新画卷——崇左市文化旅游业发展综述［EB/OL］. 广西新闻网，http：//news. gxnews. com. cn/staticpages/20200103/newgx5e0ed239-19157240. shtml.

AAAA级景区，3家景区获评AAA级景区，“发现·弄岗”获评广西生态旅游示范区，6家获评广西四星级乡村旅游区、农家乐。对照AAAA级景区和四星级乡村旅游区、农家乐标准，升级改造中山公园、溪水弄岗、陇亨观鸟基地；“人间仙境”景区恢复水稻种植，信翔国际酒店营业，维也纳、天湖、金邕莱等酒店建设稳步推进。成功举办中法文化艺术交流、“秘境弄岗”观鸟节、生态研学旅行、中国鸟网年会、中越跨国马拉松等系列活动，带动龙州旅游热度持续上升。2019年全年接待游客量695.15万人次，实现旅游总消费83.15亿元，分别增长13.86%、26.31%。

大兴县加快推进中越德天—板约瀑布跨境旅游合作区建设，完成2千米物理隔离围网建设和游客出入境管理服务中心基桩浇筑。2018年累计投入2亿元推进创AAAAA景区工作，德天跨国瀑布景区成功晋级国家AAAAA级景区，成为崇左市首个、广西第6个国家AAAAA级景区，并获评“魅力中国城年度魅力生态景区”和“2018中国品牌旅游景区全国奖”。大阳幽谷景区获评国家AAAA级旅游景区，全县AAAA级以上景区数量排在全区前列。成功举办国际矿山汽车越野超级联赛、摩托车耐力赛、桃城元宵节、宝圩观音诞、硕龙建街节、下雷霜降节等文化旅游节庆活动。2018年接待游客685万人次，同比增长5.3%，实现旅游总消费53亿元，同比增长5.7%。

宁明县文化旅游品牌建设成效明显。获“自治区级全域旅游示范区”称号，成为崇左第一个自治区级全域旅游示范区。入选2019年“锦绣中国榜”，被授予“中国最佳文化休闲旅游目的地”称号，成功创建“中华诗词之乡”，连续24年保持“全国先进文化县”称号。花山景区获评广西生态旅游示范区，狮子头森林公园获评自治区级森林公园。花山实景演出项目正式商演运营，成为继《印象刘三姐》之后广西又一个大型实景演出项目，获评“广西特色旅游演艺项目”。花山景区创建国家AAAAA级旅游景区项目已报国家评审，派阳山国家AAAA级景区设施设备加快完善，狮子头森林公园创建国家AAAA级景区和蓉峰塔、一江两岸创建国家AAA级景区工作稳步推进。成功举办三月三骆越王节、“5·19”中国旅游日等文化旅游活动。2019 年共接待游客 703.61 万人次，同比增长 40.31%；实现旅游总消费 79.87 亿元，同比增长 40.37%。

五、云南德宏、广西崇左旅游业发展中存在的主要问题

兴边富民行动实施以来，德宏州以及广西崇左边境县市的旅游业有了较快发展，但受多种因素制约，边关风情旅游带等项目建设目前还未形成核心概念，与发达地区相比，仍处于发展的起步阶段，旅游业的发展还存在一些困难与问题，主要表现在以下方面。

（一）口岸、交通及旅游服务等基础设施建设滞后

一是存在景区（点）优美，但进入景区（点）的道路等级低，山道、弯道、险陡路段多的情况；二是边境口岸基础配套设施不足，有些边境口岸道路大多数是三级或等外公路，严重制约着边境旅游业发展；三是景区景点基础及配套设施落后，许多景区处于低层次管理和开发阶段，停车场、游客服务中心等接待设施不配套，存在“一流资源、二流开发、三流服务”的经营模式。

由于交通滞后，有些毗邻边境县市之间景点不能衔接贯通，再加上处于地理区位和市场区位的边缘，游客到访时间及花费成本高昂，制约着生态旅游产业的发展，影响旅游线路的设计和游客的出行选择。

（二）边境旅游受地域经济政治影响较大

边境跨国旅游是边境地区发展旅游业、吸引游客的重要特色之一，但由于涉及两国经济、政治、社会等因素，政策波动性对边境跨国旅游影响较大。

在中越边境旅游方面，自 2015 年 1 月 1 日起越南执行新的出入境管理法，中国游客前往越南旅游，必须持有效护照或国际旅游证件及有效越南签证入境，不允许我国游客持边境旅游专用通行证深入越南河内、下龙湾等地，只能在中越边境同登、谅山地区游览，对中越边境旅游影响较大。

在中缅边境旅游方面，我国公安部门因境外赌博活动猖獗，于2005年终止中缅边境旅游异地办证。虽然2013年我国公安部门批准恢复中缅边境一日游异地办证，但缅方未同意恢复中国畹町、瑞丽至缅甸的三日游、六日游等几条长线旅游线路，且将持中方边境旅游通行证的游客的活动范围限定在缅方几个边境地区，进行长线旅游的中国游客必须持有护照，且要求空路去空路返、陆路去陆路返，影响游客的出行选择。

此外，出境手续烦琐、办证时间长，影响了游客旅游计划和行程安排。如中缅边境跨国自驾游，人、车等相关证件办理至少需要15天，边境入境游客的活动范围也限定在指定的边境区域。另外，出入境旅游口岸目前规定只能从同一口岸进出，不能形成环线旅游，使游客走重复线路，制约了边境旅游的开展。

（三）旅游资源整合利用不足

一是旅游资源存在政出多门，条块分割，景区、景点分散的现象，丰富的旅游资源不能得到有效整合、开发和利用，景区大多处于低层次管理和开发阶段，旅游产品整体水平和档次不高。

二是不能与当地其他资源有效融合。德宏州及崇左市边境县（市）民族民俗文化资源丰富，但没有进行深度挖掘和精品打造，与边关旅游融合不够。游客除了观光以外，不能深入体验当地的民俗民情以及民族文化，一定程度上影响了旅游产业的提升和发展。

三是边境旅游线路较少，线路老化、产品单一，已不能满足国内游客的出境旅游需求。目前崇左市或德宏州的边境旅游均不同程度地存在这些问题，随着人们经济收入的提高、休闲时间的增加及对出境旅游需求的提高，我们调研的德宏州、崇左市边境旅游线路及产品设计都存在老化问题。

四是对旅游资源的深度认识不足，还处于逛景点、买纪念品等粗放式开发阶段，未能深刻理解全域旅游的内涵，对旅游业在扩内需、稳增长、增就业等经济领域的作用缺乏深度认识，缺少对旅游产业关联带动性的认识。①

（四）旅游富民及旅游扶贫功能有待提升

德宏州和崇左市兴边富民资金投向领域以基础设施建设和生产发展为主，旅游业只是特色产业之一。而两地均属于欠发达地区，财力有限，经济总量小，结构层次低，经济增长的内生动力不足，当地经济实力不足以支撑旅游业的全面发展。再加上边境沿线少数民族群众贫困率高，以及宗教渗透、毒品走私等，都在一定程度上制约着边境旅游业的发展。

六、边境地区旅游发展的政策建议

在当前建设“一带一路”以及全方面深化对外开放的背景下，边境地区成为对外开放的前沿，应抓住国家进一步深化沿边地区开发开放的契机，加快边境旅游示范区建设，打造陆上丝绸之路特色旅游线路，促进边境地区旅游业跨越式发展，打造沿边开放新高地。这对于繁荣稳定边疆地区，具有十分深远的历史意义和重大的现实意义。为此，我们建议：

（一）继续加强边境地区基础设施建设

旅游业发展离不开基础设施的有力支持。当前兴边富民行动对边境地区基础设施投入力度不断增加，也确实极大地改变了原先边境地区基础设施严重不足的局面。但由于边境地区基础设施底子薄，差距依然很大。调研中普遍反映，兴边富民项目单体资金规模较小，难以有效开展项目。资金投入量小，覆盖面窄，而边境县市少数民族聚居自然村需要解决的水、电、路、房等困难较多，现有的扶持政策与实际需要差距较大。如在基础设施方面，许多项目需要地方配套资金，有些县（市）配套资金不足导致项目难以进行。

① 王知非．浅析云南德宏边境旅游示范区建设［J］．科技资讯，2019，17（21）：253-254.

（二）将旅游业作为战略性支柱产业给予重点扶持

云南德宏、广西崇左两地位于西南边境地区，大多处于喀斯特地貌地区，农业基础薄弱，耕地缺水干旱，耕作成本高、方式落后、收益低，传统产业相对落后，高端制造、医药、电子等高科技新兴产业非常缺乏，第三产业发展也相对滞后。德宏州工业化进程较慢，工业发展对经济增长贡献较小，缺乏致富的工业支柱产业。崇左市虽然是“中国糖都”“中国锰都”，但总体上产业结构比较单一、受市场影响较大，产品附加值低，第三产业发展滞后，就业吸纳能力有限，边境地区青壮劳动力大规模长距离外出打工，空巢现象严重。因此，应发挥两地的旅游资源优势，将优势资源转化为优势产业，促进边境地区产业结构转型和经济增长。

旅游业既是综合带动性强的产业，又是劳动密集型产业，旅游消费在促进住宿餐饮、交通、服务业、旅游商贸和娱乐的同时，在带动当地就业，尤其是吸纳农村人口及女性就业方面作用显著。

随着边境地区交通基础设施、公共服务等各项条件的改善以及“一带一路”建设的持续推进，边境地区旅游资源的差异性也吸引着越来越多的游客从中心城市向边境地区转移。因此，应充分发挥边境地区的比较优势，在下一步兴边富民行动中，将旅游业作为边境地区经济发展和产业结构调整的先导产业进行重点扶持，实施旅游项目带动战略，推进旅游资源有效开发，充分挖掘地区优势，打造边关风情旅游带，大力扶持边境地区农民直接参与、受益的“农家乐”，乡村旅游、农业观光旅游、休闲度假旅游等项目，通过旅游业带动边境地区的各项服务设施建设，丰富边民精神文化生活，拉动当地经济发展，增加当地居民就业机会，通过发展旅游业实现物质、精神双脱贫。

（三）创新体制机制，培育新业态

在扶持旅游业发展中，要注重创新体制机制，培育新业态。新业态的运营模式有别于传统产业，边境地区要从科技、财税、人才、通关等多方面入手创新体制机制，出台有利于保障新业态良性发展的政策文件。要考虑到产业的新生性，出台政策规划建设新业态产业孵化基地，并为进驻基地发展的企业提供公司注册、场地租金、税收优惠等扶持政策及相关配套服务，吸引外部资金、创新型人才、高新技术进入边境地区发展新业态新产业。①

边境旅游需要从以观光、边贸等传统旅游活动为主向多元化、现代化发展，与文化、教育、体育、医疗、农业、畜牧业、商业等相关产业和行业深度融合，面向国内外市场，开发教育培训旅游、医疗养生休闲旅游、口岸购物旅游、商务旅游等各种特色主题旅游产品。将服务标准化与个性化相结合，满足多元化和个性化的旅游需求。边境地区应努力将新的商业模式和业态转化为边境旅游高质量发展的新增长点。②

（四）进一步促进边境旅游便利化

随着“一带一路”倡议的实施，加快沿边开发开放、加快沿边自由贸易试验区建设等战略部署的推进，边境地区成为互联互通的重要节点，边境旅游也迎来了加快发展的战略机遇，而旅游者流动性的提升要求两国相互实现签证便利化。

第一，建立中方与毗邻国家双边、多边旅游协调协商机制，形成高层定期会晤制度，共同研究解决跨境国际旅游合作中存在的问题，提升旅游睦邻的层次和水平。

第二，在一定范围内授权边境省、州市办理边境旅游的相关事宜。将边境旅游异地办证相关业务审批权下放至边境县市，给予第三国旅客过境72 小时免签政策，简化出入境通关手续；跨境自驾车审批权限下放至相应口岸，实现自驾游“一站式”审批。允许云南和广西与周边国家协商开展

① 黄爱莲．跨境旅游与进口水果新业态培育——以凭祥口岸为例［J］．社会科学家，2019（1）：81-86.

② 耿桂红．在西部大开发中推动边境旅游业高质量发展［N］．中国民族报，2020-07-07（05）．

跨境旅游相关事宜。推动实施大湄公河次区域国家的旅游单一签证或商旅签证。

第三，深化区域合作，进一步推进跨境旅游。德宏州世居的傣、景颇、阿昌、德昂、傈僳等民族与缅甸、印度、泰国、老挝等周边国家的掸、克钦、勃欧、阿萨姆、泰、老等民族跨境而居、同根同源，语言相同、文化相通、习俗相近，友好交往历史悠久；广西陆地边境线长1020千米，海岸线长1595千米，南濒北部湾，面向东南亚，西南与越南毗邻，是西南、中南地区最便捷的出海通道，拥有与东盟海陆相接、地处21世纪海上丝绸之路核心地带的独特区位优势。两地均具有建设国际旅游合作区的区位条件和自然资源，通过旅游合作试验区，能够加快形成区域集聚发展和增强扩散带动效应，深化与周边国家的旅游交流与合作。

通过旅游合作区，争取与对方国家合作实现互免旅游签证，双方人员自由来往、货物自由流通、货币自由换汇、车辆自由通行等旅游便利。加快边境旅游一体化的进程，与对方国家共同开发客源市场，双向输送客源，在旅游发展规划、项目投资、产品设计、产业资源共享等方面进行全面而深入的合作，推进区域旅游合作的规范发展。通过区域合作，整合资源，推动商旅结合和产业融合，建立特色跨境旅游产品体系和边境旅游目的地，共同打造国际知名旅游目的地。

第八章　兴边富民行动融入“一带一路”建设的思考

2013 年，习近平总书记在外访中先后倡导建设“丝绸之路经济带”和“21 世纪海上丝绸之路”（即“一带一路”），引起国内外的高度重视。“一带一路”把中国与欧亚大陆和非洲联系在一起，成为中国全方位对外开放的新框架。口岸是中国连接国外的重要平台，口岸建设是“一带一路”建设和兴边富民行动的重要组成部分。首次写进“一带一路”倡议的党的十八届三中全会《中共中央关于全面深化改革若干重大问题的决定》明确指出，“加快沿边开放步伐，允许沿边重点口岸、边境城市、经济合作区在人员往来、加工物流、旅游等方面实行特殊方式和政策”。

根据中央有关部门的规划，“一带一路”涉及中蒙俄、新亚欧大陆桥、中国—中亚—西亚、中国—中南半岛、中巴、孟中印缅六大经济走廊。其中，中国—中南半岛经济走廊和孟中印缅经济走廊分别向南延伸，把中国与东南亚和南亚诸多国家联系在一起。而其中的南向出口，就是云南和广西的口岸。云南、广西两地口岸发展与建设的水平，对于南向“一带一路”建设至关重要。

为更好地了解沿边地区开放开发情况，中央民族大学经济学院兴边富民课题组成员对云南、广西两地进行了实地调查。本章以广西、云南沿边口岸为例，探讨如何将兴边富民行动融入国家“一带一路”建设。

一、兴边富民行动与“一带一路”建设之间的关系

“一带一路”建设是我国边境地区发展的重要契机，为兴边富民政策的实施带来了历史机遇。兴边富民行动只有深度融入“一带一路”建设，才能更好地实现富民、兴边的历史任务。经济基础薄弱、经济竞争力较差的边境地区很难仅靠自身的努力，缩小与发达地区之间的经济差距。从现有情况来看，建设“一带一路”最符合边境地区要求，也最适合边境地区参与。

（一）融入“一带一路”建设是兴边富民行动的必然要求

当今世界正在发生深刻复杂的变化，和平、发展、合作、共赢已经成为时代潮流，新兴市场国家和发展中国家整体实力增强，国际力量对比朝着有利于维护世界和平的方向发展。与此同时，世界仍然很不安宁，风险和挑战增多。当前，中国正处在中华民族伟大复兴的关键时期，综合国力、国际地位和影响显著提升，发展前景光明。但同时，国际格局正在发生深刻演变，中国面临的国际与周边环境更趋复杂，机遇前所未有，挑战也前所未有。

党的十八大、十九大报告都强调实施总体区域发展战略，重视促进沿边地区的开发开放，推进全国区域经济协调发展。从2000年至今，国家在我国沿边地区实施了兴边富民行动，作为西部大开发政策的重要组成部分，推动沿边地区的经济社会发展。沿边经济是国家整体经济的组成部分，推动沿边发展就是推动不发达地区发展，振兴沿边经济就是振兴少数民族地区经济。党的十八届三中全会又提出了推动“一带一路”建设的历史性任务。沿边地区处于“一带一路”建设的前沿，大多是我国不发达地区和少数民族地区，在这一关键环节点上贯彻落实党中央和习近平总书记的一系列重大决策是新时期的重要任务。2014年的国务院政府工作报告也强调，要继续实施西部大开发战略。兴边富民政策作为西部大开发战略的重要组成部分，在整个西部大开发战略中显示出独特的作用，也必然随着

西部大开发战略的实施继续加以推进。

2016 年国务院政府工作报告对沿边地区发展作出了新的指示。《国民经济与社会发展“十三五”规划》明确提出要“大力推进兴边富民行动，加大边民扶持力度”。《国务院关于支持沿边重点地区开发开放若干政策措施的意见》（国发〔2015〕72 号）从“支持边民稳边安边兴边”“提升基本公共服务水平”“提升边境地区国际执法合作水平”三个方面对兴边富民行动提出了“深入推进兴边富民行动，实现稳边安边兴边”的要求。2020 年 5 月发布的《中共中央　国务院关于新时代推进西部大开发形成新格局的指导意见》明确指出，要“加快沿边地区开放发展。完善沿边重点开发开放试验区、边境经济合作区、跨境经济合作区布局”。

保障和改善民生是国家一切工作的出发点和落脚点。发展为了人民，人也是开发开放、维护国家安全的第一要素。因此，对边境地区民生改善的支持力度是国家支持沿边地区发展的各项政策措施的重要着力点，既表明了保障和改善民生的信心和决心，又体现了国家对国防安全的高度重视。当前，我国经济社会发展面临着一系列内外环境与条件的改变，这就要求继续推动兴边富民行动、西部大开发战略实施，积极融入“一带一路”建设，为实现中华民族伟大复兴的中国梦保驾护航。

（二）兴边富民行动融入“一带一路”建设的可能性

自世纪之交启动兴边富民行动以来，国务院及中央各单位都千方百计地推动边境地区经济和社会发展，努力提高人民生活水平。国务院办公厅于 2007 年、2011 年、2017 年先后颁布了 3 个兴边富民行动五年规划，为推进边疆地区经济社会发展、维护万里边疆安定团结，明确了一系列重大政策举措。中央财政在少数民族发展资金中专门设立兴边富民补助资金，“十二五”以来国家发展改革委新增设立了兴边富民中央预算内投资专项。这两笔专项资金的投入，吸引和带动大量其他各类资金投向边境地区，有力地保障了兴边富民行动规划的实施，使边境地区经济社会面貌焕然一新。

边境地区交通、水利等基础设施落后的状况得到根本扭转，社会保障体系初步建立，边民教育、卫生、文化等基本公共服务水平明显提升，周边关系趋于稳定，有力地推动了边境地区城乡面貌变化、边境各族群众生产生活条件改善。可以说，兴边富民行动有效解决了边境地区人民群众最关心、最直接的切身利益问题，也为我国沿边地区进一步开放创造了基础条件。

特色经济发展迅速，经济发展获得新动能。随着一大批边境口岸、边境经济合作区、综合保税区的建立，沿边地区特殊的区位优势得到进一步释放，对外开放水平持续提高，日益成为我国对外开放的新高地。

（三）兴边富民行动融入“一带一路”建设的意义

“一带一路”建设不是强调某一地区的发展，而是把沿线各国纵横连接起来，形成互联互通的发展版图。新疆、广西、云南、西藏等中国沿边地区成了重要的开放窗口和辐射中心，对接国内外区域。鉴于沿边地区的地缘优势，加快推进兴边富民行动融入“一带一路”建设，加快推进沿边地区开发开放，意义重大。

1. 有利于提升沿边地区从边缘到前沿的战略地位

“一带一路”建设使我国沿边地区成为面向中亚、西亚和东南亚地区对外对内开放的桥头堡，成为基础设施互联互通、能源基地建设的重点地区，成为国家构建全方位开放格局的前沿地带。同时，沿边地区战略地位的转变，也使兴边富民行动不仅有利于维护国家领土完整、民族团结和边疆安全，还有利于促进沿边地区开发开放，成为“一带一路”重要支点。加快推进兴边富民行动融入“一带一路”建设，不仅有利于增强沿边地区发展的内生动力，发展经济以解决边民生产生活困难，还有利于尽快解决“民族地区仍然是全面建成小康社会的短板”问题。

2. 有利于提升沿边地区从外生扶持到内生发展的经济地位

“一带一路”沿线交通、信息、油气管道等互联互通大通道的建设必然带来沿边地区交通、物流等基础设施的极大改善，突破长期制约发展的瓶颈，投资贸易等经济活动将大幅增长，能源富集优势将进一步发挥，经济活跃度将得到增强。同时，国际、国内市场资源要素的加速流入，为沿边地区带来发展急需的资金、人才、信息等，使其从发展洼地逐渐成为沟通经济发达体的交通、物流、经贸枢纽和桥梁，为经济发展创造出巨大的空间。此外，沿边地区可以抓住国内产业结构调整、经济结构升级换代和"一带一路"建设的机遇，积极布局绿色经济、环保产业等战略性新兴产业，大力发展特色产业，积极探索经济发展新模式、新业态，力争成为国内经济增长的新引擎，使沿边地区实现从外生扶持到内生发展的转变，为国家整体经济实现新常态下的平稳较快增长作出积极贡献。

3. 有利于提升沿边地区从政治、经济到文化的全方位价值

"一带一路"沿线自古以来就是多民族文化富集区。我国沿边地区的少数民族中，有30多个少数民族跨境而居，沿边少数民族和"一带一路"沿线国家人民语言相通、文化相近，存在着天然的历史文化纽带，有着文化心理上的自然亲近感。充分发挥好这些历史、语言、文化优势，采取多种方式争取沿线国家人民对"一带一路"建设的理解、支持和参与，可以筑牢我国对外政治经济交往的民间基础。同时，对民族文化自身发展而言，对外交流可以进一步增强少数民族的文化自信，增强文化发展的动力和活力，推动各民族文化自身的丰富、繁荣和发展。因此，加快推进兴边富民行动融入"一带一路"建设，不仅有利于传统"稳边固边、富民惠民"的政治、经济价值的发挥，还有利于文化价值的凸显。传承和弘扬各民族交流交往的优秀文化成果和宝贵文化遗产，以民族民间交往为纽带，广泛开展民族文化交流合作，有利于深化与"一带一路"沿线国家长期合作的民意基础、民心基础。

二、发展口岸经济是深度融入"一带一路"建设的重要内容

以往口岸通常是指国家通商、贸易和人员直接进出境的区域，主要位于沿海港口和沿边的边境城市。随着全方位对外开放战略的推进，"十三五"时期国家增设内陆口岸，为不沿海、不沿边的区域创造条件。作为国

家对外往来的门户，各类口岸存在的共同特质是，口岸是国家之间对外贸易与人员出入的枢纽，是国家对外开放的窗口。口岸在“一带一路”建设中具有推动基础设施建设、扩大边境贸易、促进沿边物流、提升人口城镇化水平的作用。① 在“一带一路”建设中，口岸外贸通道功能的发挥是口岸城镇发展的重要推动力，口岸综合经济实力发展是口岸城镇发展的基础。② 可见，发展口岸经济是“一带一路”建设的重要内容，民族地区、西部地区要积极融入“一带一路”建设，大力发展口岸经济是必由之路。

（一）口岸经济主要形态

通常，口岸按照批准规格划分为一类口岸和二类口岸，一类口岸是由国务院批准开放的，二类口岸则由省级人民政府批准设立。口岸按照交通运输和物流方式还可以分为港口口岸、航空口岸和陆路口岸。口岸不仅有人员、货物的通过功能，作为关卡还有人员、货物的查验、检查功能，在防范偷渡、走私、贩运枪支和毒品、防止传染病输入等方面都有重要作用，这使口岸管理包括了极其丰富的内涵。

港口口岸和内陆口岸距离国外都较远，难以实现近距离商品交易或者人员往来。而在陆路沿边口岸，边境线两边的货物可以近距离交易，两边的民众可近距离接触和流动。边境两边的资源要素禀赋存在差异，在安全和管理得到保障的情况下，资源、产品、人员、技术等的流动，有助于形成跨国经济合作与分工，实现互补、双赢式发展。沿边口岸建设由于涉及两个国家的合作，可以形成不同于内地和沿海的开放型经济形态。

通常而言，口岸经济主要包括以下形态：

1. 过境贸易

在国际贸易领域，过境贸易通常是指甲国出于地理位置等方面的原

---

① 王博．丝绸之路经济带战略推进中的口岸建设问题［J］．黑龙江民族丛刊，2015（2）：42-47.

② 张丽君，张珑，李丹．口岸发展对边境口岸城镇发展影响实证研究——以二连浩特为例［J］．中央民族大学学报（哲学社会科学版），2016，43（1）：109-116.

因，必须通过第三国向乙国运送商品。第三国虽然没有直接参与此项交易，但商品要进出该国的国境或关境，并经过海关统计，从而构成了该国进出口贸易的一部分。对于第三国来说，由于产品非本地生产，产品来源地与贸易目的地均为其他国家，这种贸易就构成了过境贸易。就我国沿边地区来说，过境贸易就是指产品生产地为本国其他地区，贸易目的地为其他国家或者产品生产地为其他国家，贸易目的地为本国其他地区的现象。沿边口岸架起外国与本国其他地区之间的贸易桥梁，更多地只具有通过功能。

2. 边境贸易

边境贸易是指边境地区一定范围内的边民或企业与邻国边境地区的边民或企业之间的货物贸易。边境贸易通常有三种形式：边民互市贸易、边境小额贸易和边境地区对外经济技术合作。其中，边民互市贸易指边境地区边民在边境线 20 千米以内、经政府批准的开放互市点或指定的集市上，在不超过规定的金额或者数量范围内进行的商品交换活动。边境小额贸易是指经具有边境小额贸易经营权的企业，通过国家指定的陆地口岸，与毗邻国家边境地区的企业或其他贸易机构之间进行的贸易活动。而边境地区对外经济技术合作通常是指具有对外经济技术合作经营权的企业，与我国毗邻国家边境地区开展的承包工程和劳务合作项目。

3. 边境经济合作区

边境经济合作区是中国沿边开放城市发展边境贸易和加工出口的开发园区，其目的是利用沿边城市对外开放的优势，通过发展边境贸易和加工，提升边境城市的产业层次和开发水平，促进沿边地区的开放开发。国家关于边境经济合作区发展的第十二个五年规划明确提出："深化与周边国家经贸合作，进一步扩大和提升沿边开放质量和水平，完善沿边地区互利共赢、安全高效的开放型经济体系，优化、整合和提升区域功能，形成沿边地区参与国际竞争的新优势。"

4. 跨境经济合作区

跨境经济合作区是由两个国家甚至两国以上政府批准在边境地区设立

的特定开发园区。这类园区通常享受特殊的财政税收、投资贸易以及配套的产业政策，并对园区内部分地区进行跨境海关特殊监管，往往享有出口加工区、保税区、自由贸易区等优惠政策，其建园目的在于吸引人员、物流、资金、技术、信息等各种生产要素聚集，推动园区产业升级和加快发展，进而通过辐射效应带动周边地区发展。

我国是一个国土面积辽阔的大国，与 14 个国家接壤，与周边国家存在着较大的合作潜力。“一带一路”建设将通过沿边地区口岸之间的互联互通以及向内陆及更多国家延伸，把中国与周边国家及遥远国家紧密结合在一起。“一带一路”跨国经济走廊通常穿越多个国家，而口岸是跨国合作的前沿节点。若国家间维持良好关系，口岸吞吐功能较强，口岸处于开放状态，资源与要素能够合理流动，将有助于国家之间的分工合作，促进互利双赢，推动“一带一路”建设；若国家间关系紧张，口岸的吞吐功能较弱，口岸的功能不能有效发挥，资源要素流动与重组的潜力不能释放，将不利于“一带一路”建设。总之，口岸建设在“一带一路”建设中具有特殊重要地位。

（二）融入“一带一路”必须重视沿边口岸建设

大力发展口岸经济，切实加强口岸建设，对于沿边省区全面建成小康社会、促进沿边地区经济社会发展，持续推动“一带一路”建设具有重要意义。2015 年 5 月，海关总署已经明确提出，要在“一带一路”建设中，“畅顺大通道、提升大经贸、深化大合作”，并出台了 16 项措施，明确了统筹口岸发展布局，创新口岸管理模式，推进国际物流大通道建设，促进海上运输通道建设，推动口岸管理相关部门信息互换、监管互认、执法互助，推进“一带一路”区域通关一体化改革等一系列重要举措。

1. 口岸是对外开放的门户

云南、广西处在“一带一路”建设前沿，两省区都对加强口岸建设有着深刻认识。围绕云南省的口岸建设，云南省主管部门已经提出，要把云南省的口岸建设成“我国向西南开放重要门户的基本支撑；我国沿边开放试验区和西部地区实施‘走出去’战略先行区的必由路径；西部地区重要外向型特色优势产业基地的关键节点；我国重要生物多样性和西南生态安全屏障的坚强前哨；我国民族团结进步、边疆繁荣稳定示范区的重要保障”，明确了要把口岸建设与国际大通道、边境通道和边民互市点建设有机结合，与促进边疆民族地区经济社会发展等有机结合，搭建起全面对外开放口岸平台，提升云南沿边开放水平。在口岸建设方向上，提出“促铁、拓水、稳空、优陆”的思路。具体地说，就是大力促进铁路口岸建设、积极拓展水运口岸、稳步发展航空口岸、优化设置沿边陆路口岸。云南省人民政府进一步提出，到2020年，力争云南省口岸开放数量突破30个，全省进出口额突破400亿美元，口岸货运量突破5000万吨，口岸出入境人员突破8000万人次，出入境交通工具突破1000万辆，实现由口岸大省向口岸强省的转变。

广西壮族自治区提出到2020年基本建成面向东盟的国际大通道、西南中南地区开放发展新的战略支点、21世纪海上丝绸之路与丝绸之路经济带有机衔接的重要门户，并且提出，要推进南宁—新加坡经济走廊、文莱—广西经济走廊合作，积极融入中国—中南半岛国际经济走廊，建设贯通我国西部地区与中南半岛、衔接“一带一路”的南北陆路新通道；实施沿边经济带开发开放规划，大力推进重点开发开放试验区、沿边口岸、边境城镇和跨境经济合作区等建设。

2. 加强口岸建设，提高对外开放能力

加强口岸建设，有利于“一带一路”建设。“一带一路”沿线的人口占全球的63%，经济规模占全球的1/3，“一带一路”沿线口岸的货物与服务贸易占全球的比重达到23.9%，经济增长存在巨大空间，通过口岸提升贸易联系功能有巨大潜力。通过口岸建设，促进大口岸、大通道、大枢纽的形成，可以更好地提高国家间的资源与要素交换能力，增强口岸的吞吐功能，促进国家间的经济分工与合作；可以强化口岸的节点作用，更集约地使用通道资源，推动地区生产要素的集聚与疏散，加快资源流动与重组。

3. 加强口岸建设有利于促进沿边产业基地的发展

沿边口岸离邻国距离最短，可以低成本地利用邻国资源，又可以结合本国的优势资源，较好地实现资源与要素的组合，建设具有竞争力的产业基地。加强口岸基础设施建设，还可以降低产业基地的建设成本。Cohen 等（2008）研究发现，随着口岸基础设施的增多，目标区域的制造业成本降低，但是随着相邻区域口岸基础设施的增多，目标区域的制造业成本会上升。① 在对云南、广西各类口岸的调研中发现，主要口岸在基础设施建设达到一定程度时，都会高度重视建设加工型产业基地。由于边境地区以往的产业过于偏重于农业、贸易流通业，制造业基地的扩张对于优化结构、改善产业布局形态、提高产业集聚效益具有积极意义。

推动“一带一路”建设，将加强中国与亚、欧、非大陆其他国家之间的经济联系，促进在全球更大范围实现互利共赢，共同打造包容、互惠的命运共同体、利益共同体和责任共同体。抓住“一带一路”建设机遇，加强沿边口岸建设，有助于提高“一带一路”建设效果，使“一带一路”成果更好地惠及沿边地区民众，助推沿边地区全面建成小康社会目标的实现。

三、云南、广西沿边口岸建设情况

云南、广西同为我国南方边境省区，是历史上著名的南方丝绸之路的发源地。改革开放以后，云南、广西沿边地区一直重视口岸建设。以云南来说，1985 年国家批准德宏率先实行全境对外开放，1992 年德宏州瑞丽市、畹町市入选全国第一批（共 14 个）进一步扩大对外开放的沿边县市，并设立 2 个国家级边境经济合作区；2000 年批准设立全国唯一一个实施“境内关外”管理方式的姐告边境贸易区。因此，德宏创造了“全国边贸看云南、云南边贸看德宏”的佳绩。在“一带一路”重大倡议提出以后，云南、广西两省区都表达了极大的参与热情。为促进沿边地区口岸建设，

---

① Cohen J, Monaco K. Ports and Highways Infrastructure: An Analysis of Intra- and Interstate Spillovers [J]. International Regional Science Review, 2008 (31): 257-274.

沟通"一带一路"沿线国家与中国国内企业的经济联系，扩大人员之间往来，促进跨国投资与贸易活动，云南、广西两省区都十分重视沿边口岸建设，发挥口岸在衔接"一带一路"重要通道、促进国内外各种要素往来的枢纽作用，以集中、转移和扩散各类经济要素，提升沿边地区的开放水平。

（一）构筑起沿边口岸全方位开放的格局

云南和广西以口岸建设为载体，构筑起沿边全方位开放的格局。云南共有16个州（市），其中8个边境州（市）与越南、老挝、缅甸接壤：红河、文山与越南接壤，保山、临沧、普洱、德宏、怒江、西双版纳与缅甸接壤，普洱、西双版纳同时又与老挝接壤。云南省的25个一类和二类口岸大部分都位于沿边州（市）（见表8-1）。

表8-1　云南省口岸分布情况

序号	名称	位置	类型	级别	面向国家
1	昆明国际机场口岸	昆明市巫家坝	空港口岸	一类	多个国家
2	西双版纳国际机场口岸	景洪市嘎洒镇			泰国、老挝
3	丽江国际机场口岸	丽江市七河乡			韩国、新加坡
4	芒市国际机场口岸	德宏州芒市			缅甸
5	西双版纳景洪港口岸	西双版纳州景洪市	河港口岸		泰国、老挝、缅甸
6	思茅港口岸	普洱市思茅区			泰国、老挝、缅甸
7	河口铁路口岸	红河州河口县	铁路口岸		越南
8	河口公路口岸	红河州河口县	公路口岸		
9	金水河口岸	红河州金平县			
10	天保口岸	文山州麻栗县天保镇			
11	都龙口岸	文山州马关县都龙镇			
12	磨憨口岸	西双版纳州勐腊县			老挝
13	勐康口岸	普洱市江城县			
14	瑞丽口岸	德宏州瑞丽市			缅甸
15	畹町口岸	德宏州瑞丽市			

续表

序号	名称	位置	类型	级别	面向国家
16	清水河口岸	临沧市耿马县孟定镇	公路口岸	一类	缅甸
17	猴桥口岸	保山市腾冲市猴桥镇			
18	打洛口岸	西双版纳州勐海县			
19	田蓬口岸	文山州富宁县田蓬镇		二类	越南
20	盈江口岸	德宏州盈江县			缅甸
21	章凤口岸	德宏州陇川县			
22	南伞口岸	临沧市镇康县南伞镇			
23	孟连口岸	普洱市孟连县			
24	沧源口岸	临沧市沧源县			
25	片马口岸	怒江州泸水市片马镇			

资料来源：笔者根据有关资料整理。

广西有百色、崇左、防城港3个边境地级市，其下属的东兴、防城区、宁明、凭祥、龙州、大新、靖西、那坡8个县（市、区），38个边境乡镇，225个边境行政村与越南的河江、高平、谅山、广宁4个省18个县接壤。广西陆地边境线长696千米，大陆海岸线长1595千米，拥有凭祥（铁路）、友谊关、东兴、水口、爱店、龙邦、平孟、硕龙8个一类口岸，峒中、岳圩、科甲、平而4个二类口岸和26个边民互市点。

在所调研的云南德宏州和广西崇左市，我们都能看到口岸全方位开放的整体格局。例如，德宏州依托边境优势和各类交通运输条件，已经建立起以一类口岸为主体、二类口岸为支撑、省级通道为辅助、民间通道为补充，涵盖公路、铁路、航空、水运，规范、便捷、高效、安全的边境立体口岸体系。德宏州目前拥有1个空港口岸、2个一类陆路口岸、2个二类陆路口岸，为中缅边境对开口岸、通道最多和国家级边境贸易功能区最密集的区域。

（二）重视口岸基础设施建设

根据云南省口岸办提供的信息，除了从国家发展改革委获得的口岸建设补助资金、从财政部专项转移支付中获得的一类口岸建设补助资金以外，云南省发展和改革委员会、财政厅还同步配套口岸建设资金。此外，各州、市、企业在口岸特殊监管区的投资超过20亿元，在口岸经济区、边境经济合作区、出口加工区、综合保税区、国际陆港的投资超过300亿元。

广西也十分注重对口岸的建设投入。除了争取财政、发改等主渠道的支持外，也十分重视利用兴边富民政策支持口岸建设。2013年以来，自治区兴边富民行动大会战指挥部共安排边境口岸基础设施项目55个，总投资2.36亿元（其中，自治区补助资金1.38亿元，市县自筹0.98亿元）。2013—2016年，广西壮族自治区财政安排3亿元用于边境口岸、边民互市、边境贸易市场、边境农贸市场建设，用于提升沿边口岸的软硬件水平。

（三）重视口岸的科学化管理

广西、云南高度重视口岸通关便利化，不断提高口岸通关效率。云南省协同推进区域通关、集报通关、分类通关、无纸化通关、自助通关、“一站式”通关、“一口岸多通道”模式、通关综合业务流程、关检“三个一”联合通关、“属地申报、口岸验放”通关扩大适用范围等通关便利化改革项目，推进货场“一站式”通关和自助通关优化等工作。2014年年底，广西崇左各个口岸启动海关与检验检疫关检合作“三个一”和新公路仓单通关模式改革，口岸查验部门注重通关查验流程的整合优化和简化手续，检验检疫部门实行“检务智能管理系统”，海关以电子通关单代替纸质通关单，通关效率明显提高。

为了使瑞丽口岸更好地服务于中缅边境贸易的发展，近年来瑞丽方面不断进行基础设施的完善以及口岸管理机制的创新。在基础设施建设方面，瑞丽口岸联检中心非货运通道改造完善工程已经基本完工，并且完成了姐告滨江边民出入境通道项目的前期工作。此外，还进一步完善了电子通关系统，启用自助通关服务系统，协调中缅边境公路运输工具管理系统等，极大地促进了人员、车辆、货物的流动。在口岸管理机制方面，瑞丽海关实行了"双随机、一公开"① "压缩货物通关时间三分之一"② 等举措。2014 年，瑞丽海关业务现场正式开始了通关无纸化改革，相关企业可以实现自由申报，不再受海关工作时间与工作地点的限制，大大提高了申报效率。自 2014 年实施区域通关无纸化以来，瑞丽海关无纸化申报率达到了 93.41%。2017 年 7 月起，瑞丽口岸开始了全国通关一体化改革，对缅贸易的企业可以根据自身需求在全国范围内任一海关进行申报。实行了全国通关一体化改革后，瑞丽口岸无纸化申报率达 99.13%，基本实现无纸化全覆盖。③

（四）重视口岸之间的分工与合作

近年来，云南、广西管理部门开始认识到加强口岸建设专业化的重要性，开始重视口岸建设中的口岸定位，以明确不同口岸的建设方向。例如，广西崇左提出，要把友谊关口岸开放范围扩大到弄尧（浦寨），建设成集口岸作业、保税物流、经贸旅游、爱国教育、跨境金融等功能为一体的面向东盟开放合作的综合性国际口岸；把凭祥口岸建设成面向东盟最大的边境国际铁路口岸集散物流市场，并使其成为南新（南宁至新加坡）铁路的重要枢纽；把水口口岸开放范围扩大到水口二桥，争取设立国家级龙州边境经济合作区，打造全国最大的坚果加工交易基地；把爱店口岸建设成面向东盟最大的中药材进出口集散市场，建成对越中药材和农副产品进出口基地和海产品进出口贸易加工基地；硕龙口岸以中越德天—板约瀑布旅游合作区为依托，打造集跨境旅游、休闲度假、娱乐购物和贸易加工为一体的跨国旅游购物中心；把平而口岸建成珍稀苗木种植、销售基地和海产品加工销售基地；把科甲口岸建成矿产品、农产品加工基地和生态旅游度假基地。

---

① "双随机、一公开" 即随机选择布控、随机派员查验，及时公布查验结果。

② 为全面推进改革，简化通关流程，深化海关"放管服"改革，瑞丽海关改进作业质量，提高作业效率，精准解决通关耗时超长问题，实现"压缩货物通关时间三分之一"的工作目标。

③ 张丽君，王飞，田东霞，等．中国跨境经济合作区进展报告 2018［M］．北京：中国经济出版社，2019.

（五）重视跨境通道的建设

近年来，由于中国重视与周边国家的经济政策协调，国家之间的互联互通速度明显加快。在云南、广西沿边地区调研时，我们明显感受到跨境通道建设对边境口岸建设的正面影响。例如，广西邻接越南，崇左市启动了浦寨—新清、弄怀—谷南、叫隘—那行、爱店—峙马四条通道建设，促进了口岸与边贸点之间的贸易往来。云南省与缅甸、老挝相连，加强和延伸口岸之间跨境通道的合作成为双方的共识。在缅甸，木姐—曼德勒公路、木姐—八莫公路、木姐直升机场等直通缅甸国内，木姐—腊戍铁路已经被列入缅甸国家建设规划，进一步明确了向中国开放的积极态势。云南畹町至缅甸105码二级公路、云南盈江那邦至缅甸密支那公路、云南陇川章凤至缅甸八莫公路等跨国交通基础设施也获得双方批准。

（六）加强口岸双边合作

加强口岸建设与管理的双边合作成为中国与周边国家的共识。近年来，我国先后与周边国家就加强政府在口岸管理方面的合作，形成了《中华人民共和国与越南社会主义共和国政府关于中越陆地边境口岸及其管理制度的协定》《中华人民共和国政府和缅甸联邦政府关于中缅边境管理与合作的协定》《中华人民共和国政府和老挝人民民主共和国关于边境口岸及其管理制度的协定》。中国政府与周边国家相关政府就口岸建设、跨境通道、跨境运输等建设与管理事务建立起合作关系，边境双方口岸所在地方政府也建立起协调机制，加强口岸管理方面的合作。例如，根据中越双方的安排，中越陆地边境口岸管理委员会正式建立并于2013年12月在南宁召开第一次工作会议，就双边口岸开放和升格进行磋商并签署了会议纪要。

（七）积极推进跨境经济合作区建设

近年来，中越双方有关方面就中越跨境经济合作区的合作模式、合作领域、产业重点、协调管理机制等提出了总体设想，决定广西与越南广宁、谅山、高平四省区要分别成立联合工作组，就东兴—芒街、凭祥—同登、龙邦—茶岭3个跨境经济合作区的选址、范围、功能分区、运行模式、园区管理、优惠政策等进行对接等，通过签订备忘录的形式，形成机制化的制度安排。2013年10月，中国商务部与越南工贸部签署《关于建设跨境经济合作区的谅解备忘录》，标志着中越跨境经济合作区建设上升为两国共识，而商务部也编制《中越跨境经济合作区共同总体方案》。现在中越双方已就跨境经济合作区的选址、面积、合作模式等达成多项共识，中方还向越方提供了共同总体方案交换文本。

2017年广西凭祥市采取更加主动开放战略，积极将政策优势、区位优势转化为开放优势、发展优势，推动扩大水果进口准入种类、扩大越南乳制品准入种类和进口水产品、农产品采信第三方认证等建设；加大沿边金融改革力度，深化跨境人民币结算制度改革，规范边民互市结算服务；加快水果等大宗商品交易市场建设，巩固凭祥口岸外贸优势。2018年凭祥市着重加快推进中越“两国一检”试点，加强与越南规划对接，推动“两国一检”中方区域建设。深入推进跨境劳务合作，创新跨境劳务管理模式，启用越南入境务工人员信息管理系统，优化“一站式”办证服务，推动延长境外边民务工停留期限，完成境外边民务工人员传染病监测和体检中心建设，丰富跨境劳务金融保险服务。通过先行先试推动中越凭祥—同登跨境经济合作区建设，“以建促批”加快中越跨合区批复设立。①

四、口岸建设的积极效应得以显现

由于重视扩大沿边开放，重视发挥口岸作用，云南、广西两省区的口岸建设取得了明显成效。

---

① 张丽君，王飞，田东霞，等．中国跨境经济合作区进展报告2018［M］．北京：中国经济出版社，2019.

（一）口岸通关能力明显提升

2018 年年底，云南省进出口整体通关时间 29. 58 小时，比 2017 年同期减少 57. 01 小时，压缩 65. 84%（近 2/3），超额完成国务院要求 2018 年年底压缩口岸整体通关时间 1/3 和云南省政府要求的压缩一半的工作目标，在全国处于领先水平。2019 年上半年，云南出口整体通关时间为 0. 52 小时（全国平均为 4. 18 小时），比 2018 年年底（12 月）进一步压缩 56%，在全国出口时间最短省区中排名第 3；进口整体通关时间为 25. 15 小时（全国平均为 42. 39 小时），比 2018 年年底（12 月）进一步压缩 11%，在全国进口时间最短省区中排名第 8。①

2018 年年底，广西壮族自治区口岸进口和出口整体通关时间分别为 22. 31 小时和 1. 48 小时，较 2017 年分别压缩 60. 58%和 89. 48%，口岸通关成本进一步降低。口岸管理信息化智能化水平进一步提高。国际贸易“单一窗口”货物申报、运输工具申报及舱单申报等主要业务应用率超过 80%。

（二）进出口贸易结构不断优化

口岸建设对进出口贸易的优化作用得到充分显示。崇左市进出口产品由小规模向大规模、由单一向多元、由低价值向高价值、由生活用品向生产设备的方向转变，形成纺织品、机械设备、汽摩零配件、水果、坚果、红木、冷冻产品多类产品规模化进出的格局。

2019 年广西崇左市外贸进出口总额 1893. 39 亿元，连续 11 年位居广西第一；边境小额贸易占广西对外贸易的近八成、全国的近三成，是全国边贸第一大市。“通道经济”加快向“口岸经济”转变，规模以上口岸加工企业从无到有，2018 年累计发展到 73 家，实现产值 110. 2 亿元。由于口岸功能的发挥，崇左市已经形成包括红木家具、五金机电、纺织服装、

---

① 云南：持续优化口岸营商环境［EB/OL］. 新华网，http：//yn. xinhuanet. com/topic/2019-11/05/c_138530543. htm.

水果蔬菜、中草药、矿产品在内的六大贸易集散市场。

（三）口岸经济成为经济发展新动能

口岸经济对地方经济起到重要的带动作用，成为边境县（市）经济发展的新动能。崇左市龙州县依托口岸建设，积极推进特色产业发展。2016年国务院批复设立广西凭祥重点开发开放试验区，试验区覆盖龙州；水口口岸升格为国际性常年开放口岸并扩大开放至二桥，批准为坚果、冰鲜水产品、粮食、水果进境指定口岸。海关总署批准建设中国—东盟边境贸易龙州（水口）国检试验区。依托优越的区位优势、丰富的口岸资源以及西部大开发、脱贫攻坚的优惠政策，龙州县着力优化营商环境，鼓励特色产业发展。

龙州县相继出台口岸经济系列扶持政策，千方百计为企业降低用地、用水、用电、用工等商务成本和减免税收。在边贸落地加工优惠政策方面，落实标准厂房建设扶持政策、加工原料保障扶持政策、税收优惠政策等优惠政策；同时还落实新建企业及项目投放优惠、电商企业投资奖励、产业协作优惠、粤桂扶贫协作优惠政策。目前广西龙州县依托水口口岸，形成了坚果加工、粮食加工、海产品加工、中草药加工、跨境红色旅游、甘蔗跨国合作种植等六大特色产业。2019 年，龙州县地区生产总值增长 8.5%；固定资产投资增长 30%；外贸进出口总额 365 亿元，增长 11.8%；社会消费品零售总额 23.5 亿元，增长 9.5%；城镇居民人均可支配收入 31639 元，增长 9%；农村居民人均可支配收入 11846 元，增长 10%。

（四）边境经济合作区与跨境经济合作区建设取得重要进展

多年来，云南、广西两省区依托边境地区的口岸资源，积极发展边境经济合作区和跨境经济合作区。根据有关资料，云南省已经在边境地区建立起 4 个国家级边境经济合作区和 5 个省级边境经济合作区（见表8-2），成为全国边境经济合作区数量最多的省份。资料显示，一些边境经济合作区的建设也取得了比较突出的成就。例如，瑞丽边境经济合作区已经初步形成了以边境贸易、物流仓储、商业地产、珠宝旅游、宾馆餐饮、工业加工为主体的产业体系。畹町边境经济合作区充分利用中缅两国原料和市场，形成了内贸、外贸、边贸、边贸加工、农业资源开发、国际经济劳动技术合作和旅游业等产业形式。

同时，依托毗邻越南、老挝和缅甸的地缘优势，云南省与周边国家的口岸加强合作，建立起3个跨境经济合作区：中越河口—老街跨境经济合作区、中缅瑞丽—木姐跨境经济合作区和中老磨憨—磨丁跨境经济合作区。其中，河口—老街跨境经济合作区是云南省最先启动建设的跨境经济合作区，也是当前云南配套设施最完善、条件最成熟的跨境经济合作区之一。按照双方规划，第一阶段由河口的北山片区与越南老街金城片区对接组成中越红河商贸区，核心区域发展现代物流、国际会展、进出口保税加工、金融保险服务、宾馆餐饮等产业。第二阶段以中国河口口岸北山片区和红河工业园区、越南老街口岸经济区、腾龙工业区、贵沙矿区作为跨境经济合作区的扩展区域。扩展区域的规划面积为129.85平方千米，重点发展能源合作和矿产资源合作、技术资源合作、农林产品的加工合作、加工贸易合作，成为具有一定规模的出口加工基地。

与云南相比，广西也十分重视边境经济合作区与跨境经济合作区建设。如近年来广西崇左市设立了凭祥边境经济合作区，正在申报龙州边境经济合作区，并推动中越凭祥—同登跨境经济合作区、德天瀑布跨境旅游合作区建设，促进边境贸易、边境旅游和产业合作。

表8-2 云南省的边境经济合作区建设状况

序号	名称	级别	设立年份	依托口岸
1	瑞丽边境经济合作区	国家级	1992	瑞丽市瑞丽口岸
2	畹町边境经济合作区	国家级	1992	瑞丽市畹町口岸
3	河口边境经济合作区	国家级	1992	河口县河口口岸
4	临沧边境经济合作区	国家级	2013	临沧市孟定核心园区、南伞园区和永和园区
5	勐腊（磨憨）边境经济合作区	省级	2001	勐腊县磨憨口岸

续表

序号	名称	级别	设立年份	依托口岸
6	腾冲（猴桥）边境经济合作区	省级	2011	腾冲市猴桥口岸
7	麻栗坡（天保）边境经济合作区	省级	2009	麻栗坡县天保口岸
8	泸水（片马）边境经济合作区	省级	2012	泸水县片马口岸
9	孟连（勐阿）边境经济合作区	省级	2012	孟连县勐阿口岸

资料来源：笔者根据有关资料整理。

（五）口岸经济的富民效果明显

口岸建设规模的扩大，拉动了沿边地区建筑业、运输服务业、装卸服务业、餐饮住宿业等产业的发展，使许多边民分享到口岸建设的成果。边境经济合作区的建设，还增加了沿边地区劳动密集型产业的就业。除此之外，口岸相关发展带动了城镇化进程。以广西水口镇来说，由于口岸建设带动，外来流动人口已经达到2000多人，已经与本地常住人口持平，扩大了对城镇基本功能的需求。当然，在口岸功能发挥中，社会大众既是参与者，也是受益者。早在2000年，有关专家就在调研中发现，云南边境贸易的扩大，使一些原本贫困的沿边区域快速脱贫。在口岸功能发挥过程中，水口镇所在的龙州县利用边民互助组开展互市贸易。2015年1—6月，龙州县利用边境口岸完成互市贸易75.22亿元，同比增长95.57%，边民通过互市贸易人均增收1200元左右。不少边民通过购买运输车辆参与边境互市贸易，较大幅度改善了生活条件。

（六）口岸建设得到周边国家响应

口岸建设形成一定的外溢效应，也得到周边国家的认可。由于中国与周边国家的贸易占各国贸易份额的比重较大，越南、老挝、缅甸等国也都效仿云南和广西，日益重视口岸建设，并且在各相关口岸建立起园区，希望吸引中国的投资，扩大与中国的贸易往来。例如，缅甸借鉴云南省口岸建设的经验，积极推动与我国毗邻地区的口岸建设。2007年，缅甸参照瑞丽姐告口岸“境内关外”模式设立总面积300余平方千米、由商务部直接管理的特殊经济贸易区，海关等联检部门后撤到离边境14千米的105码区域，赋予与仰光口岸相同的对外贸易审批管理权限。2012年，缅甸借鉴瑞丽试验区的做法，对包括腊戌、木姐、九谷、南坎4个行政区的木姐地区实施一体化开放开发。木姐已经成为缅甸最开放、最发达的区域，有“缅甸深圳”之称。越南在越中边境邻接广西的口岸相继建立起芒街口岸经济区、谅山省同登口岸经济区、高平省驮隆口岸经济区，在邻接云南的方向建立起老街口岸经济区。经过多年的发展，越南一些园区原有的规划面积已经不能满足经济发展的需要，目前也正在积极加强口岸建设。

五、当前口岸建设面临的挑战和存在的问题

对兴边富民行动来说，如果仅仅针对口岸或者双边贸易，有一些问题过于具体或者细致，并不是我们当前关注问题当中最主要的部分。即使不单纯地针对口岸建设以及对外贸易，如果我们从对外开发开放的角度审视兴边富民行动在两地的实施情况，也可以发现在其中存在一些明显的问题。

（一）口岸基础设施存在不足

基础设施建设投入不足，是几乎所有边境地区都要面对的一个问题。想要扩大口岸过货量以及过境人数，扩大联检楼、验货场以及其他配套措施等基础设施投入是前提条件。而为了扩大进出口贸易量，吸引更多的外向型企业落户本地，公路、铁路、电力、给排水等基础设施也是无法回避的条件。相对于东南沿海发达地区，边境地区能够获得的投资量普遍偏小，较小的投资量还要兼顾多重目标，很难满足边境地区对基础设施建设的急切要求。

中央政府加大了对一类口岸建设的支持力度，一类口岸的基础设施和日常维护、水电等费用可以得到保障，但二类口岸的建设缺乏国家政策支持，加之地方政府财力有限，对二类口岸建设的投入也不足，从而影响到二类口岸的建设，导致一类、二类口岸建设存在较大差距。除此之外，一

些边民互市点的水、电、路等基础设施落后，互市点配套设施不完善，有些地方基础设施还远远没有达到规范要求，有些地方甚至没有正规的、固定的市场和仓储场所，与海关监管标准化要求相去甚远。

当然，基础设施的不足并不仅仅是中国一方的问题，类似的问题同样也出现在对口国家。现实当中，也存在中方已经扩大基础设施投资，但对口国家并没有类似的动作的情况，那么仅仅扩大中方通关能力也一样无济于事。

（二）跨境交通物流发展不足

跨国口岸及口岸与腹地之间的货运畅通还存在管理制约因素。例如，老挝在限载方面的要求就低于中国，使中国运输车辆到达老挝以后，往往会因为超载而受到严厉处罚；限载问题的管理尺度差异，也在中缅之间有所体现。一些国家的口岸存在通关政策信息不透明、检查手续烦琐、通关时间较长等问题，部分路段甚至还存在重复收费现象；有些国家的边境口岸执行双休日和节假日休息制度，在此期间通过需要支付较高通过费用。但越南也多次提出，由于中越双方口岸在部分时段通关时间不一致，不利于人员或货物进出，要求广西延长通关时间。

沿边口岸对内的交通物流体系与对外开放的要求也存在一定差距，降低了商品与人员的集疏运效率。云南、广西连接边境口岸与外界的沿边公路等级较低、路况较差，进出口岸速度较为缓慢；仓储装卸能力差，配套设施不齐全，配套管理措施不完善，制约了口岸吞吐能力和通关速度。云南的物流成本较全国其他地区明显偏高，德宏州地处云南西陲，距离省会城市昆明相对较远，口岸向外延伸的高等级道路相对较少，影响了口岸功能的发挥，也影响了云南经济的发展。在云南德宏，联通缅甸的中缅陆水联运大通道推进还存在很多困难，瑞丽—皎漂公路、铁路建设尚未正式启动，龙瑞高速、大瑞铁路建设地方承担部分压力巨大。广西的水口口岸虽为国家一类口岸，但直到2019年年底才通高速公路；龙州—水口—崇左的航道疏通工程还未实施；宁明爱店口岸缺少专门的综合市场，进出境货物临时储存在居民住房中，不利于联检部门管理和监控；一些边贸口岸没有实行人货分流，功能难以满足边贸需求。

（三）缺乏大项目的支撑

边境地区如果希望保持稳定的经济增长、实现经济社会的全面发展，除了需要保证电力、给排水、污水处理等城市基础设施以及公路、铁路等物流交通设施之外，还要建设验货场、出货仓、联检查验设施以及结算点等边贸基础设施。但是，即使具备了相关条件也并不能保证经济的平稳增长。因为硬件条件只是经济增长的一个必要条件，在当前我国的政治经济条件下，若想实现这一目标，还需要具有带动能力的大型产业项目作为动力。现实当中，不论是崇左市还是德宏州都已经在筹划产业园区，希望引入相关龙头企业。然而，具体的效果距离预期仍有一定差距。虽然已经有一批能源类、加工类以及化工类企业进驻，但对当地经济的拉动作用较小，也没有形成规模，更遑论产业集群的聚集。可见，边境地区往往缺乏较大规模的项目支撑，经济转型发展之路仍面临一定挑战。

（四）地方政府对口岸支持能力弱

地方配套支持口岸建设的能力较弱。就云南省而言，随着口岸和监管场所的增加与扩大，口岸运行维护费用占经费总额的比重已经从“十二五”初期的15%提高到近两年的25%，但口岸建设专项资金总额却一直维持在2.2亿元，口岸建设专项资金与日益增长的需求相比显得捉襟见肘。在调研中发现，一些地方因为财力不足，存在滞拨、欠拨、挪用、挤占配套资金的现象。在大部分情况下，国家层面拨付的建设资金通常能够到位，而地方政府的配套资金出于各种原因往往不能及时就位，影响到口岸建设项目的实施。在调研中发现，口岸建设申请的边境地区转移支付口岸建设项目专项资金、发展改革委项目补助资金一般都能够得到落实，但是规划中的地方配套资金，涉及土地征收成本及搬迁企业补偿费用，往往难以落实，直接影响到口岸项目的实施。

此外，还存在融资难的问题。许多必要的基础设施都是在没有政府投资支持的情况下建设的，如凭祥市平而口岸管理和货物监管中心总投资为3.6亿元，资金来源大多为业主自筹。可以想象，在没有政府投资的情况下，纯粹靠个人资本进行这种基础设施建设，无疑十分吃力，甚至是不具有可持续性的。从这个案例当中就可以看出，边境县（市）的项目融资渠道十分狭窄。即使建设由政府资金主导，融资前景也一样并不乐观。随着国家严格限制地方政府举债，地方政府融资难问题更加凸显。即使得到中央政府的资金支持，很多边境县（市）政府依然无法提供足够的配套资金，形成僵尸资金，无法实现资金效率最大化。

（五）口岸发展受到地域经济政治影响

我国相邻国家的口岸建设比较落后，制约了我国口岸功能的有效发挥。与云南、广西相邻的国家越南、缅甸属于发展中国家，老挝属于不发达国家，政府对口岸投入相对有限，导致口岸基础设施建设落后于我国，也波及毗邻的我国口岸。云南省南伞口岸已经完成从二类口岸向新开一类口岸的转变，但是对面的缅甸口岸却未实现同等转变，口岸功能混杂、基础设施建设落后局面比较突出。与广西硕龙口岸比较，对面的越南里板口岸也有同样特征。虽然硕龙口岸没有铁路和水路运输路线，但有省道直通硕龙口岸，并有崇左至靖西的高速公路就近穿过。相比之下，对面的越南里板口岸不仅基础设施较差、口岸监管配套设施落后，而且口岸与外界联系方式落后。里板口岸连接越南高平省下琅县的公路等级较低，仅相当于我国四级泥沙路标准，交通通行能力相对较差。另外，一些国家管理标准不一，限制了我国口岸畅通贸易功能的发挥。

一些边境口岸还未实现双向互通和对等开放。就云南来说，尽管我国与缅甸在姐告—木姐、畹町—九谷、章凤—雷基、猴桥—甘拜地实现了口岸间的相互开放，促进了贸易往来，但其中一些口岸开放程度不一，影响了双方口岸间的合作。例如，缅甸的雷基口岸是国际口岸，而我国的章凤口岸只是二类口岸，双方开放程度不对等。广西的水口口岸尚未升格为向第三国人员开放的国际口岸，而与水口口岸相对的越南驮隆口岸却已经完成升格审批手续。

在沿边口岸建设与发展中，中国与一些周边国家存在政治争端或者长期的民族矛盾，当此类矛盾激化时，率先受到影响的就是中国沿边口岸。例如，云南、广西毗邻东盟多国尤其是金三角地区，这一区域历史矛盾与冲突长期存在。复杂的地缘政治环境对云南、广西的口岸建设造成一定影响。又如，2011 年 10 月发生的湄公河惨案、2013 年以后缅甸中央政府与克钦族冲突、中越之间南海岛屿之争等，都对云南、广西的口岸建设造成了一定的冲击。2015 年，云南省的第一大贸易伙伴缅甸政局动荡，缅北战事致使边贸企业陷入停滞状态，同期云南口岸对缅进出口额同比下降 25%。

（六）跨境经济合作区政策协调不畅

在云南、广西调研期间发现，个别省份边境经济合作区存在建设范围过大、资源投入分散、整体建设效率不高的问题。但与此相比，跨境经济合作区存在的问题似乎更多。由于跨境经济合作区涉及双方国家之间的关系协调、地方政府之间的关系协调，难免出现“锣齐鼓不齐”的现象。例如，一些跨境经济合作区建设方案未得到中国与周边国家中央政府的正式批准立项，合作区的建设缺乏政策体系的支撑，尚没有可执行的特殊优惠政策，存在土地、金融、财税政策支持不足等问题；跨境经济合作区各方都按照自己的管理范围制定规划独立推进，存在着各行其是、合作力度不足的问题。

六、加强口岸建设深度融入“一带一路”的思考和建议

党的十八届三中全会提出，要构建开放型经济新体制，扩大内陆沿边开放，并明确提出推进丝绸之路经济带建设。沿边各省区处在建设丝绸之路经济带和 21 世纪海上丝绸之路的前沿阵地，兴边富民行动与沿边开放政策形成互补关系。推进兴边富民行动融入“一带一路”建设，将为扩大沿

边开放创造更好条件，有助于推动丝绸之路经济带与21世纪海上丝绸之路建设。而推进兴边富民行动，也需要沿边开放作为支撑，新的沿边开放思路将进一步丰富兴边富民行动政策的内容。为此，我们提出如下的思考和建议。

（一）进一步加大对边境地区的投资力度

从边境地区的具体情况来看，想要依赖对外开发开放来推动本地经济增长，势必需要加大投资力度、优化投资环境、扩大通关能力。而且，在地方政府资金紧张、民间资本力量孱弱的情况下，在国家层面增加针对边境地区基础设施建设的投资就是必然选择。

此外，国家层面的资金扶持还能带来资金之外的好处。首先，国家资金具有相当大的示范效应。在当前资金数量庞大但却缺少出口的情况下，越来越多的投资者选择了谨慎从事，不会轻易进行投资活动，这也与经济下行的背景有关。资金尤其是社会资本对国家层面的资金流向非常敏感。在这个时候，国家加大对边境地区的投资力度，实际上也表明了国家对边境地区加快发展的信心和决心，从而会吸引大量民间资本进入相关领域，拉动边境地区的经济增长。

其次，国家资金大多属于特定用途专款专用性质，因此具有很强的持久效应。从不少事例可以发现，地方政府的投资决策往往存在短视化的倾向，短期效果较明显的项目通常更受青睐。如果国家进行大规模投资，并要求地方政府进行适当的配套，则在一定程度上可以避免地方投资决策的短期化和不确定性。即使减免地方政府配套资金，也可以保证相关项目的顺利进行。

基于此，国家层面的资金投入具有较强的直接和间接效用，可以使中央政府、地方政府以及民间资本形成合力，以最大效率助力沿边地区的经济增长。

（二）适当放权，推动边境地区发展

从现有的国家沿边地区相关政策以及沿边省区的工作来看，实际上是

将边境地区作为一个整体进行考虑。但是在实际工作当中，我们发现政策理论与现实工作之间存在一定程度的脱节，从全国、全省区来看适宜的政策在个别边境地区、边境口岸可能会出现“水土不服”的现象。因此，需要因地制宜地给予地方政府更多的决策权，响应中央政府推行的先行先试的号召，通过放权来推动地方经济的发展。

放权并不是漫无目的地扩大地方政府的权限，而是要针对现存的一些问题，利用放权来让边境地区摆脱限制发展的桎梏。具体体现在以下几个方面：

首先，在一定程度上让边境省区、边境州市拥有一定谈判权利。在现实工作当中，缅甸、越南等国家针对一些具体问题往往有一些不同意见或会提出一些现有框架之外的要求。涉及外交的问题只能由中央政府出面进行沟通与谈判，但往往边境省区、州市政府更了解具体情况，这就出现了割裂与矛盾。如果让地方政府能在一定的限制内拥有谈判权，则会让问题的解决更有效率，也更有利于地区发展。

其次，增加边境地区农产品进口配额。云南地区与缅甸之间经贸往来频繁，但中方需要的更多是资源类产品，而缅甸更希望中方能增加进口缅甸农产品。这在中方农产品进口配额制的情况下很难实现，由此产生了较多的摩擦，进而影响了中缅双边贸易的持续发展。针对这一情况，增加边境地区的农产品进口配额，并不会改变我国农产品贸易的整体格局，但在拉动边境地区经济方面却有着不可忽视的效果，因此值得尝试。

最后，出台有利的税收优惠政策。上述优惠政策大多针对政府，但是，地方经济发展仅仅依靠政府是远远不够的。在市场经济的条件下，只有市场的参与者才是推动经济发展的核心力量，因此，如果无法吸引更多符合当地产业政策的企业进驻，当地经济是无法获得足够的自我成长力量的。在边境地区产业发展不成熟、核心竞争力并不强的情况下，只有依赖传统的税收、土地以及政府补贴等措施才能吸引目标企业进入。而在土地政策收紧、政府财政有限的情况下，力度较大的税收优惠可能是地方政府能使用的最有效手段。因此，只有赋予边境地区地方政府更大的税收优惠政策，才能实现预期目标。

（三）拓宽融资渠道，加快边境地区经济发展

第一，利用丝路基金等专项基金，推动边境地区基础设施建设。“一带一路”的核心要素之一，就是各个国家以及各个地区之间的互联互通。这一要求对沿线基础设施建设提出了非常高的要求，丝路基金等专项基金就是为了进行沿线基础设施建设而成立的。处于“一带一路”开放前沿的边境地区，正好可以利用这一契机，引入丝路基金等资金，解决建设资金不足的问题，推动本地基础设施建设。当然，在具体调研当中，也有政府工作人员反映，丝路基金提供的资金利率相对较高，并不划算。但在政府筹资空间越发收窄的今天，利用国家政策性基金融资，已经成为不错的选择。

第二，积极采用政府和社会资本合作（PPP）模式。鼓励私营企业、民营资本与政府进行合作，加快产业园区建设。PPP 模式是中央政府主导的、推动地方基础设施建设的一项举措，但其并非无偿使用资金，必须满足社会资本盈利的要求。这就使得边境地区很难采用 PPP 模式修建公路、电力、水利等基础设施，但在产业园区的建设过程当中，PPP 模式大有可为。相关资料显示，产业园区民营化是很多地方积极探索的内容。一些具体操作经验则是，政府以国有资产入股，吸引民营资本成立合资公司，推动产业园区建设。民营资本在建设过程中起主导作用，而政府则通过管委会等监管机构，在园区规划、招商等核心环节做好监督、审核、把关工作。这样既可以实现政府推动产业园区建设的初衷，又可以满足社会资本盈利要求，达到所有利益相关方均满意的结果。

（四）加强口岸规划和管理

第一，国家层面把沿边口岸建设纳入重要发展建设规划。在“十三五”国民经济与社会发展规划、西部大开发规划、兴边富民行动规划以及改革开放相关规划中，都把沿边口岸建设作为重要内容，加强各类规划之

间的衔接。“十四五”时期，国家各部委也应从国家层面制定沿边口岸建设与发展规划，对沿边地区的口岸建设进行总体谋划，并科学配置口岸建设的政策资源，通过实施规划强化口岸建设，发挥口岸对“一带一路”的支撑作用。在中央政府的口岸建设规划中，应就口岸建设的规模标准、装备设施配置、机构编制、投资来源、运行维护费的分担等，制定管理规范和实施细则。例如，可以把德宏州、崇左市作为跨国经济走廊建设的中方先导区，纳入“一带一路”倡议、沿边开放、跨国经济走廊建设等，予以支持扶持。

第二，重视口岸基础设施建设。口岸基础设施建设先行，是口岸运行的基础和前提，需要在口岸建设中注意完善海关、检验检疫、边防检查、贸易仓储、园区管理等方面的基本功能。加强口岸基础设施建设，需要多渠道投入口岸查验设施，配强口岸各类查验设施，配备孔道电子监控设施，建设生物及有害物质监测实验室，改善查验设施条件，提高安检技术水平，增强防范恐怖事件能力。与此同时，要重视推进口岸电子化、智能化建设，按照“共建、共管、共享”的原则，促进口岸不同部门间的网络互联、数据互通、资源共享，实现对进出口货物、交通工具、集装箱、旅客及口岸服务单位的数据采集、电子监控和电子放行，提高口岸的信息管理水平。

第三，进一步加强口岸管理。完善口岸申报通道、无申报通道、“绿色通道”体系，实施“人车分流、客货分离”。深入实施关检“三个一”联合通关改革，加快推行“提前报关、提前报检、实货放行”、“集中申报、分类查验”、旅游购物离境退税、旅检现场“一机两屏”等监管服务模式，进一步完善跨关区、检区“三个一”工作，探索实施园区与口岸双向联动通关模式。要在更大范围协调口岸之间的管理关系，推动区域通关一体化。增加口岸联检工作人员，解决管理人员不足的矛盾。

第四，加强口岸之间的分工协作。适应现代市场经济发展的需要，促进口岸之间的良好分工，可以根据口岸与“一带一路”经济走廊之间的关系、口岸与腹地之间的经济联系、口岸与所在城镇之间的支撑关系，把口岸划分成核心口岸、重点口岸、一般口岸等类型，对各类口岸分别进行建设。避免口岸建设规模大型化、趋同化的趋势，既可以避免口岸建设规模过大导致资金不当沉淀，又可以避免口岸建设满足不了通关需求。应加强口岸之间的分工合作，合理界定综合口岸和专业化口岸。核心口岸和重点口岸都带有综合性口岸的性质，应发挥其多样性特点，突出口岸在引导跨国贸易、人员交流方面的主导作用；而一般性口岸应该突出特殊作用和专业性，更好地促进口岸向特定行业、特定贸易品的方向发展。

第五，重视增强口岸与腹地之间的联系功能。在口岸发展过程中，要积极发挥口岸的辐射作用，让口岸经济带动更多的周边县（市），共享“一带一路”建设的红利。促进大区域范围一般贸易、补偿贸易、加工贸易等形式的分工，使口岸经济的外溢效应惠及更广泛区域。与此同时，要加强口岸与州市范围内城市和城镇之间的合作，以积极的口岸建设推动城市经济发展，以活跃的城市经济促进口岸繁荣。

（五）加强与周边国家的合作

首先，要加强跨境基础设施的互联互通。中国与东南亚各国在铁路建设规范上存在着米轨与准轨的差距。应积极推动昆明—瑞丽—缅甸木姐—曼德勒—皎漂—孟加拉国吉大港—达卡—印度加尔各答铁路和高等级公路建设、中缅陆水联运大通道陇川县—缅甸八莫县的高等级公路改造、泛亚铁路建设、中缅跨境通信信息网络建设。通过跨国基础设施建设方面的互联互通，争取早日形成快捷、安全、高效，同时各种运输方式布局合理、优势互补、分工明确、衔接顺畅的区域性国际大通道。应发挥亚洲基础设施投资银行、金砖国家开发银行和丝路基金的作用，扩大基础设施互联互通资金的规模。在对外援助中，要注重互联互通通道建设的援助。

其次，要完善跨国口岸经济合作的机制与政策。加强与周边国家政府之间的合作，规范跨境经济合作区管理，按照“两国一区、协同监管、境内关外、封闭运行、政策优惠”的经济合作新模式，建设跨境经济合作区。比照中老磨憨—磨丁跨境经济合作区的合作模式，尽快推进中越、中缅之间的跨境经济合作机制。加强与缅甸方面的协商，签订瑞丽—木姐跨境经济合作区建设谅解备忘录；及早商签中缅两国实施《大湄公河次区域便利货物及人员跨境运输协定》备忘录；推动畹町口岸芒满—缅甸木姐芒友通道常态化开放；协调有关部门解决中缅边境持护照通行问题；建议有关部门协调缅方允许从德宏州陆路口岸进口乘用车辆，并协调有关部委批准畹町口岸为整车出口口岸。在边境口岸管理、口岸基础设施之间的联通、口岸与腹地之间的物流通道建设等方面，加强国家之间的协调，提升跨境贸易多式联运比重，推动公铁联运、铁海联运、江海联运、陆空联运，降低跨境口岸之间的物流成本，保持口岸之间的贸易畅通和管理高效。

（六）加强口岸建设的理论研究

口岸建设的庞大需求，提出了加强口岸建设理论研究的重大命题。许多问题在实践中被提了出来，需要理论工作者加以研究和解答。例如，一些地方政府以周边国家重视口岸建设为由，希望我国比照执行相关政策。如越南规定国家年财政预算投资口岸建设不低于所在地当年财政收入的50%，边境自由贸易示范区内所征关税的50%返还用于区内基础设施建设；区内企业可享受个人和企业所得税“三免五减半”等一系列优惠政策；等等。各个国家开放时间先后不同，口岸建设基础不同，口岸基础设施满足需求的差异程度不同，采取各自不同的政策有国情不同的原因。相对而言，我国的沿边地区口岸建设状况虽然落后于沿海发达地区，但是与周边国家相比，我国沿边地区的口岸建设水平明显较高。与周边国家的口岸通行条件相比，我国的口岸通行能力、查验能力、过货速度等指标更好。所以，周边一些国家包括越南正在以我国作为参照系采取特殊政策来缩小口岸建设差距。笔者认为，如果我们把越南等国家采用的特殊政策用于我国的口岸建设，未必恰当。

第九章　兴边富民行动扩展到边境地州探索

中国陆地边境与俄罗斯、蒙古国等14个国家接壤，沿边地区共有45个边境地州市，下辖140个边境县（市、区、旗）。自国家民委于1999年倡议发起兴边富民行动以来，国家已经连续颁布了3个兴边富民行动五年规划，有力地推进了边境县市的经济社会发展。随着兴边富民行动的深入推进，我们认为将兴边富民行动实施范围扩展到边境地州具有重要的现实意义和作用。本章将从理论和政策角度探讨兴边富民行动扩展到边境地州的现实性和可能性，为“十四五”时期深入推进兴边富民行动提供政策参考。

一、边境地州经济社会发展现状

（一）经济发展

2010年以来，在西部大开发、兴边富民行动等一系列政策的支持下，我国陆地边境地州经济发展水平显著提升，但与全国平均发展水平相比，差距仍较为明显，整体上仍处于相对落后阶段。

1. 经济实力不断增强

截至2018年，我国边境地州地区生产总值已达到35506.53亿元（按当年价格计算，下同），是2010年年底18035.87亿元的近2倍，2018年边境地州占全国经济总量的3.94%，但与2010年相比，降低了0.56个百分点。

2018年边境地州第一、第二产业增加值分别为6180.97亿元、

14270. 83 亿元，与 2010 年相比，边境地区第一、第二产业增加值分别增长了 77%和 75%。2018 年边境地州三次产业增加值占全国三次产业增加值的比重分别为 8. 6%、4. 34%和 3. 71%，与 2010 年相比，第一产业比重提高了 0. 95 个百分点，第二、第三产业比重分别降低了 0. 44 个和 0. 5 个百分点。

截至 2018 年，边境地州全社会固定资产投资额为 27100. 14 亿元，是 2010 年的 2. 07 倍，占当年全国固定资产投资总额的 4. 2%，比 2010 年降低了 0. 51 个百分点；2018 年边境地州地方财政公共预算收入为 2291. 13 亿元，是 2010 年的 1. 95 倍，占全国地方财政总收入的 1. 25%，比 2010 年降低了 1. 65 个百分点；2018 年边境地州社会消费品零售总额为 11938. 29 亿元，比 2010 年增长了 2. 39 倍，占全国社会消费品零售总额的 5. 4%，比 2010 年提高了 2. 22 个百分点。

2. 与全国差距依然明显

全国边境地州经济发展水平虽显著提升，但与全国平均水平之间的差距依然明显。如图 9-1 所示，从产业结构方面看，2018 年边境地州三次产业比重为 17. 4 : 40. 2 : 42. 4，尽管第二产业比重超过了第一产业，但由于第一产业比重仍居高不下，边境地州整体上仍然处于工业化的初中期阶段。2018 年全国三次产业结构为 7 : 40. 7 : 52. 3，第一产业比重降至 10%以下，第三产业比重大幅领先第二产业，明显处于工业化后期阶段。仅从产业结构上看，边境地州与全国平均水平相比，经济发展水平还有一定的差距。

从人均指标上看，边境地州与全国差距依然较为明显。2018 年边境地州人均地区生产总值为 43937 元，只相当于全国平均水平的 68. 10%；2018 年边境地州人均固定资产投资为 33535 元，只有全国平均水平的 72. 47%；2018 年边境地州人均财政收入为 2835 元，仅相当于全国平均水平的 21. 58%。

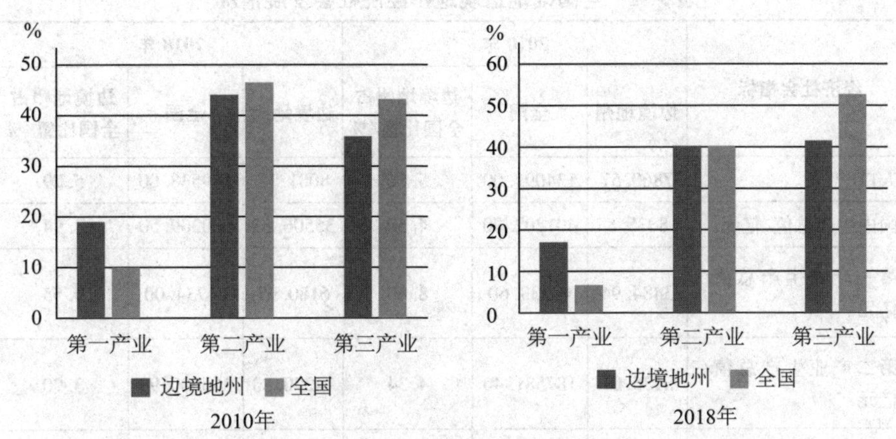

图 9-1　2010 年和 2018 年边境地州和全国三次产业比重

（二）基础设施建设

基础设施建设始终是西部大开发、兴边富民行动的重点领域。在国家政策支持下，边境地州基础设施建设得到明显加强，但由于原有基础设施欠账较多，基础设施缺口仍比较多，建设任务压力较大。

1. 交通基础设施建设

交通基础设施一直以来都是边境地州基础设施建设的重点领域。交通基础设施建设取得的成就主要有：进一步完善了边境地州国家高速公路和普通国道布局；交通运输部及各地方政府还切实加强了农村公路建设，在全面完成乡镇通沥青路的基础上，积极推进以建制村通沥青路为重点的通畅工程建设；国家还安排专项资金对人口较少民族及边境地区的国省道、口岸公路、边防公路、水运设施等基础设施进行了建设。从表 9-1 中可以看出，截至 2018 年边境地区公路里程为 43.62 万千米，占全国公路总里程的 9%。

表 9-1　全国陆地边境地州经济社会发展情况

经济社会指标	2010 年			2018 年		
	边境地州	全国	边境地州占全国比重/%	边境地州	全国	边境地州占全国比重/%
人口/万人	7860. 57	134091. 00	5. 86	8081. 18	139538. 00	5. 79
国内生产总值/亿元	18035. 87	401202. 00	4. 50	35506. 53	900309. 50	3. 94
第一产业生产总值/亿元	3484. 94	40533. 60	8. 60	6180. 97	64734. 00	9. 55
第二产业生产总值/亿元	8135. 01	187581. 40	4. 34	14270. 83	366000. 90	3. 90
第三产业生产总值/亿元	6415. 92	173087. 00	3. 71	15054. 72	469574. 60	3. 21
全社会固定资产投资/亿元	13091. 07	278121. 90	4. 71	27100. 14	645675. 00	4. 20
地方财政收入/亿元	1177. 95	40613. 04	2. 90	2291. 13	183359. 84	1. 25
社会消费品零售总额/亿元	4995. 68	156998. 40	3. 18	11938. 29	220904. 13	5. 40
公路里程/万千米	27. 17	400. 82	6. 78	43. 62	484. 65	9. 00
人均生产总值/元	22944. 73	29920. 13	76. 69	43937. 28	64520. 74	68. 10
人均投资/元	16654. 09	20741. 28	80. 29	33534. 86	46272. 34	72. 47
人均财政/元	1498. 56	3028. 77	49. 48	2835. 14	13140. 50	21. 58
人均消费品零售额/元	6355. 36	11708. 35	54. 28	14772. 95	15831. 11	93. 32
农牧民人均纯收入/元	4914. 37	5919. 01	83. 03	12216. 43	14617. 00	83. 58
小学每百名学生教师数/人	7. 46	5. 65	132. 03	7. 05	5. 89	119. 66
普通中学每百名学生教师数/人	7. 78	6. 54	118. 92	9. 76	7. 76	125. 82

续表

经济社会指标	2010 年			2018 年		
	边境地州	全国	边境地州占全国比重/%	边境地州	全国	边境地州占全国比重/%
每万人卫生机构床位数/张	39.61	35.70	110.96	59.49	60.23	98.77
每万人卫生技术人员数/人	43.72	43.70	100.04	67.11	68.30	98.26

注：①所有经济数据均按当年价格计算。②农（牧）民人均纯收入=Σ［边境地区各地州乡村人口数×各边境地州农（牧）民人均纯收入］/Σ各边境地州乡村人口数。③2010 年的公路里程数据缺新疆、西藏和黑龙江数据，2018 年的公路里程数据缺西藏和新疆数据。④小学每百名学生教师数和普通中学每百名学生教师数缺云南数据。

资料来源：边境 9 省区历年统计年鉴。

以广西壮族自治区崇左市为例，截至 2018 年，崇左市已基本建成了以市区为中心、以高速公路为主干、以一级二级公路为骨架，辐射各县及各边境口岸，连接周边县市，层次分明、功能齐全、纵横连接、四通八达的区域大交通网络。“十三五”时期，崇左市已累计完成交通固定资产投资 942 亿元。2015—2018 年，崇左市公路总里程从 7047 千米增加到 7339 千米，其中高速公路 317 千米、等级公路 6679 千米。①

2. 电力基础设施建设

西部大开发以来，国家不断推进边境地州电力基础设施建设。2011—2017 年云南省德宏州下达全州农网建设工程投资计划分别为 2.09 亿元、2.68 亿元、3.5 亿元、1.86 亿元、2.62 亿元、2.38 亿元、2.07 亿元，共计 17.19 亿元，累计完成户表改造 92591 户，其中，2017 年农网改造升级工程完成投资计划共计 2.06 亿元。其中，220 千伏电网工程投资 2.38 亿元，110 千伏电网工程投资 1.9 亿元，35 千伏及以下电网工程投资 8.18 亿元。②

① 崇左建市十五周年交通发展综述［EB/OL］. 人民网，http://gx.people.com.cn/n2/2018/0807/c372296-31906769.html.

② 根据调研时云南省德宏州提供的资料整理。

“十二五”时期，新疆积极服务边境地区“三农”发展，实施了无电村通电工程，使农牧区95%的农牧民用上了照明电。其中阿勒泰地区电网投资达到13.59亿元，当地主电网网架结构不断完善，形成了三回220千伏联络通道与新疆主电网联网运行；实施了173项农网改造升级和无电地区电力建设工程，促进了美丽乡村建设。① 2019年新疆电网固定资产投资计划安排108亿元，以750千伏骨干电网建设、脱贫攻坚电网工程建设、南疆四地州煤改电配套电网建设3个方面为重点，着力加快推进电网建设。新疆2019年“煤改电”的建设任务包括新疆南部211个乡镇、1049个村、31.6万户居民，以及新疆生产建设兵团14个团场、138个连队、21756户居民。②

3. 水利基础设施建设

水利基础设施建设取得的成就主要表现为：水利部编制了边境地区水利规划，并在病险水库除险加固、大型灌区续建配套与节水改造、水土保持生态建设、水电农村电气化县建设、小水电代燃料、牧区水利、水利扶贫等一系列水利专项规划中，向边境地区倾斜。截至2015年12月，水利部共安排中央投资302.23亿元用于边境地区水利工程建设，解决了478.93万农村人口的饮水安全问题。

广西边境地区水利建设在中央支持下取得了明显成效。“十二五”时期，广西重点发展了小农水项目，广西8个边境县有6个被列为中央财政小农水项目县；此外，还重点发展了糖料蔗高效节水灌溉项目，累计投入农田水利资金4.28亿元。2016—2018年，广西投入农村饮水安全巩固提升工程补助资金1.69亿元，受益人口达36.79万人，边境地区农村饮水安全保障水平得到进一步提高。③

① 根据调研时新疆民委提供的资料整理。

② 南疆四地州煤改电配套电网工程启动［EB/OL］. 新华网，http://www.xinhuanet.com/fortune/2019-03/12/c_1124226826.htm.

③ 广西兴边富民行动成效显著［EB/OL］. 光明网，http://difang.gmw.cn/gx/2018-11/30/content_32083549.htm.

4. 通信基础设施建设

“十三五”以来，国家积极推进边境民族地区通信设施建设和信息化水平的提升，结合“宽带中国”战略和“宽带中国”专项行动，积极推进边境民族地区通信基础设施建设，改善信息通信水平，进一步提升了边境地州的通信基础设施能力和水平。

2018 年工信部、财政部实施的第四批电信普遍服务试点在原有支持光纤宽带进村的基础上，重点转向边境地区和行政村 4G 网络建设。2018 年 12 月，云南省通信管理局正式启动电信普遍服务边境地区 4G 网络覆盖项目。临沧市、普洱市、西双版纳州、迪庆州成为第四批电信普遍服务试点。中央财政资金投入 3.22 亿元，支持建设 909 个 4G 基站，中国移动云南公司将配套投入约 6 亿元建设维护资金。工程完工后，边境线 3 千米范围内 20 户以上边民聚居区、学校和卫生室、口岸、哨所及周边道路等任一区域实现 4G 网络覆盖。云南省通信管理局也同步启动了文山、红河、德宏、保山和怒江 5 个涉边州市边境地区 4G 网络覆盖建设试点工作。①

（三）边境地州人民生活水平

“十三五”以来边境地州各族人民生活水平显著提高，扶贫工作取得了令人注目的成绩。但是边境地州经济发展基础薄弱，产业结构单一，解决相对贫困和防止返贫的压力仍然较大。

1. 收入水平不断提高，但差距依然明显

如表 9-1 所示，2018 年，边境地州农牧民人均纯收入 12216.43 元，比 2010 年增长了 1.49 倍，收入水平明显提高，但与全国农民人均纯收入（14617 元）相比，边境地州农牧民收入仅为全国平均水平的 83.58%，差距依然明显。以新疆和田地区为例，2018 年和田地区 3 个县脱贫摘帽，脱贫 90.72 万人，贫困发生率从 2013 年年底的 37.43%降至 4.09%，农牧民人均纯收入突破 8500 元，达到 8756 元。然而，和田地区农牧民纯收入水

---

① 云南省正式启动电信普遍服务边境地区 4G 网络覆盖［EB/OL］．人民网，http：//yn.people.com.cn/GB/n2/2018/1206/c378439-32377707.html.

平仅相当于全国平均水平的66%左右，差距依然很大。

2. 住房状况得到明显改善

兴边富民行动规划实施以来，农村危房改造始终是边境地区改善和保障民生的重点工程，边境地州农村困难家庭的住房安全问题逐步得到解决。例如，内蒙古始终将危旧房改造工作作为兴边富民行动的重点民生工程大力推进。

内蒙古乌兰察布市是典型的欠发达地区，全市11个旗县市区中，国家级贫困旗县有8个，自治区级贫困旗县有2个。2009年乌兰察布农村危房占住房总量的75%以上，住房安全问题是令老百姓最头痛的问题。乌兰察布市委、市政府因地制宜地将危旧房改造与幸福院建设、美丽乡村建设、提升人居环境、脱贫攻坚等相结合，努力探索出了一条符合乌兰察布市实际的农危改新模式，先后被住建部确定为全国农村危房改造试点、农房加固改造试点、危房改造绩效奖励试点。其幸福院建设工程被自治区评为自治区“人居环境范例奖”，获得住建部和民政部充分肯定，并在全国进行了推广。截至2019年，乌兰察布市基本完成现有常住户改造任务，完成改造27.9万户，惠及64万农牧民，其中完成建档立卡贫困户5.6万户，惠及贫困人口13万人。①

3. 饮水安全备受重视

农村饮水安全是一项重要的民生工程，惠及千家万户，兴边富民行动规划实施以来，农村饮水安全问题备受重视。

“十三五”以来，西藏阿里地区集中力量解决贫困人口饮水安全问题，农村饮水从“面的覆盖”迈向了“质的提升”。阿里地区累计投资4.18亿元建设农村饮水安全巩固提升工程点1111处，解决了70911人的饮水安全问题，其中包含建档立卡贫困人口17008人。2017—2018年，阿里地区从中央预算、贷款资金中逐年安排29个饮水工程点项目，解决易地扶贫搬迁贫困人口6222人的饮水安全问题；着力监管2016年以来阿里地区7个深

① 实现百姓安居梦 打赢脱贫攻坚战——乌兰察布市农村牧区危房改造十年历程［EB/OL］. 乌兰察布市政府网，http：//www.wulanchabu.gov.cn/information/wlcbzfw11590/msg3131557954420.html.

度贫困县145个村（居）的1111处供水工程点建设任务。截至2020年4月，阿里地区实现了农村饮水安全行政村覆盖率为100%、农村饮水集中供水率为90%、自来水普及率为20%、供水保障率为90%，水质基本达到国家饮用水相关标准，切实保障了阿里地区广大群众的用水需求。①

4. 扶贫效果明显，但形势依然严峻

兴边富民行动实施以来，边境地区的扶贫攻坚始终是边境地区兴边富民行动中的重点工程。边境各地区采用多种方式，因地制宜地开展了各种扶贫工作，边境地区各族群众生活得到了明显改善，极大地增强了各族群众全面建成小康社会的信心和决心，为深入推进兴边富民行动奠定了坚实的物质和精神基础。

新疆始终把边境地区扶贫攻坚作为工作的重点内容，探索形成了边境贫困县扶贫工作新模式。南疆四地州是全国“三区三州”深度贫困地区之一，2014—2019年，新疆全区有231.47万人摆脱绝对贫困，贫困发生率由19.4%降至6.1%。同期，南疆四地州实现188.95万人脱贫，贫困发生率由29.1%降至10.9%。国家实施精准扶贫以来，新疆近16万贫困人口陆续搬出深山和沙漠。作为易地扶贫搬迁重点实施区域，“十三五”时期，南疆四地州搬迁贫困人口3.52万户、13.95万人，占新疆全区搬迁任务的87%。依托小城镇、产业园区等安置的搬迁群众，不仅改善了住房条件，还享受到均等的公共服务保障。2018年起，新疆聚焦南疆22个深度贫困县（市），综合施策，通过扩大就业渠道、拓展就业空间等途径，帮助逾12万建档立卡贫困家庭劳动力实现转移就业。②

虽然边境地区在减贫方面取得了显著成就，但扶贫工作仍面临着诸多问题和困难。新疆边境地州经济发展基础薄弱，就业岗位严重不足，在全国经济下行压力下，经济发展新动能还需要培育壮大，应对返贫将成为未

① 阿里地区农村饮水安全工作：守护生命之源　助力脱贫攻坚［EB/OL］. 中国西藏新闻网，http://www.xzxw.com/al/alyw/202004/t20200422_3031780.html.

② 凝心聚力奔小康——新疆南疆四地州脱贫攻坚成就综述［EB/OL］. 新华网，http://www.xinhuanet.com/politics/2019-10/15/c_1125108159.htm.

来一段时期边境地区兴边富民行动的重要任务。此外，尽管消除了绝对贫困，还有相当一部分群众处于相对贫困状态，收入增长较慢，也是“十四五”时期新疆边境扶贫需要应对的主要困难。

（四）边境地州社会事业发展

兴边富民行动实施以来，边境地州社会事业发展取得了可喜成就，各项社会事业稳步推进。但总体而言，在社会事业方面，边境地州得到的来自中央各部委和省（区）各部门的直接政策支持和资金投入相对较少，加上边境地区社会事业发展基础相当薄弱，自身财力有限，边境地州社会事业发展相对滞后的状况依然没有从根本上得到解决。

1. 社会福利事业稳步发展，边民保障程度明显提高

兴边富民行动实施以来，边境地区社会福利事业稳步发展。以广西为例，2009 年 1 月至 2010 年 12 月广西对于边境线 0~3 千米范围内边民生活补助标准为每人每月 50 元；从 2011 年 1 月 1 日起边民生活补助标准提高到每人每月 80 元；从 2013 年 1 月 1 日起边民生活补助标准提高到每人每月 96 元；从 2014 年 1 月 1 日起边民生活补助标准提高到每人每月 130 元。2018 年广西壮族自治区出台《广西壮族自治区边民生活补助暂行办法》，边境 0~3 千米范围内 40 万边民的补助标准由每人每年 1560 元提高到 2000 元，边境 0~20 千米范围内农村居民合作医疗个人缴费部分由财政全额补贴，特困人员全部得到救助供养。实现边境地区远程医疗服务、参与医联体建设、城乡全民基本医疗保障全覆盖，图书馆、文化馆、博物馆全免费向公众开放。①

2. 文化事业发展取得可喜成绩

自兴边富民行动实施以来，边境地州文化部门积极配合文化和旅游部、国家民委、国家发展改革委和财政部等部委，在文化事业发展方面取得了可喜成绩。内蒙古呼伦贝尔市积极加强文化生态保护。组织专家学

---

① 自治区民宗委：深入推进兴边富民行动［EB/OL］. 广西人民政府网，http://www.gxzf.gov.cn/hdjl/zxft/20191203-781690.shtml.

者、非遗项目代表性传承人和有关部门，多次到旗（县、市、区）和少数民族聚居区进行调研，在民族文化最具代表性的地区划定文化保护范围，制作民族文化生态保护区域规划。全市已建成莫力达瓦达斡尔族自治旗、鄂伦春自治旗、鄂温克族自治旗、根河市敖鲁古雅鄂温克民族乡 4 个自治区级文化生态保护区。此外，加强非物质文化遗产保护。制定实施了《呼伦贝尔市非物质文化遗产保护办法》《鄂伦春民族民间传统文化保护条例》。根河敖鲁古雅传统驯鹿习俗展演中心、鄂伦春桦树皮和狍皮制作技艺传习基地、鄂温克抢枢非遗保护传承基地被列入国家级非遗保护利用基础设施项目库。出版发行了《鄂伦春、鄂温克、达斡尔、俄罗斯民族民俗图录》等图书，通过声像记录等手段，积极开展濒危语言资料保存。创作了一批在国内外有较大影响力的精品舞台剧，原生态舞蹈《鲁日格勒》《敖鲁古雅伊堪》获得国家群星奖。①

3. 卫生事业发展水平不断提高

兴边富民行动实施以来，边境省区各级政府部门采取倾斜政策措施，大力支持边境地州卫生事业发展，取得了积极进展，边境地州卫生事业发展绝对水平与全国平均水平大致接近。如表 9-1 所示，2018 年边境地州每万人卫生机构床位数为 59. 49 张，相当于全国平均水平的 98. 77%，边境地州每万人卫生技术人员数为 67. 11 人，为全国平均水平的 98. 26%。但卫生事业软件设施未能同步跟上硬件设施的发展。调研中我们也发现，边境地州医护人员技术水平不高，医疗保险报销难、报销比例低的状况未有明显改观，边民对此反应比较强烈。

4. 教育事业发展取得显著成就

自兴边富民行动实施以来，边境省区各级政府部门制定了一系列优惠政策，加大投入力度，各项教育工程向民族地区和边境地区倾斜，有力地促进了边境地区和人口较少民族教育事业发展。2015 年以来，教育部在边境地区构建学前教育公共服务体系、支持义务教育发展、支持普通高中发

① 呼伦贝尔市四举措开展少数民族文化传承保护工作［EB/OL］. 搜狐网，https://www. sohu. com/a/395010533_120214179.

展、支持职业教育发展和支持教师队伍建设方面取得了较大进展。

“十三五”以来，广西实施教育振兴八大工程等系列重大项目，不断推进边境地区教育事业快速发展。2016 年以来，广西共投入资金 16339 万元，支持边境地区新建、改扩建幼儿园。目前，边境地区基本实现乡镇中心幼儿园全覆盖，学前教育三年毛入园率均达到 87%以上。2016 年以来，广西共投入资金 9.74 亿元，支持边境地区 1601 个义务教育项目学校建设，新建、维修改造校舍面积 50.44 万平方米，有效改善边境地区学校办学条件，推动边境地区义务教育均衡发展。2018 年以来，广西统筹资金 2450 万元，支持边境地区普通高中学校建设项目 5 个。目前，边境地区示范性普通高中达 9 所，实现边境县全覆盖，高中阶段教育毛入学率均达到 80%以上。①

但就整体而言，我国边境地州教育水平落后的状况并未从根本上得到明显改善。一方面，边境地州资金对教育投入比较少，特别是投向边境地区县市一级的比重较低；另一方面，有限的资金主要用于教育事业硬件投入，教育机构师资水平不高的局面未得到明显改善，而且边境地区优秀师资流失问题比较严重。

二、边境地区区域经济发展与兴边富民行动

“十二五”以来，国家加大了对边境地区兴边富民行动的投入规模。边境地区综合经济实力明显增强，边民收入增速明显，对外贸易快速增长，交通、电力和水利等基础设施发展迅速，群众生活生产得到逐步改善。

目前，兴边富民行动政策主要关注的是沿边县市，对于边境地州内部其他县市的发展有所忽视。边境地州下辖各县市之间的发展是相互影响的。边境地州首府所在地，通常是该地州的中心城市，其经济社会的快速发展，会对沿边县市经济社会发展起到明显的带动和示范作用，通过其较

① 广西八举措推进边境地区教育发展［EB/OL］. 国家民委网站，https://www.neac.gov.cn/seac/xwzx/202008/1142464.shtml.

强的经济、文化、科技、教育、人才等资源优势，能够带动沿边县市经济、文化、教育、科技发展，为沿边县市各类优势产业提供有效支持，为动员边境县市的各类优势资源禀赋发挥动力支撑。因此，从区域发展角度看，兴边富民行动实施范围扩展到边境地州不仅必须而且十分必要，这样不仅可为边境地区兴边富民行动提供直接和间接支持，同时也能够促进边境地区内部良性互动和协调发展。

（一）边境地州区域经济发展：理论分析①

边境地州首府所在地通常为边境地州内部的中心城市，也是边境地州所在省区的区域次中心城市。从区域经济发展角度看，该区域次中心城市是边境地州经济发展中不可或缺的一环，在边境区域经济发展中具有重要地位。首先，边境地州首府所在的区域次中心城市在经济辐射、带动作用上具有承上启下的节点功能，能够增强区域核心城市与其他县市的再生产联系。边境地州首府所在地一般都是边境地州内经济最发达的中心城市，能够在边境省会中心城市与沿边县市以及乡镇之间形成一种功能中介，具有较强的传递性，既有向下的辐射和扩散能力，又有较强的接受上级城市辐射和扩散的能力。沿边县市、乡镇与边境省区中心城市无论是在产品市场、要素市场，还是在技术、制度等方面都存在较大差距，一般来说无力为省区中心城市直接提供各种要素，也无法直接承接中心城市转移过来的产业、技术和制度。而边境地州区域次中心城市则不然。作为边境地州内部经济实力最强的城市，它们有能力直接承接省区中心城市的产业、技术和制度安排，同时可以将其原有的产业、技术和制度向沿边县市、乡镇转移，因此能够起到经济辐射承上启下的作用。

其次，边境地州中心城市的发展可为沿边县市产业发展提供更为广阔的支持。随着地州级中心城市经济发展水平的提高，城市居民收入水平上升，企业经济规模必然扩大，会相应地增加对沿边县市产品的需求，因

① 关于区域经济发展相关理论可参见陈秀山，等．区域经济理论［M］．北京：商务印书馆，2003.

此，能够为沿边县市重点支柱产业、特色优势产业提供更广阔的市场空间。而且，随着地州中心城市经济实力的增加，其对产品和服务的需求也会相应增加，可以创造更多的就业岗位，能为沿边县市、乡镇提供更广阔的劳动力市场。相反，如果地州级中心城市的发展较为滞后，则边境县市重点支柱产业、特色优势产业的产品市场空间范围就会比较有限，其产业发展必然会受到一定程度的抑制；同时如果地州中心城市收入增加缓慢，对边境县市、乡镇的产品和需求也会增加缓慢，相应地，创造就业岗位的数量也会较为有限，对边境县市、乡镇经济的拉动作用就会弱化。

最后，边境地州中心城市在边境地区区域经济增长中还发挥着重要的带动作用，该带动作用主要通过集聚效应和扩散效应来实现。其中，集聚效应指该中心城市利用优势条件吸引企业、社会机构、人口在其有限的空间范围中聚集，实现人口聚集、产业聚集、系统聚集等聚集效益；扩散效应是指该中心城市向邻近地区输出各类生产要素，并向邻近地区扩散其经济成果，通过自身经济发展带动周边地区的协同发展。这两个效应都属于经济辐射的范畴。经济辐射力是指城市对周边地区的综合影响力和发展带动力，是一个城市与周边地区保持相互联系、相互作用的基本形式。根据区域经济增长理论，中心城市产生经济辐射的前提条件是经济对外开放和资源自由充分流动，如果边境地州中心城市经济发展水平高，就能够创造更多的就业岗位，吸纳边境县市的农村牧区富余劳动力。不同等级的城市以人口、资源等生产要素的流动和产业关联为主要内容，利用便捷的交通网络和现代通信技术去实现城市间辐射功能的有效发挥。经济辐射的速度和程度与其距离有关，经济发达的城市距离经济落后的腹地越近，其辐射越充分，辐射速度越快，辐射程度越高；反之亦然。

可见，边境地州中心城市的发展水平和质量对于强化其与周边地区、边境县市之间的经济联系，以及边境地区区域经济发展至关重要。

（二）边境地州区域经济发展：现实困难①

理论上，边境地州中心城市与周边县市、边境县市之间相互联系、相互影响，能够有效地促进边境地区区域经济发展。但现实中，边境地区经济发展面临着诸多困难。

1. 边境地州经济实力不强

边境地州是边境省区的重要组成部分，其经济发展水平直接影响着兴边富民行动实施效果，更重要的是影响着国家的治理结构和国家安全保障。但是我们在调研中发现，有些边境地州经济发展水平并不理想。以云南省普洱市为例，普洱市经济发展在所有的云南边境地州中属于中等水平。2019 年，普洱市实现生产总值 875. 28 亿元，按可比价格计算，比上年增长 8. 1%。其中，第一产业增加值 199. 02 亿元，比上年增长 5. 5%；第二产业增加值 231. 23 亿元，增长 11. 1%；第三产业增加值 445. 04 亿元，增长 7. 6%。尽管普洱市重点产业发展较快，但其地区生产总值仅占同期云南全省地区生产总值的 3. 8%。

当前，边境地州经济社会发展面临着诸多的困难和压力，主要表现在以下方面：一是基础设施支撑区域经济发展的能力不足。交通基础设施相对滞后，至今仍有一些边境县市尚未通高速公路和铁路，限制了边境地区经济要素的自由流动；农田水利基础设施较差，抵御自然灾害的能力明显不足，制约了农业发展；许多农村地区基础设施配套还很欠缺，生产生活条件较差。

二是工业化水平低。边境州市目前工业基础普遍较为薄弱，传统产业发展面临瓶颈，截至 2018 年边境地州三次产业结构为 17. 41 ∶ 40. 19 ∶ 42. 40；产业结构单一，易受市场波动影响，应对国内国际经济风险的能力比较孱弱；新兴产业培育发展还需一个过程，正处在老产业巩固提升、新产业艰难培育的过渡期。尽管产业结构得到进一步优化，但第一产业比重

① 本小节数据资料除特殊说明外，均根据调研时国家民委或地方政府提供的资料整理。

过大的状况并没有彻底改观。此外，边境地州的工业化与节能减排、环境保护之间也存在着一定的矛盾，目前在全国普遍重视环境保护工作背景下，工业发展必须注重保护环境，进一步加剧了边境地州工业化的压力。

三是经济发展方式粗放落后。工业发展中资源性产业、产品多，高附加值的产品少，转型升级压力大；第一产业中传统农业比重较大，仍然以传统的常规的耕作模式为主，农业产业化水平低，产业扶持工程未能改变目前传统产业主导的格局。

四是投资缺口大。“吃饭财政”的现象比较普遍，财政收支矛盾突出，限制了政府投资拉动区域经济增长的作用。目前全国正处于全面建设社会主义现代化国家的新征程中，边境地州由于历史欠账较多，实现高质量发展的资金缺口较大。

2. 中心城市经济辐射带动作用不强

根据前述区域经济理论，我们认为边境地州在区域经济发展中表现不佳的一个重要原因在于，边境地州缺乏一个经济功能较强的区域中心城市。实地调研中我们发现，不少边境地州首府所在的城市工业化水平不高，城镇化水平低，对周边边境县市的经济辐射作用比较有限，聚集和扩散效应在现实中发挥得并不理想，而且由于其自身的经济发展水平有限，承接来自省区中心城市的技术、产业的能力也受到限制。正是因为边境地州中心城市难以起到区域经济发展的承上启下之作用，边境地州区域经济发展缺乏生命力和活力。

如广西崇左市龙州县，2019 年城镇新增就业仅 1809 人。当地就业市场空间狭小，就业岗位有限，难以满足当地经济发展的现实需求。同时，崇左市中心城镇江州区经济发展水平有限，产业结构较为单一，也难以承接和吸纳大量转移劳动力。边境地区富余劳动力不得不到南宁甚至是其他省区寻找就业岗位。远距离外出寻找就业岗位的成本较高，抑制了边境县市劳动力向二三产业转移。由于产业转移不顺利，边境县市人均收入水平提高缓慢，进而对边境县市经济发展构成了较大的压力。

根据区域经济发展理论，边境地州区域中心城市与周边县市的经济地理区位关系直接决定着中心城市的辐射力度。经济地理区位是指一个城镇在与周边地区的经济联系中所形成的经济空间关系。经济地理区位优越的区域中心城市不仅可以通过交通网络对周边地区产生点辐射，还可以借助发达的产业关联网络以及其他媒介产生线、面辐射。但是许多边境地州经济地理区位较差，如云南省德宏州，山区较多、交通基础设施较差、历史欠账较多、跨境基础设施互联互通等方面建设缓慢。

3. 边境地州内部区域差距有所扩大

我们在调研中发现，一些边境地州内部各区域之间差距亦有所扩大，主要表现在边境县与非边境县之间的区域差距上。以云南省德宏州为例，德宏州下辖 5 个县市，其中芒市、瑞丽市、陇川县和盈江县为边境县，而梁河县是非边境县。尽管梁河县政府所在地距离边境线仅有 50 多千米，但由于没有边境村镇，无法获得国家和云南省兴边富民行动工程的政策支持，使得梁河县与其他 4 个边境县之间的区域差距逐渐扩大。

首先，基础设施差距不断扩大。德宏州境内的芒市机场的客货吞吐量居全省支线机场第三位，但上述高速公路、铁路和机场都位于德宏州境内的边境县中，目前梁河县只有一条二级公路连接芒市和盈江，与其他县市，特别是与芒市和瑞丽相比，在交通基础设施上的差距很大。①

其次，经济发展差距不断扩大。在兴边富民行动工程政策支持下，德宏州边境县市的经济快速发展，相比之下，梁河县的经济发展速度略逊一筹，原本就已经存在的县域经济发展差距在“十三五”时期进一步扩大。人均生产总值方面，梁河县在德宏州各县市中始终位列最后一名，且不到其他 4 个边境县市人均生产总值的一半，人均固定资产投资、人均财政一般预算收入和人均社会消费品零售额也都位列末尾，与其他边境县市的差距非常明显。②

最后，人均收入差距明显。德宏州边境县市和非边境县市经济发展水

① 德宏州芒市到梁河高速公路于 2019 年 2 月开工建设，但本章写作时仍未建成通车，预计 2021 年建成。

② 根据历年《云南统计年鉴》计算得到。

平差距导致了人均收入上的差距。城镇居民人均可支配收入方面，梁河县在德宏州5个县市中位于最后一名，年均增速也同样是最后一名。人均生产总值方面，2018年梁河县仍然处于德宏州最后一名，城镇常住居民人均可支配收入仅25650元；农村常住居民人均可支配收入仅8678元，尽管年均增速高于4个边境县市，但到2018年仍显著落后于其余4个边境县市。①

尽管截至目前边境地州内部各区域之间的差距扩大态势不是很明显，但我们认为应当引起高度重视。因为边境地区不仅是经济区域，也是边防区域、国防区域，承载着守土戍边、维护民族团结之重要艰巨任务。如果边境地区区域差距过大，无疑将会影响边境地区社会稳定，造成国防甚至国家安全隐患。

我们认为，正是边境地州中心城市经济功能不强，抑制了边境地区区域经济快速发展，也无法阻止区域差距逐步扩大的趋势。因此，建议将兴边富民行动实施范围从边境县市扩展至边境地州空间范围，这样通过国家政策倾斜及制度安排，能够迅速提高区域中心城市经济发展水平，使其真正发挥区域辐射带动作用，加快整个边境地区区域经济发展速度。这样不仅能够加快边境地州整体经济发展，还能够抑制区域差距扩大之弊端，防止出现各种社会稳定问题和民族团结问题。

三、稳固脱贫攻坚成果与边境地州兴边富民行动

兴边富民行动的终极目标就是实现“富民、兴边、强国、睦邻”。随着兴边富民行动的实施、推进和边境地区经济社会发展形势的变化，从稳固脱贫攻坚成果视角看，兴边富民行动政策实施的空间范围扩大至边境地州是极其必要的。

（一）稳固脱贫攻坚成果是深化兴边富民行动的重要内容

兴边富民行动相关政策总体目标是，重点解决边境地区发展和边民生

① 根据历年《云南统计年鉴》计算得到。

产生活面临的特殊困难和问题，不断增强自我发展能力，促进经济加快发展、社会事业明显进步、人民生活水平较大提高，使大多数边境县和兵团边境团场经济社会发展总体上达到所在省、自治区和新疆生产建设兵团中等以上水平。最终目标是促进边境地区经济社会发展，缩小其与内陆地区及东部沿海地区经济社会发展差距，真正实现富民、兴边、强国、睦邻。可见，实现富民是兴边富民行动的最直接目标。

中国边境地区绝大部分是少数民族聚居地区，有30多个民族与毗邻国家同一民族相邻而居。边境地区各族人民是建设边疆、巩固边防的重要力量，为捍卫国家主权和领土完整作出了重要贡献。但是，出于历史、地理、自然等方面的原因，边境地区的社会发育程度低、生产方式落后，自然环境恶劣，脱贫任务重、贫困人口多，基础设施薄弱，教育、文化、医疗、卫生条件差，财政极其困难，是全面建成小康社会最难以攻陷的贫困堡垒。①“十三五”时期，随着国家不断加大脱贫攻坚力度，边境所有贫困地区将在2020年年底实现脱贫摘帽。但边境地区发展基础不牢固，稳固脱贫攻坚成果将是深入推进兴边富民行动的重要内容。因此，从稳固边境地区脱贫攻坚成果视角探讨兴边富民行动政策的健全与完善，也是兴边富民行动实施的内在要求。

（二）稳固脱贫攻坚成果要求兴边富民行动扩展至边境地州

稳固脱贫攻坚成果无论从产业角度、地域角度，还是从制度安排层面，都是综合工程。随着边疆省（区）经济社会发展的进程，将兴边富民行动相关政策仅仅局限于边境县市范围，已经不适应当前边境片区扶贫攻坚和经济社会发展的需要。因此，稳固脱贫攻坚成果需要兴边富民行动扩展至边境地州。

1. 增强自我发展能力的内在要求

稳固脱贫攻坚成果的关键在于增强贫困户的自我发展能力，而继续推

① 朱玉福．“兴边富民行动”的意义［J］．广西民族研究，2007（4）：16-21.

进产业化扶贫是增强贫困户自我发展能力的必由之路。产业化扶贫就是以市场为导向，以龙头企业为依托，利用贫困地区所特有的资源禀赋优势，逐步形成“贸工农一体化、产加销一条龙”的产业化经营模式体系，持续稳定地带动贫困人口脱贫增收。① 产业化是指产业形成和发展的过程，是以某产业系列核心技术为特征，以市场为导向，以相关产业为依托形成完整的产业群链的发展过程。产业化的特点是生产规模化、技术专业化、经营一体化、系统标准化、功能社会化、布局集群区域化、企业现代化、网络国际化和发展持续化。产业化的基本特征主要包含四个方面：一是市场化。这是产业化的运作方式。即产业的发展要紧跟市场需求，强调产业发展的实用价值和商品化价值，强调产业的发展必须服从于市场经济规律。二是规模化。这是产业化发展的基础。即产品的生产不仅要形成群体规模，而且要通过多种形式不断地扩散和推广，形成聚合规模效益。三是一体化。这是产业化经营的核心。即在市场经济条件下，通过利益或产权的联结，将科研、生产、销售各环节联结为一个完整的产业体系，形成紧密的经济利益共同体。四是现代化。这是产业化水平的标志。即科技产业化始终表现为一种动态行为——由初级产业向高级产业发展，由传统产业向现代产业进军的产业化过程。它包括科研、开发、推广以及生产各环节的现代化。这样，产业化的完整内涵既包括了产业化的结果，又包括了产业化的转变过程，这种过程包括从程度上的较低层次到较高层次、从范围上的较小范围到较大范围、从规模上的较小规模到较大规模的发展过程。

由于边境地区的特殊性，将兴边富民行动优惠政策限于县域空间范围内，很难真正形成特色产业的规模化和一体化。没有规模化、一体化，其现代化的实现也就成为空中楼阁，通过产业化实现稳固脱贫攻坚成果的目标也就难以实现。将兴边富民行动从边境县市扩展到边境地州，将为边境地区充分发挥地缘优势和资源优势，并将这些禀赋优势转变为产业优势提供条件，为产业化扶贫实施和实现提供前提。

---

① 战成秀，韩广富．“兴边富民行动”开发式扶贫基本策略分析［J］．黑龙江民族丛刊，2013（2）：57-61.

2. 增强自身发展动力的内在要求

“十四五”时期的减贫工作，增强贫困人口的自身发展动力非常重要，而其中的关键则在于坚持参与式扶贫，即让贫困人口参与扶贫以及扶贫参与主体能力建设。参与式扶贫对于从根本上摆脱贫困具有非常重要的意义，当前以外部支持为主的扶贫模式在新时期必将过渡到以参与式扶贫为主的模式。贫困人口的参与程度是影响减贫效果的关键因素，只有贫困人口切实参与到扶贫工作中来，使自身具备应对贫困风险之能力，才能从根本上解决贫困问题。参与式扶贫强调贫困人口在扶贫工作中的主体地位，不再是由政府一手包办的嵌入式扶贫模式。因此，需要继续做好“扶智”和“扶志”工作，加强贫困人口的能力培养，同时政府部门也应合理定位自身角色，更多地依靠市场化的力量，做好相应的指导、监督和检查工作。

贫困农户的项目参与能力和自身发展动力对产业扶贫的实施也有着重要影响。在针对贫困地区实施产业扶贫的过程中，必须注重提高贫困户的参与意识，使他们能够积极主动地参与到扶贫项目当中，在贫困户与当地政府之间形成以实施产业扶贫为中介的良性互动。在贫困户具备项目参与意识之后，需要关注的是农户的自我发展能力建设。通过帮助贫困地区农户提高自身的管理能力、技术能力、营销能力、社交能力等，使贫困户既具备参与产业扶贫的意愿，又有参与产业扶贫所必需的个人能力，这样才能够通过双方的共同努力，达到稳定脱贫的目的。

一个地区的资源总是有限的，特别是边境贫困地区，大多数产业发展较为薄弱，为数众多的青壮年劳动力外出打工，当地村落居民多为留守老人和儿童。不仅边境地区村落如此，县镇也面临着同样的状况。留守人员由于年龄和能力的限制，很难真正参与到边境地区扶贫开发当中。将兴边富民行动优惠政策扩大至地州，依托整个地州的经济社会发展优势，吸引外出务工青壮年回到边境地区创业、就业，将有助于提升当地居民参与扶贫开发的能力和意志，有助于边境地区的扶贫开发可持续。

（三）边境地州整体推进扶贫开发的优势

兴边富民行动从边境县市扩展至边境地州，让边境地州统筹规划，根据边境地区实际情况整体推进扶贫开发更有利于边境地区兴边富民行动的实施及其扶贫效果的实现。

1. 有利于提高扶贫开发效果

边境县市受制于自然、历史、经济等因素，发展基础比较薄弱，未来一段时期将面临较大的防止返贫压力。解决相对贫困、防止返贫是“十四五”时期边境地区兴边富民行动中的关键内容和工作重点之一。由边境县市自身主导扶贫开发工作，尽管拥有一定优势，如更了解贫困人口在边境地区的分布状况、更了解贫困深度和广度、对致贫原因有较好的把握，但是边境县市所拥有的扶贫开发资源较为有限。一是扶贫资金有限。在目前行政和财政管理体制下，边境县市所能掌控的资金较为有限，边境县市既要加快县域经济发展，提高公共服务水平，还要负责扶贫减贫，因此投入扶贫开发工作的资金比较有限。二是扶贫工作管理成本高。边境县市自身扶贫开发资金有限，许多扶贫政策、扶贫项目需要向上级政府部门申请。在目前管理体制下，上级政府部门需要调研、审核，因此有时扶贫政策、项目的申请时间较长，手续较多，这都意味着较高的行政管理成本。三是人才缺乏。边境县市地理位置远离中心城市，交通基础设施相对较差，收入水平相对不高，因此技术人才、管理人才比较缺乏，而人才缺乏对边境县市的扶贫工作也造成了明显的制约。

2. 有利于提高扶贫资金使用效率

由于资源的有限性，任何一项政策或项目都需要考虑投入产出效率。扶贫开发作为国家的一项长期政策安排，其资金使用也必须做到有效率。投入高、扶贫效果差的扶贫项目不可能长期持续下去。同样的道理，扶贫资金在各个边境地州内部使用上，也应该统筹考虑投入产出效率。

有研究表明，扶贫资金的投入对贫困广度和贫困深度的影响为负，对贫困强度的影响为正（其中贫困广度是指贫困发生率，反映贫困人口占总人口的比例；贫困深度反映了贫困人口收入与贫困线之间的相对距离；贫困强度反映了贫困人口内部的收入分配状况）。也就是说，扶贫资金投入能够有效地降低贫困广度和贫困深度，却对贫困强度存在不利影响，这在一定程度上意味着扶贫资金投入在不同贫困人口之间存在效率差异。①

扶贫的产出效果是一个边际递减的过程，随着扶贫资金的投入，贫困户的收入增长幅度将呈现下降的态势，即存在一个最优的扶贫资金投入。因此，如果各个县市自行安排扶贫资金，会导致不同地区扶贫效率出现差异，必然会降低在解决贫困问题方面的总体效率。而由边境地州统一安排兴边富民行动，统一制定行动政策，统一实施行动项目，能够在整个边境地州的范围内实现扶贫资金的合理利用，可以提高扶贫资金在地州范围内的整体效率。

四、特色产业发展与边境地州兴边富民行动

促进边境地区特色产业发展一直以来都是兴边富民行动的重要内容，是各级政府兴边富民行动工程的核心组成部分，关系到边境地区经济发展、民生改善、民族团结与社会安定。边境民族地区经济结构调整步伐要加快，产业布局要趋于合理，需要边境地区加快特色优势产业的发展，逐步提高自我发展能力。为了加快特色产业发展，兴边富民行动也应当扩展到边境地州。在边境地区，特色产业主要集中于特色农牧业及其产品加工业和特色文化旅游业等方面，本小节对此分别进行讨论。

（一）特色农牧业及其产品加工业

自国家兴边富民行动实施以来，边境县市特色农牧业及其产品加工业得到了快速发展，调整优化了当地产业结构，发展壮大了县域经济，大幅度提高了边民家庭收入，取得了较好成果。随着兴边富民行动进一步向纵深推进，边境地区特色农牧业及其产品加工业迎来了新的发展机遇，但也

① 刘林，陈作成．扶贫资金投入与减贫：来自新疆农村地区数据的分析［J］．农业现代化研究，2016，37（1）：17-22.

面临新的挑战。兴边富民行动的政策实施范围应随着产业发展作出相应调整，从边境县市扩大至边境地州，为边境地区特色农牧业及其产品加工业做大做强、带动整个边境地区区域经济社会发展和全体边民致富提供相应政策条件。

1. 产业规模需要扩大

在兴边富民行动政策推动下，中国各边境县市特色优势产业蓬勃发展，很多地区形成了“一村一品”“一乡一业”的良性发展态势。然而由于边境地区产业发展起点低、基础薄弱，多数特色优势产业仍然处于分散经营层级，产业规模相对较小。内蒙古呼伦贝尔市新巴尔虎左旗自 2011 年以来，围绕乳、肉、养殖等产业投资 1600 万元，新建了 50 个肉牛育肥基地及风干肉、奶制品加工厂等工程，日处理鲜奶能力达到 300 吨，日屠宰能力达到 5500 只羊单位，畜牧业产业化明显提升。但是在调研中我们了解到，新左旗许多畜牧产品加工企业仍属于小微企业，仅靠企业自身和新左旗政府的扶持，进一步扩大生产规模存在很大困难，其中新左旗昂格乐玛奶食品加工合作社就是一个典型的案例。①

为此，应进一步拓宽兴边富民行动政策覆盖的空间范围，激活边境县市毗邻地区同类特色优势产业资源，有利于形成边境地区特色优势产业集中连片发展、集群式发展，在短期内实现产业规模迅速升级，为特色优势产业做大做强、向地方主导产业转化提供必要条件。

2. 产业空间需要扩张

“以点至线，以线带面，点线面结合”是产业空间演进的普遍规律。边境地区特色优势产业经过十几年的快速发展，在边境县市已经基本完成了产业布点与产业连线任务。随着既有产业点、线的互动与升级，特色优势产业辐射面将不断形成并持续向外扩展，必将超越边境县市地域空间界限，大面积覆盖邻近区域。根据产业发展空间布局的演进规律，将兴边富民行动政策从边境县市扩大至边境地州，能够为产业发展提供更广阔的空

① 关于该案例具体描述可参见本书第三章。

间，能够以边境县市特色优势产业为辐射源，加快边境地区特色优势产业的整体发展与立体推进。

边境县市特色优势产业的兴起，向来离不开其他地区的支持，离开邻近地区关联产业的相互扶持，边境县市特色优势产业将失去持久发展动力。在一些地区，边境地区各个县市的特色优势产业由于资源禀赋接近，存在一定的替代性，边境各县市的特色优势产业是相互竞争关系，但有效的市场竞争能够让特色优势产业始终保持活力；在另一些地区，边境地区的特色优势产业之间存在互补关系，某个边境县市特色产业的发展，能够促进其他地区的区域经济发展。无论是竞争关系还是互补关系，对于边境地区整体而言，边境地区的特色产业能够形成强大的产业合力。对边境地区整体而言，注重各地特色优势产业间的协同效应发挥至关重要。兴边富民行动政策的扩围，使边境地州辖区内各县市均可获得推进本地区特色优势产业发展的机遇与条件。一方面，能够通过竞争机制作用，激发边境地区特色优势产业发展的生机与活力；另一方面，能够通过互补机制作用，发挥边境县市特色优势产业间“1+1>2”的效应。

3. 产业发展需要合理规划

边境地区特色优势产业发展是市场机制与政府机制合力作用的结果。考虑到边境地区经济社会发展的特殊性以及兴边富民行动的政策内涵，政府的扶持政策在边境地区特色优势产业发展中发挥的作用非常突出。边境县市当地政府从实际出发，通过确立特色优势产业的中长期发展规划，为本地特色优势产业发展指明方向；通过系统分析、统筹决策，确定特色优势产业生产力的合理空间布局；借助财税、金融、农林牧、工商等职能部门的政策支持，推动边境地区特色优势产业实现超常发展。

然而，边境县市在产业规划与布局方面人才相对缺乏，业务能力较为有限，能够统一配置的资源规模较小，在一定程度上制约了地方政府支持特色优势产业作用的发挥。因此，有必要拓宽兴边富民行动政策实施范围，从边境县市进一步扩展到边境地州，规避边境县市在引导特色优势产业发展中的劣势，发挥地州一级政府既了解基层实际又具有更高战略眼光和更强业务能力的优势，有利于边境地区特色优势产业的持续健康发展。

（二）特色文化旅游业

旅游业是边境地区兴边富民行动扶持的特色产业之一。随着兴边富民行动的实施，边境地区旅游交通、旅游服务等基础设施得到极大改善，旅游业获得了蓬勃发展。边境地区积极响应国家政策，出台了各种促进旅游业发展的优惠政策，整合各方资金，加大对旅游特色产业的扶持，打造了一批具有边境特色的知名旅游景区景点，开发了边境旅游、民族特色村寨旅游、休闲度假旅游、生态旅游、农牧业旅游等特色旅游产品。近年来边境地区旅游收入不断提高，旅游就业人数逐年增加，边境地区旅游业整体处于快速发展阶段，旅游业正在成为边境地区的支柱产业和重要区域经济发展的增长极。但随着边境地区旅游业的快速发展，边境县市旅游业发展已经开始遇到各种各样的瓶颈。为了进一步促进边境地区特色旅游业发展，无论是从旅游产品开发，还是开拓旅游市场空间等方面，均要求兴边富民行动实施范围扩大到边境地州。

1. 旅游产品需要开发

我们在调研中发现，目前边境地区旅游资源存在着政出多门、条块分割，景区、景点分散的现象，旅游资源丰富，但不能得到有效整合、合理开发和利用。景区大多数处于低层次开发和管理阶段，旅游产品整体水平和品质不高，旅游产品开发的深度和广度都有非常大的提升空间。一些边境旅游线路沿线景点少、品质不高且同质化现象严重，旅游吸引力和游览价值受到极大影响。

旅游产品开发，需要在边境地州范围内进行资源整合，整体打造，提高边境地区各县市的资源互补性，实现区域合作，开发具有区域竞争力、国内竞争力甚至国际竞争力的旅游精品，并带动相关旅游资源的开发，形成烘托统一目的地形象的旅游产品系列，促进边境地区整体旅游业的全面发展。如广西崇左市的“南国边关风情游”，涉及崇左归龙塔、崇左石景林和世界珍稀动物白头叶猴保护区——弄官生态公园；左江花山壁画群；

世界第二大、亚洲第一的大新德天跨国瀑布、名仕河田园风光；凭祥友谊关；扶绥恐龙化石群；弄岗国家森林公园；等等。

可见，边境地区在旅游产业开发规划过程中，仅靠某个边境县市自身发展成效不高，必须依托整个边境地州打旅游产品组合拳，才能规划设计开发更具区域特色、民族特色的旅游精品。

2. *旅游市场需要开拓*

旅游消费是一项综合性消费过程，只有建立在完善的吃、住、行、游、娱、购甚至更多的配套服务体系基础上才能提高旅游业综合效益。因此，在旅游线路设计、旅游交通、住宿、餐饮、娱乐休闲设施、游客集散服务中心等建设方面必须立足资源禀赋，遵从整体优化原则，即以实现区域整体最优化利用为目的，从空间整体出发、综合衡量、全面考虑。边境地区旅游市场开发就需要突破边境县市边界，从更大范围内通盘考虑，统一规划，进行整体设计。

在旅游交通方面，随着兴边富民行动的实施，边境县市公路、口岸公路、边民互市贸易点公路、边防公路、旅游点公路等交通基础设施得到较大改善，但与周边县市存在旅游景点线路不匹配、主要景区景点不通公路或公路等级低等问题。例如，从广西崇左市到德天、花山、友谊关等各大景区的道路还不是十分顺畅，增加了游客的不便，降低了旅游产品价值。

因此从旅游产业发展角度，建议兴边富民行动覆盖到边境地州空间范围，加强包括非边境县市的基础设施建设与公共服务设施建设，提高边境地区旅游业的支撑保障水平，避免政策的差异性带来的边境地州发展不均衡。兴边富民行动在积极支持边境县市的同时也要兼顾非边境县市，政策支持要覆盖到边境地州的旅游基础设施与旅游服务设施建设。

3. *跨境旅游发展潜力需要挖掘*

自兴边富民行动实施以来，边境口岸基础设施建设，边民互市交易市场、口岸出入境通道建设，以及通关便利化措施的不断完善，为跨境旅游创造了良好的条件，口岸流量迅猛增长。

“一带一路”倡议的实施，使中国沿边地区成为开发开放的前沿，为边境旅游带来了发展的重大战略机遇。“一带一路”的宗旨在于促进要素禀赋资源有序自由流动、资源高效配置和市场深度融合，推动沿线各国实现经济政策协调，开展更大范围、更高水平、更深层次的区域合作。沿边地区面向国际国内“两种资源、两个市场”，需要在更大范围内推动旅游生产要素的自由流动和优化配置，构建“资源共享、客源互送、要素流动、互利互惠”的区域性旅游交流与合作发展格局，促进跨境旅游发展。

从加快跨境旅游发展视角看，兴边富民行动应扩展到边境地州。尽管边境旅游潜力大、增速快，但是仍然存在诸多问题。而边境县市在开发跨国旅游产品、旅游线路和旅游市场时，往往力不从心，因为边境县市在涉及国家间合作的问题方面缺乏自主权。而边境地州无论是行政级别，还是掌握的政策资源、资金实力都具有明显优势，向省（区）政府甚至国家争取优惠政策也更为方便一些。因此由边境地州统筹开发跨境游，能够更有效地开拓边境地区跨境旅游的巨大潜力。

五、“一带一路”建设与边境地州兴边富民行动

党的十八届三中全会提出了推动“一带一路”建设的历史性重任。沿边地区处于“一带一路”建设的前沿，大多数是中国不发达地区和少数民族地区，是“一带一路”建设的关键节点。在国家深入推进“一带一路”建设的大背景下，兴边富民行动必须与“一带一路”建设相对接，而将兴边富民行动扩展到边境地州能够更好地完成这项时代任务。当前，中国经济社会发展面临着一系列内外环境与条件的改变，这就要求“十四五”时期继续推动西部大开发政策，继续实施兴边富民政策，积极融入“一带一路”建设，为实现中华民族复兴的中国梦保驾护航。而基于边境民族地区沿边开发开放的现实状况，国家“一带一路”建设的推进要求把兴边富民行动扩展到边境地州空间范围。

（一）外向型经济发展的需要

外向型产业布局以及结构优化更多依赖于边境地州这一级的决策。兴

边富民行动提出的初衷是增强边境县的造血功能，提升自我发展能力。从另一个角度看，就是优化边境县市的产业结构，加快经济社会发展。但边境地区外向型产业的发展更多要建立在依从国家战略基础上，这种情况下如果由边境县市这一级政府推动边境地区外向型产业发展，难免会受到诸多限制。边境地州空间范围内的人口规模更大，市场更广阔，产业空间配置可以更加灵活，能够在更大范围的空间寻找最优的空间布局，因此，与县级行政单元相比，能够更有效地促进外向型产业的发展和结构优化。

（二）消除无序竞争的需要

缩小边境地州内部经济差异，消除无序竞争，是夯实“一带一路”建设的基础。对于设有口岸的边境县市来说，推动经济发展的主要手段之一就是不断推进口岸经济的发展与完善。但过于强调口岸经济会带来两个问题：一是口岸规模与类型相似的沿边县市可能会陷入同构化的恶性竞争状态；二是同一地州内部的非边境县会被迅速拉开差距，从而导致地州内部区域差距扩大，区域经济发展不均衡。而边境地州若能配合兴边富民行动的资金与政策扶持，协调县域之间的竞争并根据“一带一路”建设进行统一部署，则能有效地协调县域之间的关系，实现区域经济协调发展。

（三）基础设施建设的需要

“一带一路”建设的基础是口岸、交通等互联互通基础设施的逐步完善。依照“一带一路”建设的要求，沿线地区应扩大基础设施投资，从而尽早实现互联互通。为了加快边境地区基础设施建设，拉动当地经济快速发展，兴边富民行动实施范围应当扩大到边境地州，结合国家战略的统筹安排，实现高效的资金与项目投资安排。而且基础设施建设往往需要大量的资金投入，对于地方政府而言，除了中央政府拨款外，其筹措资金的主要方式有银行借贷、发行政府债券以及借助民间资本。相当长一段时间内，我国都面临“三去一降一补”，优化产业结构的压力，实行的是相对较为稳健的货币政策，整体银行信贷略紧。而在债券市场以及 PPP 市场当中，地州一级政府无疑比县市政府具有更高的公信力以及偿还能力。除筹措资金之外，地州政府也可以更好地将资金在各个县之间进行分配，更有效率地完成兴边富民行动提出的一些基础设施建设目标。

六、兴边富民行动扩展到边境地州的政策建议

根据上文分析，我们认为无论是从加快区域经济发展、稳固脱贫攻坚成果，还是加快特色产业发展，提高沿边开发水平融入“一带一路”建设，都应当将兴边富民行动的实施空间范围进行扩展，覆盖至全部边境地州空间范围。同时，国家提倡区域之间协调发展、优势互补，而边境地州多样化的自然资源禀赋能够形成各具特色的优势产业和优势产品，“十四五”时期可以尝试将兴边富民行动扩展至边境地州或者先进行试点。为了保证实施范围的扩展能够更好地推进兴边富民行动，我们建议还应当从制度设计和政策措施上予以保证。

（一）增加投入，加大政策倾斜力度

云南省自 2015 年开始实施了两轮《兴边富民工程改善沿边群众生产生活条件三年行动计划》，第一轮行动计划中，省级部门计划投入资金 65.6 亿元，着力改善沿边群众生产生活条件，实现沿边行政村“五通八有三达到”目标。第二轮沿边三年行动计划将进一步加强沿边地区发展的整体性、协同性、精准性，重点实施六大任务 38 项重点工程，计划总投入建设资金 126.1 亿元。在兴边富民行动政策实施范围扩大的同时，还要相应地考虑非沿边县市的经济发展问题，因此还需要进一步加大资金投入力度。

此外，政策倾斜力度还有待提升。尽管各个中央部委都从各部门角度，制定了一些相应的政策措施，但调研中发现，这些政策中，直接扶持边境地州的、直接作用于边境一线的政策安排还是非常有限的。这些倾斜性政策主要是针对整个边境省区的，而边境省区内能够享受这些政策的往往是省区的首府或中心城市。边境地州的区域次中心城市，以及边境县市

基本上很少能直接受益。因此，我们认为在兴边富民行动实施范围扩大的同时，中央各部委也应制定能够让边境区域直接受益的政策，让这些倾斜性政策真正落实到最需要政策扶持的边境区域，让边民实实在在享受到优惠政策。

（二）健全机制，充分发挥兴边富民行动协调小组作用

目前，从中央到边境省区，再到边境地州，甚至到各个边境县市都相应成立了兴边富民行动协调小组，统筹协调兴边富民行动实施。但调研中发现，尽管协调小组在名义上建立了，但实际中作用并未充分发挥。因此，我们认为，兴边富民行动实施范围扩大的同时，还应进一步健全兴边富民行动协调小组的运行机制，进一步强化小组的协调功能。首先，为了提高协调小组工作效率，应提升协调小组的级别。无论是省区一级还是地州一级的协调小组，建议由当地政府最高行政长官——省长、主席或州长、市长直接负责。由地州政府最高行政长官担任小组组长，能够较好地解决协调小组成员较多、协调难度较大的困难，有利于提高小组工作效率。其次，协调小组的工作要制度化。小组应从不定期召开会议转为定期开会，每年至少要召开两次会议，各成员单位要汇报兴边富民行动政策落实情况；同时，要编制边境地区享受各类扶持政策的汇编文件，进一步明晰各成员单位的工作任务和职责。对于需要几个部门协作完成的项目需要明确各部门分工、职责，合作方式等内容。协调小组在形式上已经建立了，但只有健全协调小组的工作机制，明确工作任务，才能让协调小组充分发挥作用。

（三）明晰目标，确定规划任务

国家和一些省区在制定兴边富民行动规划时，对规划目标并未作出明晰的界定，这就容易导致规划目标的软约束。因为规划目标不清晰，对各级地方政府的压力就比较小。调研中，我们发现一些地方政府对兴边富民行动并未给予足够的重视。因此，从中央到地方政府，在制定兴边富民行

动规划时，必须要明确规划目标，如应明确到规划期末边境地州、边境县市生产总值增长率，基础设施建设、对外贸易、城镇化水平、人均收入、社会保障水平应达到的具体目标。只有规划目标清晰，才能明确地界定国务院、中央各部委、各省区政府、各地方政府的责任，才能准确地评价各个沿边地区兴边富民行动实施成效，才能更有效地推进兴边富民行动。尽管全国边境地州经济社会发展情况差异较大，但可以将这些边境地州按照经济社会发展水平分成几大类，对于不同发展水平的边境地州，允许规划目标适当地小幅调整。

（四）因地制宜，充分发挥地方优势

兴边富民行动规划都强调了要因地制宜，充分发挥地方优势，但我们在调研中发现，从中央部委到各地方政府对因地制宜的理解仍然有些狭隘。兴边富民行动项目实施重点领域是特色产业，基础设施类的项目，但是在市场经济条件下，边境地区在区位、经济基础、基础设施、市场规模等方面面临着诸多不利条件，因此，促进经济发展的效果非常有限，人均收入增长慢。而且，由于过于重视经济建设、相对忽视社会事业发展，边境地区公共服务质量提升比较有限，致使边民生活质量与中心城市的相对差距难以缩小。

因此，我们认为，在兴边富民行动项目的设置上，不应做过于狭窄的限制。只要是能够促进当地经济社会全面发展、民族团结、社会稳定的项目，都是兴边富民行动的工作内容。所以，在兴边富民行动项目的选择上，应当允许边境地区政府根据自身实际情况作出调整。这样才是真正地因地制宜，才能充分调动地方积极性，发挥地方优势。

（五）明确责任权利，强化边境地州在兴边富民行动中的作用

在兴边富民行动政策实际运行过程中，边境地州这一级政府的主要责任是配合省区政府对边境县市的兴边富民行动工作进行规范管理，如审核边境县市上报的兴边富民行动项目，从中选择适合当地的禀赋项目上报到

省区政府。边境地州政府并不涉及兴边富民行动资金的分配工作。这种“地州配合”的方式决定了地州政府仅处于政策执行的从属地位，承上启下、上传下达的色彩较为浓重，其应有的权力和应负的责任不够清晰。

如果将兴边富民行动实施范围扩展到边境地州，就应当在政策原则上赋予边境地州相应的职责，统筹边境地区兴边富民行动项目的引导与配置，实现边境地区社会经济全面协调发展。边境地州承担更大的职责并不意味着对兴边富民行动进行全面的管理，而是应当扮演联合规划者角色，应当制定整个边境地州范围内兴边富民行动的实施原则和工作重点，兴边富民行动具体项目的具体实施者仍然是边境县市。与之前相比，边境地州承担了更多的管理工作，但同时也意味着承担了更多的责任。既要规划整个边境地州兴边富民行动的大方向，又不应干预边境县市具体兴边富民行动；既要管理、审核、验收兴边富民行动项目，分配兴边富民行动资金，同时也应赋予边境县市相当的自由决策权。

兴边富民行动实施范围扩大同时必须要明确边境地州政府与边境县市政府之间的权责分工机制。在原有权责划分基础上，应进一步调整增加边境地州政府对于边境地区经济社会发展的统筹规划权限，相应地增加对地州政府兴边富民行动政策落实的职责考核；同时确保边境县市政府在具体政策执行中的行动权限与主体责任，将兴边富民行动融入本地经济社会发展的总体考核之中。

此外，兴边富民行动扩展到边境地州的同时，应当强化边境地州的协调责任。一是强化边境地州协调地州这一级各个政府部门的责任。兴边富民行动是关系边境地区经济社会全面发展的工作，涉及边境地州多个政府部门。从国家兴边富民行动协调小组构成看，包括国家民委、国家发展改革委、财政部、国务院扶贫办、科技部、工信部等30多个部委。在地州这一级，与这些部门对口的至少也有20多个部门。因此，如何协调各个部门，让各个部门原本分散的工作形成合力，提高兴边富民行动效率是边境地州的一项重要协调责任。为此，在边境地州兴边富民行动协调小组指导下，要构建并优化部门协调机制，要明确民委、发展改革委、财政、扶贫等部门的角色与职责，增强信息共享和业务整合，提高兴边富民行动效率。

二是要强化边境地州对于各边境县市兴边富民行动的协调责任。边境地州政府在指导边境县市兴边富民行动中应当协调各边境县市的兴边富民行动，特别是在资金的分配上不应当实施平均主义。目前兴边富民行动资金在边境县市的分配基本上实行的是平均主义原则，这在一定程度上挫伤了边境县市的积极性。因此，我们建议边境地州在分配资金时，既要保证一定的公平性，让所有的边境县市都能够获得一定的资金扶持，又应制定相应的奖惩制度，对兴边富民行动工作比较突出的边境县市予以奖励，包括提高下年度的资金投入、在干部任用上进行倾斜等。

三是在组织边境县市之间交流和学习兴边富民行动经验。兴边富民行动实施过程中，有些边境县市在兴边富民行动中表现比较突出，取得了明显的成绩，这些成功经验是一笔宝贵的财富，值得其他县市去学习、吸收与借鉴。而边境地州的协调责任之一就是定期组织各边境县市在一起共同学习和交流，让先进的做法、经验能够在其他边境县市予以传播。交流、学习的过程不仅应在边境县市之间进行，也应当在边境地州之间进行，让不同地州之间也能相互学习和借鉴先进经验和做法。

第十章　兴边富民行动“十四五”规划思路思考

兴边富民行动“十三五”规划实施以来，尤其是党的十九大以后，兴边富民行动取得了一系列新成果。在中央、各省区和市（地、州、盟）三级政府领导下，兴边富民行动助推了沿边地区的经济增长，使沿边地区的经济社会发展取得了新的成果。不少边境县市的经济增长速度快于所在省区的增长速度；沿边地区基础设施得到改善，交通、水利、通信、电力等方面的基础设施建设取得了较大进展，极大地缓解了基础设施缺口；边境一线农牧民居住条件有所改善，生活水平也有明显提高，边境贫困县、贫困村即将全部脱贫摘帽。“十四五”时期为继续贯彻国家兴边富民行动要求，促进兴边富民行动更好实施，推动沿边地区高质量发展，本章对“十四五”时期兴边富民行动规划提出如下思考和建议。

一、继续推进兴边富民行动的历史意义

兴边富民行动促进了沿边地区的经济社会发展，沿边地区经济实力明显增强，在带动就业、增加收入和改善居民生产生活条件等方面都产生了直接效应；教育、医疗、卫生、文化等公共服务也逐步完善，惠及了沿边地区民生的改善；边境地区生态环境明显改善，可持续发展能力得到增强。兴边富民行动的实施，顺应了全国共同建成小康社会的要求，促进了沿边地区的守土固边、富民强区、民族团结和睦邻友好。但应当看到边境地区还面临艰巨的发展任务，继续推进兴边富民行动具有重要的历史意义。

（一）兴边富民行动任务依然艰巨

出于历史、自然、社会等方面的原因，边境地区发展水平和群众生产生活条件仍然低下，群众困难多，困难群众多，同全国一道实现高质量发展，与全国其他地区保持同步发展速度还存在一定难度。基础设施落后、生态环境脆弱的瓶颈制约仍然存在，公共服务能力薄弱的问题未彻底根除，产业结构单一，自我发展能力不强的状况还没有根本改变。在老少边穷不发达地区中，沿边地区兼具边境地区、少数民族地区、贫困地区的特点。边境地区 212 万平方千米总面积中，民族自治地方占 92%，沿边地区占全国民族自治地方面积的 32%；全国边境地区 2300 多万人口中，少数民族人口占将近一半；全国 55 个少数民族，边境地区分布着 45 个少数民族；沿边地区有长达 2.28 万千米的边境线，其中 1.9 万千米位于民族地区。

同时，兴边富民行动还面临一定的困难，政策实施也还存在着需要改进之处。例如，资源配置主导方向有待优化，政策推进程序还有待完善；个别地区迫切的民生问题还没有得到完全解决，而在一些地方兴边富民行动资金却被用于补助私人企业发展；又如，一些沿边地区边境小道纵横，一些地方缺乏铁丝网拦阻以及口岸监控设施不到位，导致毗邻国家劳动力涌入，三非人员（非法入境、非法居留、非法就业）激增等问题开始凸显，非法跨国婚姻成为新的管理问题，甚至出现“遣送—回流—再遣送—再回流”的恶性循环现象。还有，一些地方边境地区出现人员流出的“空巢”现象。这些问题都需要在兴边富民行动政策实施中加以解决。

（二）继续推进兴边富民行动意义重大

1. 推动区域协调发展要求重视兴边富民行动

党的十八大以后党中央的会议公报，都强调继续实施总体区域发展战略，推进全国区域经济协调发展。党的十九大报告提出，“实施区域协调发展战略”“加大力度支持革命老区、民族地区、边疆地区、贫困地区加快发展”“加快边疆发展，确保边疆巩固、边境安全”。兴边富民行动作为国家西部大开发战略的重要组成部分，在整个西部大开发战略实施中具有其独特的作用，也必然随着西部大开发战略的实施继续加以推进。习近平总书记多次强调，继续实施西部大开发战略，并且指出：“要统筹边防建设与边境经济社会发展，坚决维护边境安全稳定与繁荣发展。”从国家区域经济发展大局上，实施兴边富民行动的重要性进一步增强。

2. 构筑新的国家开放格局要求重视兴边富民行动

党的十八届三中全会提出，要构建开放型经济新体制，扩大内陆沿边开放，并明确提出推进丝绸之路经济带、海上丝绸之路建设，形成全方位开放新格局。党的十九大报告指出，“积极促进‘一带一路’国际合作，努力实现政策沟通、设施联通、贸易畅通、资金融通、民心相通，打造国际合作新平台，增添共同发展新动力”。沿边各省区处在建设丝绸之路经济带和海上丝绸之路的前沿阵地，兴边富民行动与沿边开放政策形成互补关系。推进兴边富民行动，将为扩大沿边开放创造更好的条件，有助于推动丝绸之路经济带与海上丝绸之路建设；而推进兴边富民行动，也需要沿边开放作为支撑，新的沿边开放思路将进一步丰富兴边富民行动政策的内容。

3. 创造和谐的周边环境需要重视兴边富民行动

实现中华民族伟大复兴的中国梦，需要利用好战略机遇期，并创造有利于战略机遇期延伸的良好周边环境。习近平总书记明确提出，实行亲诚惠容的发展理念，建立与周边国家良好发展的命运共同体，这是促进周边外交与推动毗邻区域合作发展的重大命题。尤其是，沿边城镇是中国经济成果外溢的重要平台，是与周边国家互联互通的重要枢纽。通过振兴沿边城镇，可以增加中国经济的辐射影响力，促进中国与周边国家的合作发展，培育良好的毗邻和睦环境。

4. 扩大内需要求重视兴边富民行动

我国不少沿边地区基础设施依然薄弱，经济社会发展水平较低，居民收入水平较低，存在着强烈的发展愿望。通过适当的政策扶持，在一些公共设施的补短上下功夫，可以有效地引导和扩大地区投资；实行促进沿边发展的政策，必将直接提高沿边城乡居民收入，促进居民有效消费需求扩大。可见，通过兴边富民行动的投入，可达到边兴民富之目的，有效促进沿边地区经济发展，可达到沿边振兴有热点、沿边拉动经济不边缘的效果。

5. 增进民族团结需要突出兴边富民行动

沿边地区民族复杂，与周边国家民族存在着血缘等方面的联系，是境外势力容易渗透的区域。构筑沿边安全与稳定的前提是，更加注重促进多民族团结。扶持沿边地区，就是扶持少数民族地区。兴边富民行动体现了中央对少数民族地区的重视，并凸显了兴边促进实边、富民体现互助的作用，在政策实施中增进民族团结、民族融和、民族平等，促进沿边多民族关系和谐发展。实施这一政策，可以减少周边区域一些不安全成分对我国沿边地区的影响，增强沿边区域民众的向心力与凝聚力。继续实施兴边富民行动，能够进一步增强沿边各族人民对伟大祖国的认同、对中华民族的认同、对中华文化的认同、对中国特色社会主义道路的认同。

6. 减贫事业不能忽视兴边富民行动

继续推进沿边地区的减贫事业，解决相对贫困问题、稳固脱贫攻坚成果、防止返贫，是全面实现社会主义现代化的基础。沿边地区的减贫事业，是全国整体减贫事业的重要内容。援助沿边地区，就是援助贫困地区。在国家公共政策实践上，应把稳定扶贫对象脱贫基础，加快实现沿边地区脱贫致富作为重要任务，推动公共服务均等化，这就需要更加注重解决制约沿边地区脱贫的瓶颈问题，努力解决沿边地区相对贫困问题，瞄准边境地区特殊困难群体。

二、“十四五”时期兴边富民行动的基本要求

（一）指导思想

以习近平新时代中国特色社会主义思想为指导，全面贯彻党的十九大

和十九届二中、三中、四中全会精神，统筹推进“五位一体”总体布局，协调推进“四个全面”战略布局，牢固树立中华民族共同体意识，落实总体国家安全观，坚持新发展理念，坚持推动高质量发展，扩大高水平开放。始终把推进兴边富民行动更好实施作为发展边疆经济、维护民族团结、巩固边防安全、促进社会和谐的重大事务，坚持兴边富民行动稳中求进的工作总基调，以促进沿边地区长治久安和健康发展为目标，以民生保障与改善为基础，以深化体制机制改革为动力，以解决制约沿边地区小康社会建设的主要障碍和关键问题为突破口，以提高兴边富民行动实施质量与效益为主线，以扩大兴边富民行动覆盖范围与受益群体为着眼点，积极探索政策行动、开放带动、项目推动、社会联动的新型合作模式，在振兴沿边经济、促进沿边全面发展方面激活力、补短板、强功能、增后劲，努力打造兴边富民行动政策升级版，促进沿边地区的科学发展、可持续发展与包容性发展。通过改革兴边、惠民固边、转型促边、开放活边等措施的灵活组合与整体推进，更好地实现边境兴旺、边民富裕、沿边安定、民族和谐的目标，把沿边地区建设为跨越发展先行区、“一带一路”建设前沿阵地、发达地区产业转移接受区、民族团结示范区、生态文明建设排头兵。

（二）基本原则

第一，突出政府援助，利用市场基础。正确处理政府和市场的关系，使兴边富民行动过程成为履行政府职能和发挥市场作用的结合点。既要更好地发挥政府作用，切实体现政府职能转变和政府对不发达地区的援助职能，更好履行政府制定规划政策、提供公共服务和营造制度环境的重要职责，也要更加尊重市场规律，发挥市场在资源配置中的决定性作用，使市场引导资源向沿边地区有效集聚，为沿边地区的持续健康发展提供有效支持。

第二，坚持问题导向，推动全面发展。厘清制约沿边地区经济社会发展的主要问题与形成原因，提出问题、发现问题、归纳成因、明确主要矛盾，寻找解决方案、出台正确政策解决问题和跟踪监督政策进展；政策决策的目标是实现发展。要把推动经济社会发展与人的全面发展结合起来，既要顺应发展要求，也要尊重发展规律，通过兴边富民行动政策的良好实施，使兴边梦成为中国梦的组成部分，推动沿边地区的科学发展、可持续发展与包容性发展。

第三，坚持改革突破，突出开放引领。坚持全面深化改革、改革开放重大战略，始终用新思维、新路线、新机制、新模式更好地塑造兴边富民政策，提高政策的针对性、有效性与前瞻性，使兴边富民行动更好地符合改革方向和体现党中央的政策意图。要在全面改革中突出规范权力使用，公开权力清单，清晰界定政商界限，不断增进公共服务，保障兴边富民公共政策的执行效率；同时要适应新时期全方位对外开放尤其是“一带一路”建设的要求，在加强跨国基础设施互联互通中，把国内经济核心的动力向边疆投送，使国内外的资源与要素在沿边有效承接吸纳，在增强经济发展动力的基础上助推边疆、提升边疆和建设边疆。

第四，坚持民生优先，促进区域和谐。切实解决民众最关心的问题作为兴边富民行动政策的出发点与落脚点，急民生所急，想民生所想，惠民生所为，济民生所困，提升边疆各族人民的福利水平；同时针对沿边地区战略性、民族性和特殊性特征以及局部边疆问题复杂化的特点，用对用好兴边富民政策，增强民族团结、边疆稳定与国家安全，增强沿边各族人民的向心力与凝聚力，努力建设和谐边疆。

第五，注重统筹兼顾，强化精准导向。推动产业发展与民生改善、边防稳固与沿边开放、城镇扩张与乡村发展、经济效益与生态效益的统一，实现兴边富民长远目标与阶段目标、地区战略与国家战略、公共利益与私人利益的结合；兴边富民政策也如同扶贫政策一样有明确的政策指向与政策重点，应强化问题准确分析和诊断，强化政策制定靶向意识，围绕边民在生产生活、就业、就医、就学和社会保障等方面的问题，提出有针对性的解决办法和措施。

第六，坚持因地制宜，强化多方合作。坚持从实际出发，解决沿边发展的共性问题，同时更应正视各个沿边地区的特点，因地制宜，从各地实际出发，实行具有差异化而不“一刀切”的区域政策。兴边富民行动除了涉及政府与市场的关系外，还涉及上级政府与下级政府的关系、政府与企业的关系、政府与民众的关系、政府各个部门之间的关系，需要加强协调、理顺关系，推动各方通力合作，促进兴边富民行动实施取得尽可能好的效益。

（三）主要目标

——持续改善沿边地区基础设施。适应对外开放的新形势和沿边地区企业与城乡居民的现实需求，进一步提高基础设施的保障和满足程度，加强沿边铁路、公路、航空、管道、水利等基础设施的建设，缩小沿边地区基础设施与全国平均水平的差距。到“十四五”末期，基本实现沿边自然村普遍道路硬化，具备条件的自然村通沥青路、水泥路，通班车。

——不断提高沿边地区城乡居民生活水平。在“十四五”时期实现沿边城乡居民收入增长幅度高于全国平均水平，基本公共服务主要指标接近全国平均水平。到“十四五”时期，继续做好扶贫对象“两不愁、三保障”工作，做好社会保障和社会保险工作，防止大规模因病返贫、因灾返贫，继续提升沿边自然村饮水安全保障水平，提高自来水普及率，继续做好沿边村镇危旧房改造工作。

——扩大沿边地区的对外开放。顺应“一带一路”建设需要，实行更加积极主动的开放战略。发挥国际开放通道、沿边开放城市和城镇、经济技术开发区、边境经济合作区、跨境经济合作区的引领带头作用，进一步扩大沿边地区与国内发达地区、沿边地区与毗邻国家区域之间的经济往来，扩大投资、贸易、人员往来，在更大范围、更广领域、更高层次提高对外开放水平。

——推动城乡协调发展。实行以城带乡、以城促乡、点面结合、城乡互动的发展新模式，建立城乡融合发展、新型城镇化与新农村建设相互协调、相互促进的新体制机制，有序推动人口从农牧区向城镇转移，进一步提高城镇化水平，推动农牧民生产方式、生活方式、居住方式的转变，让城乡居民共享现代化成果。

——加强沿边地区民族团结，更好维护边境安全。深化民族团结进步教育，铸牢中华民族共同体意识，加强各民族交往交流交融。坚持走中国特色解决民族问题的正确道路，培育和巩固新型和谐的民族关系，在兴边富民行动实施中增进国家统一和民族团结。切实尊重沿边地区少数民族的风俗习惯、民族文化和宗教信仰，维护各族群众的正当合法权益，引导沿边地区各族人民牢固树立正确的祖国观、历史观、民族观，推动各民族在中华民族大家庭中手足相亲、守望相助、相互交融、团结友爱，切实维护边境安全，共同建设好沿边各民族的共同家园。进一步维护边境安全，建设平安边疆。

——增进沿边地区居民社会服务和社会保障水平。进一步深化社会保障制度改革，编织好沿边地区社会保障安全网，完善养老、医疗、职工生育、社会失业、社会救助等方面的保障制度，沿边地区县、乡、村三级医疗卫生服务网基本健全，乡镇、村卫生院所能力和水平明显提高。完善新型农村合作医疗制度，深入实施家庭医生签约制度；逐步提高儿童重大疾病的保障水平，重大传染病和地方病得到有效控制；老弱病残等弱势群体和困难群体获得基本的生活保障和社会救济。持续提高沿边地区的教育服务功能，提高各类教育覆盖面，提升学前教育、义务教育、职业教育、继续教育水平；加快发展远程继续教育和社区教育；加强国家通用语普及推广，让各民族在现代化建设上携手前进。

——重视沿边地区的生态建设。必须树立和践行绿水青山就是金山银山的理念，坚持节约资源和保护环境的基本国策，像对待生命一样对待生态环境。落实节约优先、保护优先、自然恢复作为基本方针，把绿色发展、循环发展、低碳发展作为基本途径，积极推动生产方式与生活方式的绿色化，形成人人、事事、时时崇尚生态文明的社会新风，大幅度提高经济绿色化程度，满足沿边各族人民对良好生态环境的新期待，建设青山常在、清水长流、空气常新、人与自然和谐发展的美丽边疆。

——更好地发展沿边地区特色优势产业。积极开发好、利用好沿边地区资源禀赋与开放优势，推动产业经济扩规模、产业结构上水平，在创新管理优势、商业模式优势、技术引进和应用优势的基础上，因地制宜地发展符合资源赋存与市场需求的新型农牧业、先进制造业、现代服务业、特色旅游业和特色文化产业等现代产业形态，不断发掘和释放特色优势产业潜力，使特色优势产业发展增速明显高于地区经济平均增速，特色优势产业规模占区域经济总量比重不断提升，不断推动产业转型升级，促进形成分工合理、特色鲜明、优势互补的现代产业体系，增强沿边地区自我发展能力与产业竞争力。

三、“十四五”时期兴边富民行动的主要任务

（一）持续加强基础设施建设

顺应跨国互联互通和扩大内需的双重需求，按照统筹规划、合理布局、适度超前、方便民生的原则，加强沿边地区基础设施的建设。发挥基础设施投资规模大、基础支撑好、整体功能强、带动范围广的优势，利用国家“一带一路”建设的重要机遇，更好地补齐沿边地区基础设施建设的短板，加强交通运输、水利工程、航空基础设施、信息基础设施等方面建设，在增加公共产品有效投资、释放国内剩余产能和扩大就业中，进一步夯实沿边地区持续发展的基础。

重点加强跨国互联互通重大交通基础设施工程的交通联通。随着“一带一路”建设的实施，跨欧亚大陆桥中蒙、中俄、中哈、中国与东盟、中孟印缅等通道建设跨境主干铁路、高速公路和高等级公路会加快建设。应该加强沿边地区重点城市和城镇与重大骨干铁路、高速公路、航道的联通，强化交通运输枢纽、立交、站场、停靠点、集疏通道建设。重点推进跨境桥梁的建设与维护。贯彻落实好“一带一路”建设，重点推进中朝、中俄、中尼、中缅、中越等国跨境桥梁的维护与建设，发挥边境桥梁基础设施在互联互通方面的作用，保障人员、车辆、货物的跨境流动。

加强沿边各类公路建设。根据沿边地区的需要，完善边境地区国家高速公路与普通国道布局，形成能够连接国际通道、主要交通枢纽和不同规模城镇与乡村的道路网络体系。分层次看，高速公路应该连接地级行政中心、人口超过20万的中小城市、重要交通枢纽和重要边境口岸；普通国道应该连接县级及以上行政区、交通枢纽、边境口岸和国防设施。为方便沿边地区的经济建设与社会发展，应推进国家高速公路、普通国道省道、农村公路、口岸公路、交通枢纽、旅游线路、航运路线等的网络化建设和各种交通方式的“串联”“互通”。沿边道路规划时也尽可能与边境地区的巡逻道路相一致或者相衔接。支持口岸公路建设，保障跨国物资人员流动。为保障货畅其流、人畅其行，要积极打通各类“断头路”和“瓶颈路”。

根据沿边经济社会发展状况与交通运输需求，加强边境地区民用机场的建设和改扩建，并完善相关的配套设施。加强机场的规范化管理，提高沿边民用航空机场运营效率及航班正点开行和到达率。

加强对边境界桩、界碑的建设、维护与管理。我国与周边大部分国家的边界已经划定，也先后兴建了界桩、界碑，这些设施对于维护边境稳定与和平发挥积极作用。对于时间较长、经历过多年风吹雨淋甚至动物破坏、人为破坏的界桩、界碑等重要设施，应该通过重建、更新、维护和管理，保障边境划界基础设施发挥作用。重视边境铁丝网等基础设施建设。提高口岸出入通道的智能监控水平。

重视沿边地区航道建设，形成通江达海、沟通内外的水运通道。重视沿边河流水资源在水利、发电、航运、旅游等方面综合功能的发挥，在考虑环境治理接触上充分发挥水利水电的功效，不断提高水资源利用效率。注重西南沿边地区河流上的桥梁建设，尤其是注重优先推进溜索改桥工程。切实重视沿边地区城乡饮水安全工程建设，推动区域饮水提质增效，加强农村地区集中式和分散式饮用水水源保护工作，确保用水水质符合安全需要。河流河道建设工程应突出沿边地区界河整治。应编制和实施界河整治规划，重视综合治理开发；深化与毗邻国家的合作，加强边境界河治理，重视界河河道的常态化疏浚，保障河流畅通，保障通航安全；提高界河的防洪能力和防洪标准，减少洪灾损害；加强中国侧沿河堤岸的硬化，防止主河道向中国一侧游移；加强界河中国侧河沿河岸的绿化，美化界河环境。

加强沿边能源基础设施建设。因地制宜采取大电网延伸以及光伏、风电光电互补、小水电等可再生能源分散供电方式，提高沿边居民用电到户率；因地制宜地继续推进实施沿边农村电网改造升级工程，提高电网的安全性与传输效率。加强中缅、中俄、中哈等石油、天然气管道建设和维护。把国家电网从城镇延伸到边远农牧区，切实解决无电居民的用电问题。

积极弥补城镇市政公用设施的不足。重视建设城镇供水、燃气、集中供热及生活垃圾和污水处理等市政公共设施，完善城镇公共服务职能。加强城镇地上地下管网建设，统筹考虑电力、通信、给排水、供热、燃气等管线建设，构筑城镇主干道、园区综合管廊模式；重视供水设施改造和建设，提高防洪能力，保障供水排水安全和水资源高效利用；加强城镇能源基础设施建设，积极推进热电联产；更加重视推进城镇污水处理设施建设，重视污水的再生化利用，推进污泥的无害化处理。科学配置好城镇停车场和客货作业区，方便企业运输、居民出行和交通顺畅。

加强农村基础设施建设。加快沿边地区通乡、通村道路建设，基本实现行政村通沥青路，自然村建制村通沥青或者水泥路的比例进一步提高。沿边地区以及主要口岸、边民互市贸易点、边防派出所、边防哨所、旅游点的交通状况显著改善。加强沿边农牧业水利基础设施建设。积极贯彻落实习近平总书记提出的“节约优先、空间均衡、系统治理、两手发力”的方针，注重挖掘用水潜力，继续做好沿边病险水库除险加固、灌渠塘坝、排灌站、渠道等体系建设与节水改造等工程，尽可能减少农业大水漫灌现象，有条件的地方可发展经济实用的节水灌溉、微滴灌、喷灌等灌溉形式，在干旱半干旱缺水地区尽可能减少耗水作物；加强农牧区水利、节水示范和防范山洪等非工程措施，构筑安全可靠、运行合理兼顾蓄引堤相互补充的农牧业灌溉体系。加强中小河流治理、山洪地质灾害防治及水土流失综合治理。

积极推进沿边信息基础设施建设。统筹有线电视、直播卫星、地面数字电视等多种方式，提高电视覆盖率，加快实施西新工程、广播电视户户通等政策。结合“宽带中国”建设，推进“宽带边疆”工程，提高4G、5G在沿边乡镇的覆盖率，推进行政村通宽带、自然村通电话和信息下乡，努力消除“数字鸿沟”。进一步加强边境地区应急通信保障体系建设，加强边境地区无线电建设和管理，切实保障党政军等公共政策管理和公共安全维护部门的信息安全和信息即时传输。

（二）以促进安居乐业改善民生

人民对美好生活的向往，就是我们的奋斗目标。把实现好人民利益作为兴边富民行动推进的出发点和落脚点，就需要解决好事关民众生活的就业增加、居民居住等主要问题，更好地发挥兴边富民行动在改善民生方面的作用。保障民生的重点是就业，应利用好国家支持大众创业、万众创新的机遇，实行积极的就业促进政策，以提供更好的就业保障实现民生保障。加强职业培训、就业服务、劳动维权三位一体的工作机制。切实重视高校毕业生就业、农村转移劳动力城镇就业、城镇就业困难人员就业和退役士兵的就业安置。

以沿边现有的园区为载体，可以采取挂牌和共建等模式，建设创业孵化基地，利用好现有的税费减免、财政补贴、金融支持、土地供给、人才引进等优惠政策，并结合沿边各地实际，制定以奖代补等帮扶政策，支持帮扶大学生、农民工、失业者和其他劳动者创业，建立创业公共服务平台，开展“一站式”服务，为创业者提供信息咨询、融资支持、人力资源及商务代理等方面的服务，提高创业服务透明度与服务效率。

引导农民工外出有序就业，鼓励农民工就地就近就业，扶持农民工返乡就业，保障城乡劳动者同等就业的公平就业权。加强沿边与发达地区农民工输入输出地的劳务对接，向劳动力需要比较旺盛、市场经济相对发达的区域输出劳动力，使农民工在发达地区接受到劳动纪律、专业技能和市场经济意识的教育。在城镇开发适合于农民工就业的家庭服务、农贸市场、搬家装修、餐饮服务、个体维修、快递网购等职业，在满足城镇居民多样化需求的同时为农民工在城镇就业创造条件。

积极支持大学生创业就业，落实好国家的相关鼓励政策。在普及创业教育、加强创业培训、提供工商登记与银行开户便利，提供多渠道资金支持、提供创业经营场所、加强创业公共服务等方面提供支持。鼓励企业、各类投资人、群团组织、行业协会为大学生创业就业提供协助。调整高校教育结构，使高校培养人才更符合地区发展需要，更加注重少数民族大学生的双语教育和专业技能培训，提高适应现代市场经济的能力。重视少数民族大学毕业生的就业援助。可考虑把高校少数民族毕业生，纳入求职补贴政策的扶持范围。对于沿边地区相关部门、企业吸纳少数民族大学毕业生的行为，可进行一定程度的奖励和表彰鼓励。

对就业困难人员与残疾登记失业人员实行就业帮扶，完善信息登记制度，采取送政策、送岗位、送服务等形式，实行一对一、面对面的就业帮扶；强化对居民家庭的就业服务，动态消除家庭零就业现象；落实按比例安置就业困难人员和残疾登记失业人员就业政策，设立就业招聘专场，鼓励企业与社会吸纳就业困难人员，丰富就业困难人员就业渠道和范围。对于特别困难缺乏技能的就业人员，可实施公益性岗位托底安排；对符合条件的相关人员落实税费减免、社会保险补贴、岗位补贴、培训补贴、职业技能鉴定补贴、创业补贴等，帮助就业困难人员与残疾登记失业人员实现就业。落实好国务院的相关税费减免政策，支持下岗失业人员再就业。

为退役士兵更充分就业创造条件。退役士兵在部队受到过较好训练，往往拥有一技之长，一般身体条件好，劳动纪律性强，既可以适应企业的安保等工作，也适合驾驶等技能型工作。沿边各地应该根据退役士兵的个性化特点，通过专门招聘、推荐等满足较大范围的新增就业需求。不少退役士兵有创业需求，也在部队有官兵合作经验，但大多数对市场经济了解少、起步基础差，需要政府因才施策，为退役士兵创业提供一定的个性化扶助。

加强特定区域与特殊企业所在地的就业援助。沿边资源枯竭型城市，沿边国有林区、垦区曾在国家各个时期作出过较大贡献，在资源枯竭、全面停止商业性采伐和农副业附加价值较低、越来越需要规模化经营的背景下，面临着较大的转型压力，也有随之而来的就业压力。应该用好国家的转型援助资金，鼓励积极发展替代性产业，多方面解决城市和城镇就业困难，并且要着力解决好以往大集体改制后下岗劳动力的再就业和困难补助问题。这些地方企业、城市转型与就业等民生问题，也需要兴边富民行动加以支持。

为劳动力就业创造产业和企业支撑。要适应经济发展新常态的要求和市场需求的变化，改变以往在矿产密集型项目方面投资大、规模优势突出但劳动力带动能力弱等问题，积极发展投资规模小、转产转型灵活、劳动力容纳能力强、市场容量大的中小微企业、劳动密集型制造业和服务业，更好地落实国家促进创业就业的政策，实现各类劳动力更好就业。

创造有利于创业就业的和谐环境。加强对沿边企业签订劳动合同的指导督促和检查，进一步提高中小企业和农民工劳动合同签订率和履行质量。对于大型国有企业聘用本地员工履行合同的状况也进行监督。推进劳动用工备案制度建设，逐步实现对企业劳动用工管理的动态监管。规范劳务派遣行动，实施劳务派遣行政许可。积极稳妥地推进集体协商和集体合同制度，扩大集体合同制度覆盖范围，提高集体协商效用。严格执行最低工资制度，充分维护劳动者权益。

（三）不断促进城乡协调发展

加强沿边地区的城乡规划，加快转变城镇发展方式，切实提高城镇化质量与效益，突出提高城镇综合承载能力，促进城镇发展与产业支撑、就业转移与人口集聚相统一，把新型城镇化与新农村建设结合起来，在以工促农、以城带乡、工农互惠、城乡融合发展中，促进沿边地区城乡协调发展。

加强区域空间体系规划。按照统筹规划、合理布局、优化结构、有序开发的原则，构建集聚效率高、辐射作用强、分工协作好、功能互补优的城乡居民点体系。依托交通运输网络、水利网络、信息网络，优化城镇空间布局与城镇规模结构，有序推进沿边地区距离相近城镇的交通同城化，建设一小时经济圈。有条件的沿边地区增设县级市，开展特大镇扩权增能试点；突出发挥沿边小城市、县城在沿边地区的集聚作用，增强县级市、县城和重点城镇的产业与人口承载能力；引导人口和生产要素向城镇有效集中，发挥小城市和城镇对区域经济的带动作用和辐射作用，促进城乡之间的要素流动，方便农民就近城镇化。

把生态文明理念和原则融入城镇化建设的全过程，推动沿边地区城镇生产领域和消费领域的生态文明，走集约、清洁、绿色、低碳的新型城镇化道路。重视提升城镇基础设施，推进宽带进机关、进社区、进企业、进市场，建设智慧城镇；规范城镇的人口与土地管理，使土地城镇化与人口城镇化相适应，以人口密度、产出强度和资源环境承载能力为标准规范城市要素管理，依法依规打击城镇化过程中的无序投机行为；按照工业化、信息化、市场化、农业现代化与绿色化“五化同步”的原则，积极推动工业、信息产业、环保产业、流通产业，拓展服务经济发展空间，积极促进实体经济发展；完善城镇内部功能规划，优化生产区、生活区、办公区、商业区分布结构，促进功能混合与产城融合；加强城市开发的空间管制，科学确定禁建区、限建区、适建区、绿线、蓝线、紫线、红线“三区四线”，优化城镇用地功能。尤其是在城镇社区建设中，要重视推动多民族居住融合，建立相互嵌入式的社区结构与社会环境。城镇管理应该更好地接纳少数民族群众，制止和纠正城镇范围各类歧视少数民族群众的言行，同时让少数民族群众遵守国家法律和城镇管理规定，更好地融入城镇现代化进程中的多民族共同发展共同繁荣的“大熔炉”。

深化城镇户籍制度，促进长期在城镇居住并且有稳定工作的农民工融入城镇。实施户籍制度改革，放宽户口迁移政策。对已经在城镇就业和居住但尚未落户的乡村人口或者外来人口，实施居住证管理。保障农民工及其随迁子女享受到平等的城镇基本公共服务，并提供与此相适应的公共服务。为农民工提供与其他城镇就业者相同的住房、医疗等保障，按照同等身份解决好农民工子女的上学问题。依法治理拖欠农民工工资问题，切实维护农民工合法收益权。尊重进城农民工的意愿，推进有意愿落户城镇的农民工市民化。

加强沿边城镇尤其是资源枯竭型城镇、国有林业农业企业所在城镇的棚户区改造。在城市棚户区改造中，突出推进集中成片棚户区、城中村改造；在国有工矿区棚户区改造中，应该按照属地管理原则将铁路、钢铁、有色、黄金等行业纳入棚户区改造范围。沿边地区国有林区和国有垦区的棚户区改造应作为棚户区改造的优先选项和重点。明确拆旧建新补助标准，公开住房配置流程，确保棚户区居住户、城镇无房户和贫困家庭优先得到安置。完善现有危旧房改造和棚户区建设信息系统，棚户区改造与住房配置信息应有步骤地向社会公开。

继续重视沿边农村危旧房改造工程的推进。制定沿边乡镇危旧房改造计划，提高农村危旧房翻修改造补助标准；沿边一线易地重建住房项目应该与建设选址相挂钩，向边境线方向前移的新建住房，可获得相对较高的住房补助；西南沿边地区危旧房改造要提高房屋的抗震能力，保障农牧民住房安全。加强对农村危旧房改造全过程的管理和监督检查。

积极推进新农村建设。重视农村集镇、中心镇、中心村建设，搞好农村生活服务设施配套，推进农村山水田林路综合治理。引导有技能、资金和管理经验的农民工回乡创业，落实定向减税和普遍性降费政策，促进返乡农民的创业就业，降低创业负担和企业成本。少数民族特色村寨建设应将住房改造与新农村建设、少数民族旅游开发建设有效地结合起来，既通过民居建设赋予乡村少数民族传统住房特色及民族文化气息，又通过规划休闲区、风俗展示区、餐饮娱乐区等增强对游客的接纳能力。有序引导社会力量参与民族特色村寨建设，使特色村寨在旅游、文化、餐饮、特色纪念品的市场化生产经营中获得可持续性发展。

（四）推动沿边地区对外开放

充分利用沿边地区毗邻周边国家的有利区位，适应新一轮对外开放的需要，不断增进沿边作为“一带一路”前沿的开放新优势，促进国内国际资源相互补充、国内国际要素有序流动、国内国外市场交流融通，培育沿边参与国内外竞争的产业优势、企业优势、质量优势、品牌优势，以沿边开放的主动赢得沿边发展的主动、提升沿边竞争的主动、倒逼沿边改革的主动，在整个国家实现作为互利共赢发展理念的践行者的战略定位中，集聚和增强沿边地区的资源动员能力、经济振兴实力和持续发展潜力。

积极促进边境地区对外贸易。实施贸易促进政策，推动沿边地区与毗邻国家相关地区之间的商品、资本、劳务往来，鼓励、引导和支持内地企业与边境地区企业联合参与对外投资、对外承包工程和对外劳务合作；在进出口配额分配和进出口许可证商品的资质审核方面，予以沿边地区一定的倾斜和照顾；重视沿边出口基地建设，支持机电、轻纺和农副产品对外出口；按照国家惯例加强贸易品生产过程管理，严格执行质量、安全、环保、技术、劳工等标准；培育投资环境，更好地吸引外商在沿边地区投资。尤其是用好用活边贸政策，规范并促进边民互市贸易区的发展，促进边境互市贸易区双向开通。积极发展边民互市、边境小额贸易，引导边民组建合作社开展面向毗邻国家的互市贸易，完善互市进口商品收购管理，发展互市进口产品加工，促进边民切实增收受益。根据边民互市贸易格局适度扩大商品免税范围，提高边民小额贸易税收减免起征点，带动我国与毗邻国家沿边地区之间资源与要素互通有无、取长补短，在增加边民收入、补充沿边贸易的基础上提高边民市场意识与适应现代市场竞争的能力。

优化口岸布局。根据境内外资源分布和现有口岸基础，统筹口岸发展和城镇发展，依托城镇群支持形成优势互补、分工合理、功能完善的口岸群。加强陆地基础条件好、辐射腹地广的重点边境口岸基础设施建设，促进口岸功能现代化。完善一般边境口岸功能，提高专项服务功能。提高沿边航空口岸综合服务能力。提升边境界河口岸开放功能。完善口岸配套设施和通关便利化软硬件建设，重视口岸工作信息与管理电子化建设，搭建好实时、高效、联动的有效信息平台。以深化改革提高口岸通关能力，在规范管理的基础上尽可能简化口岸通关流程，提升货物检验检疫工作速度，推动建立农产品快速通过“绿色通道”试点，以企业守法为基础落实“提前申报”“集中申报”“属地申报、口岸验收”等便利化措施，提高口岸通关能力。借鉴先行改革区域的经验，在更大范围推进丝绸之路经济带、21 世纪海上丝绸之路沿线口岸的通关一体化。

打造面向跨国开放合作的重要平台。支持现有沿边自由贸易试验区创新体制机制，在规范管理的基础上把沿边自由贸易区的一些成功经验向其他沿边各类园区传递。充分发挥沿边国家级、省级经济技术开发区作用，提高资源的加工利用程度和单位面积的产出效率，推进新型工业化产业示范基地创建。积极促进边境经济合作区建设，支持符合条件的边境经济合作区按现有程序向国务院申请设立综合保税区等海关特殊监管区域。可以利用好现有的各类园区，通过设立分园等形式，用好国家促进产业转移的政策，在规范环保标准、安全标准等基础上建立产业转移分园。推进跨境经济合作园区建设，支持发达地区外商投资企业向边境地区转移。根据毗邻国家产业发展方向，充分发挥比较优势，建成境内外产业联动、上下游产业衔接的境外投资合作基地，支持境外管理规范、投资环境较好的经济贸易合作区、工业园区、农业园区和科技园区、物流园区建设。

实施更加优惠和便民的出入境管理政策。改革边境管理区通行证管理办法，开设边境管理区绿色通道，改革出海船舶证件管理方式，简化边防检查手续，在规范管理和提高效率的基础上为企业和民众的正常出入境提供便利。与毗邻国家商定实行更加方便往来的边境通行证制度，使有关人员和边疆居民可持边民通行证进出沿边口岸和相邻国家口岸，在两国边境地区旅游。简化出入境手续，实施落地签、异地办证等措施，为人员正常出入境往来提供便利。

加强与毗邻国家的贸易政策沟通。尽可能采取一致性的降低贸易壁垒、促进贸易便利化措施，促进共同开放基础上的商品更大规模流动和更多人员自由往来。

（五）稳固沿边地区脱贫攻坚成果

继续贯彻精准扶贫开发战略，切实瞄准沿边地区居住在高寒、山区、荒漠化、石漠化等自然条件恶劣地区的居民，关注高龄老年人群、丧失劳动能力人群、人口较少民族人群、跨境婚姻家庭等特殊群体，有的放矢，准确施策，提高减贫工作的针对性与有效性。进一步加强专项扶贫、对口援边扶贫、行业扶贫、社会扶贫的整合工作，坚持开发式、开放式、开拓式减贫策略，把沿边地区防止返贫作为兴边富民行动的重点工作之一。继续完善干部驻村等帮扶机制，逐步完善消费扶贫、产业扶贫、就业帮扶等工作，构建政府、市场、社会协同推进的扶贫格局。

继续做好沿边整村推进工程。把位置偏僻、交通不便、公共服务覆盖困难、自然条件严酷、缺乏增收产业的沿边自然村作为扶持重点。通过整村推进模式，建设交通基础设施和社会公共服务设施，实施水、电、路、气、房和环境改善“六到农家”工程。对于自然条件相对恶劣、不适合于人类生存与发展的沿边深山区、大石山区、荒漠区，压茬推进易地搬迁工作。综合考虑资源环境承载能力，因地制宜，有序搬迁。有条件的地方引导向中小城镇、工业园区移民，创造就业机会，提高就业能力。切实解决搬迁群众生产、生活后顾之忧，保障群众搬得出、稳得住、能发展、可致富。

重视开展产业化扶贫。按照市场化机制鼓励龙头企业到沿边农牧区进行产业化开发，把企业家的资本资源、科技资源与沿边贫困人口的土地资源与劳动力资源结合起来，形成公司加农牧户的合作模式，在依法保护农户利益的基础上推进产业化项目进村入户，建设各具特色的产业化基地，切实提高贫困户与贫困人口对产业化项目的参与度，使每户农牧民至少掌握一定的产业化技能，能够有效带动边境地区贫困农牧民增产增收和脱贫致富。在增强沿边地区产业发展能力中实施以工代赈策略。按照国家相关政策实施要求，通过改善贫困地区耕地、草场质量，加强乡村道路和人畜饮水工程建设，开展水土保持、小流域治理和片区综合开发等形式，增加贫困人口与贫困家庭收入，并增强沿边地区抵御自然灾害的能力。

积极推动沿边地区劳动力转移就业。尊重市场化和自下而上的转移模式，推动劳动力的自由流动和转移。保持劳动力市场信息的公开透明，规范劳务市场管理，通过不同区域政府之间的有效衔接，加强劳动力收入高、劳动力需求量大的区域与沿边地区之间的劳务联系和衔接，在加强劳动力技能培训和合同管理的基础上，积极输出沿边地区的剩余劳动力，在减轻沿边地区就业压力的同时，增加劳务输出家庭的经济收入。

加强人力资源培训。安排专项资金对沿边地区留守贫困户进行实用技术培训，可考虑与农村职业教育相结合，通过职业技术培训、乡土人才培训、农村实用技术培训、农村劳动力转移就业培训、农村基层干部培训等方式，不断提升沿边地区贫困人口自身素质技能，增强其脱贫致富的能力。

扩大村级发展互助资金的使用范围，在规范管理基础上用好相关资金。创新财政资金使用方式，安排财政资金专项投入，吸收农户资金入股，在规范的基础上经营好村级发展互助资金。在执行村级发展互助资金管理办法的基础上，按照实行“民有、民用、民管、民受益、周转使用、滚动发展”管理模式，规范和扩大沿边地区村级互助资金的使用，着力缓解贫困农户发展生产所需资金短缺问题。

完善反贫困的信息管理。贯彻党中央的政策要求，按照以行政村为单位、规模控制、分级负责、精准识别、动态管理的原则，瞄准相对贫困群体、特殊困难群体，建设全国沿边扶贫信息网络系统。

（六）双管齐下增进民族团结与维护边境安全

认真贯彻落实党的民族政策尤其是“八个坚持”精神，牢固树立“治国先治边”的理念，坚持共商、共建、共享原则，以增进民族团结、共建和谐边疆为目标，以民族团结进步先进集体和爱民固边模范村（社区）为基地，以民族团结进步和爱民固边先进个人为榜样，广泛深入开展民族团结进步创建活动，开展民族团结“进机关、进学校、进社区、进乡村、进企业、进军营”的“六进”活动，扎实推进爱民固边模范村（社区）、乡镇、县市创建；按照问题导向原则对边境地区的社会矛盾进行分析和排查，并通过大调解、联动会商等模式加以解决。解决好制约沿边地区社会发展的历史积案和群体性事件，在维护群众利益的基础上维护社会稳定与民族团结；深入开展军地共建、爱民固边活动，探索建立边疆内地、军地、警民、各民族间团结和境内外友好共建机制，促进沿边与内地、沿边军政军民间、沿边与毗邻国家沿边地区的政府间的团结和睦，巩固扩大民族团结进步和爱民固边先进典型的影响力和号召力，构筑边境地区民族团结、边防巩固的屏障。

严格加强边境安全监管。加强交通、拦阻、监控等边防设施建设，修建好边境执勤巡逻道路、桥梁与码头，规范边境防卫管控和生产作业；加强边境出入境管理部门与边防、治安、刑侦、监管等部门的协作，探索形成科学的管理手段、方法和严密的管理制度，强化边境地区点、线、面的网络化管理，防止越界盗抢、贩枪贩毒；积极反制不轨国家的蚕食，维护祖国神圣领土；加强对边境重要口岸、山口控制，严密防范和打击境内外敌对分裂势力的恐怖破坏和潜入潜出；严厉打击边境地区非设关地走私活动，保证正常的经济秩序。积极查处危害国家安全、民族团结和损害城乡居民利益的违规违法网站，追究相关企业的行政与法律责任。

把边境维护安全与群防群治、网格化管理结合起来，把社会治安管理的触角延伸到村民小组、居民小区和家家户户，动员社会各方参与社会治安，依法打击民族分裂犯罪活动，形成维护民族团结的社会氛围。妥善处理个别国家国内武装冲突带来的大量边民涌入问题，维护边境地区正常的生产与生活秩序；堵住非法入境、非法居留、非法就业的“三非”人员进入通道，对沿边建筑工地、娱乐场所、出租房屋、宾馆酒店等场所加强监管，及时发现和查处非法入境人员，并及时发现及时遣返；对非法入境已经构成事实婚姻的，可以根据本人意愿与家属子女意见，按照以人为本的原则采取遣返或者补办结婚登记手续的方式予以确认。同时，也要想方设法解决中方边民遣返问题，为其正常生产生活创造正常的环境。

贯彻党的宗教工作基本方针，实行宗教信仰自由，对正常的宗教活动提供保护。倡导沿边各族人民把爱国与爱教结合起来，尊重不同民族的宗教信仰自由与风俗习惯，加强沿边地区宗教活动场所的保护与维修，深入开展创建“和谐寺观教堂”活动，引导宗教团体和信教群众为稳边固边和边境经济社会发展服务。打击境外势力和民族分裂分子歪曲宗教教义、擅自篡改宗教教规、煽动极端宗教活动、散布恐怖言论，利用宗教场所危害国家统一、民族团结和社会稳定的各类活动。

加强与周边国家在跨界管理方面的合作。共同防范跨界犯罪行为尤其是加强合作严打跨界恐怖分子，加强跨国合作共同消除恐怖分裂活动滋生的土壤，加强跨界政府合作防范和制止火灾、水灾、震灾、干旱、传染病传播等自然和人为风险。

（七）大力发展沿边地区基础教育

切实把教育摆上兴边富民行动的突出位置，把这一事关经济和社会发展的基础性工作做好。实施促进边境教育发展的优惠政策，加大对边境地区教育的投入，不断改善办学条件，优化沿边地区教育结构，提高沿边地区教育质量，促进沿边地区教育事业水平提高、功能增强、良性发展。

积极促进学前教育发展。继续实施沿边地区学前教育行动计划，重视城乡学前教育，支持乡村两级公办和普惠性民办幼儿园建设，提高学前入园率。

高标准推进义务教育发展。完善沿边地区城乡义务教育经费，为沿边地区下一代提供通过教育改变命运的机会。加强边境地区基础教育数字教育资源开发利用，重视教学器材的配套与更新。落实农民工随迁子女在流入地接受义务教育政策，完善后续的升学政策。继续加强边境学校标准化建设，促进农村薄弱学校改造计划、中西部农村初中校舍改造工程、农村中小学生营养改善计划等向边境地区倾斜，因地制宜地办好村小学和教学点。对家庭困难学生实行特殊援助政策，不让一个学生因为经济问题辍学。继续免除义务教育阶段学生学杂费，扩大学生享受“两免一补”政策范围，对义务教育阶段的寄宿制学生予以必要的生活费补贴。与此同时，积极推动高中教育发展。加大对基础教育薄弱县普通高中建设政策支持，切实改善办学条件，逐步普及高中阶段义务教育，加大高中阶段助学力度。不断提高教育质量，提高沿边地区高中生升入高等院校的高考录取率。

大力支持沿边地区职业教育。对中等职业学校实行助学政策，实行三年免学费政策，支持沿边地区职业教育实训基地建设，重视提升职业学校专业服务能力，面向本地及周边地区需求及时调整优化教育结构，推行订单培训等新型教育培训模式，加强中职特色学校和特色专业建设，重视增强学生的社会实践活动，提高学生的就业能力。

重视特殊教育和继续教育。根据沿边地区的需要，推动特殊教育和继续教育发展，让适龄残疾孩子得到较好的教育，打好人生的起步基础，适应未来就业的需要。同时，要加强继续教育，使在职人员为弥补知识老化缺憾，及时“回炉”补充新知识，适应工作的新需求。

鼓励民办教育发展。更好发挥民间资本的作用，发挥民间活力，提供好的社会环境与政策环境，办好民办教育，在适度促进教育竞争中弥补教育主渠道的不足。

稳妥推进国家通用语普及、推广工作。把国家通用语普及、推广作为新疆、西藏等沿边地区普通教育的重要和薄弱环节加以解决，把普及国家通用语作为提高学生受教育程度的重要内容。加强对相关教师的补充、培养和培训，及时解决教育师资短缺问题。研究设计适合民族地区的国家通用语教材的编译、出版、审查力度。

支持师资队伍建设。继续实施好老少边穷地区人才支持计划——教师专项计划，用好各类教师培养、培训项目；加快农村教师周转宿舍建设，落实国家规定的乡村学校和教学点向初中延伸的政策；对边境教师给予特殊津贴补助。

重视用好国家的教育扶持性政策，继续办好内地的西藏班、新疆班和中职班，更好地为沿边地区培养各类人才。

（八）提高沿边地区社会服务与社会保障水平

贯彻党的十九大提出的兜底线、织密网、建机制的要求，在沿边地区全面建成覆盖全民、城乡统筹、权责清晰、保障适度、可持续的多层次社会保障体系。加快形成以社会保险、社会救助、社会福利为基础，以基本养老、基本医疗、最低生活保障制度为重点，各种保障制度相衔接的覆盖沿边城乡的社会保障制度体系。加强社会服务和防灾救灾体系建设，给沿边城乡居民提供更好的安全保障。推进沿边城乡居民民生保障工程的实施。加强对城乡贫困群众的经济救援，提高最低生活保障水平。建立健全社会保险激励机制，鼓励多缴多得、长缴长得；完善职工基本医疗保险制度，继续实行职工大病统筹制度；推进城镇职工基础养老金统筹，改善职工基本养老保险扶养比，发展社区和居家养老。为边境贫困边民提供农村最低生活保障补助、农村低保人口大病救助补助、农村“五保”人口大病救助补助、新型农村养老保险补助等，逐步提高农村最低生活保障和“五保”供养水平。加快新型农村社会养老保险制度覆盖进度，推进农村养老机构和服务设施建设。多渠道筹措资金，在边境地区修建改建一批敬老院等农村五保供养服务机构以及散居五保对象的集中居住点，集中解决边境地区农村五保供养设施滞后的问题。完善新型农村合作医疗制度，逐步提高财政补助标准和个人缴费标准，进一步巩固提高新型农村合作医疗参合率。完善农村医疗救助制度，对农村困难人员参加新型农村合作医疗予以资助，并对个人难以负担的自付医疗费用给予补助。为农村留守儿童、妇女和老人提供关爱服务，建设未成年人社会保护制度。扶持慈善事业发展，加强慈善机构的规范化管理，真正使捐助者的馈赠能够惠及符合条件的受助对象。

进一步提升医疗公共服务水平。增加对边境医疗卫生事业的投入，加强边境地区基层医疗卫生机构服务能力建设。重视医疗卫生机构基础设施建设，配备适合于当地需求的医疗器械设备，促进乡镇卫生院建设水平提升。加强乡镇卫生院、村卫生室的标准化建设，完善农村牧区三级卫生服务网络，满足群众就近求医需求。着力加强医疗体制改革和医疗机构监管，加强医药和医疗服务价格监管，切实改变群众看病贵的问题；加强边境团场医疗卫生机构服务能力建设，进一步提升对团场职工医疗服务能力。

健全自然灾害应急救助体系，完善受灾群众生活救助政策。着眼抵御洪涝、沙尘暴、冰雪、干旱、地震、山体滑坡等自然灾害，完善灾害监测和预警体系，加强边境地区消防、防洪、排水防涝、抗震等设施和救援救助能力建设，提高小城市和重点城镇建筑灾害设防标准，合理规划布局和建设应急避难场所，强化公共建筑物和设施应急避难功能。完善突发公共事件应急预案和应急保障体系。加强灾害分析和信息公开，开展边境城乡居民风险防范和自救互救教育，发挥社会力量在应急管理中的作用。

（九）加强沿边地区的生态建设

适应走向生态文明新时代和建设美丽边疆的要求，牢固树立保护生态环境就是保护生产力，改善生态环境就是发展生产力理念，实行严格的生态环境保护制度，把生态文明建设融入兴边富民行动的各个方面与全过程，构筑资源节约与保护环境的生态空间，切实维护沿边地区生态安全。

优化国土开发空间，拓展重点生态功能区。推进丝绸之路经济带和21世纪海上丝绸之路沿线中国沿边段生态保护和恢复，增强资源环境承载约束观念，强化生态红线管控，对不同主体功能区的沿边县实行差别化的政策，对生态环境脆弱和保护要求高的限制开发区域和禁止开发区域的沿边县取消地区生产总值考核，并且按照生态功能区建设要求加强沿边地区的生态修复、植被扩大与环境治理建设。

建设沿边地区绿色生态屏障。加强自然保护区建设和管理，更好地保护原生态自然环境，推进生物多样化保护，为濒危野生动植物提供适生环境。扩大沿边天然林保护范围，提高天然林资源保护工程补助和森林生态效益补偿标准，停止天然林商业化开采。实施植树造林、封山育林、草原飞播、人工种草工程，实行乔灌草相结合、生态植被与经济植被相结合，推动荒山荒地造林种草，优化林草用地结构，不断扩大植被覆盖率。应引导富余劳动力防沙治沙，维护沿边生态稳定。

增强城镇的绿色低碳功能。要重视生态城镇建设，让城乡居民在城镇工作与生活时，“望得见山、看得见水，记得住乡愁”。扩大城镇绿地范围，加强城镇公园、绿地、生态廊道建设，形成特色鲜明的生态网络体系；构筑绿色交通体系，为步行、自行车、公交车通行提供优先通道；注重工业节能、办公场所节能、商住节能、居民家庭节能的节能体系，提高能源利用效率，通过减碳实现低碳目标；严格依法控制城镇环境污染，加强水体污染治理，积极推动城镇污水垃圾集中处理；提高城镇生活垃圾处理减量化、资源化、无害化水平，防范出现垃圾围城现象；重视工业企业的节能减排，强化园区污染的集中治理。

加强沿边农村环境综合整治。推进重要水源地生态保护，重视小流域水土保持重点工程建设，加强对北方沿边荒漠化、南方沿边石漠化地区的自然生态和人工修复。在新农村建设中突出厕所、垃圾、燃料等的环境处置或者建设，提高村容整洁水平，建设生态村镇。重视沿边农业面源污染治理，深入开展测土配方施肥，大力推广生物有机肥、低毒低残留农药，开展秸秆、畜禽粪便资源化利用和农田残膜回收区域性示范。进一步实施好退耕还林还草工程和退牧还草工程，推进退耕还湿试点，持续恢复坡地、草地、湿地的生态功能。继续实施草原生态保护奖励政策，并采取禁牧、休牧、轮牧等措施，加大力度治虫灭鼠防疫等，恢复天然草原植被和生态功能。

加强环境执法力度。加强环境损害问题的摸排筛查，重视突发环境事件处置能力建设。对生态环境的损害实施损害责任追究制度，可按照环境损害程度和成因、故意与否依规实施环境损害赔偿制度，甚至追究环境违法者的刑事责任。

加强与毗邻国家相关区域在环境保护方面的相互协作，共同管控环境污染、生态破坏、盗伐林木等环境损害行为，尤其是加强对边境界河的环境污染责任追究和污染事件管控。

（十）进一步发展沿边特色优势产业

更好地发挥市场在资源配置中的决定性作用，充分利用沿边地区的资源优势、区位优势和政策优势，以需求为导向、以资本为纽带、以企业为主体，因地制宜合理确定产业方向，不断延伸产业链，依托基础较好的自然资源、产业园区和交通条件，通过产业集群布局、优势企业带动、土地集约利用、资源节约使用和环境综合治理，把企业优势、资源优势、园区优势更好地转化为产业优势，推动特色优势产业发展，不断增强沿边地区自我发展能力。

重视发展特色农牧业。增加沿边地区农牧业的政策性投入，带动边民投入，促进农牧业产业化和农牧民收入增长。利用沿边地区耕地、草地资源相对丰富的特点，推广先进的农牧业管理模式、种植养殖模式、适度规模化经营模式，大力发展生态型农牧业、设施农牧业、有机绿色农牧业，增加粮食、牲畜、禽类、鱼类、蜂类、油料、糖料、天然橡胶等种植养殖栽植，继续扶持支持生猪、奶牛、肉牛、肉羊标准化养殖场，提升农产品质量与效益，构建集约化、规模化、专业化特色农牧业生产新格局。不断提升沿边地区农牧业的技术含量，积极改造中低产田和低效牧场，大力应用新技术、新品种、新机械，提高农牧产品产量与生产效率。因地制宜推进农牧区专业化生产，扶持发展一村一品、一乡一业，积极发展特色种养殖业、农牧产品加工业和农牧区服务业，带动农牧民就业致富。引导企业通过建立标准化生产基地，发展订单农业、订单牧业等形式与农牧户建立稳定的产销关系，形成资源互补、利益共享和风险共担机制。鼓励农村和牧区的供销社、龙头企业和专业大户创办或者领办农牧民专业合作组织。完善农牧业服务体系建设，围绕农业技术推广、动植物保护、技术推广、农牧产品质量检验检测、人员培训等，提升农牧业服务支撑体系。在有条件的沿边地区，积极营造用材林和特色经济林。在停止采伐的国有林区，积极发展特色林果业、林下中草药、林下养殖等产业；积极推动龙头企业“走出去”，到周边耕地、草原资源丰富的国家采取租赁、股份合作等方式开展规模化经营。

积极发展具有边疆特色的优势资源开发产业与加工业。在生态环境容量许可的前提下，适度推进优势矿产资源富集区的科学有序开发、合理利用；有序推动水电、太阳能、风能、沼气等资源开发利用，积极稳妥发展清洁能源产业；大力扶持特色农牧产品加工业，提升食品安全水平，鼓励企业采用先进生产技术，做好农牧产品深加工，延长农牧业产业链条，提升特色产品附加价值，提高产品的质量竞争力、品牌影响力、市场占有率和企业美誉度；促进沿边地区新型工业化产业示范基地创建，鼓励发展配套完善、协作紧密、集约高效、生态环保的产业园区；加强民族医药的继承与发展，组织研究民族药治病科学机理，促进民族药有效使用与开发，更好地满足各族群众对民族药的要求。利用国家调结构、转方式的有利时机，加快沿边园区产业的技术改造、新技术应用；继续扶持少数民族特需商品定点生产企业和民族手工艺品生产企业发展。适应国内跨地区产业转移需要，引导内地骨干企业到沿边地区投资建设。结合周边国家的工业发展，深化跨境资源开发利用与工业加工方面的深度合作，加强跨境河流的水电开发。

大力发展商贸物流业。进一步培育沿边地区商品流通体系，支持建立具有民族和地方特色的边贸市场、商品交易市场和区域性商贸中心，形成有边境特色、民族特色的现代化商贸物流产业体系。积极发育现代物流市场主体，合理配置区域物流中心，运用好公路、铁路、航空、港口等快速货运和集装箱多式联运的快捷商品配送网络体系，逐步形成由交通运输、配送服务、加工代理、仓储管理、信息网络组成的物流大循环系统。发展具有沿边特色的农超对接、农批对接，尤其是鼓励反季节时令蔬菜水果向沿边流动，繁荣沿边农副产品市场；促进商贸流通基层化、网络化，支持配送中心、农家店、乡镇集贸市场建设；组建或引进具有一定规模和实力的仓储物流企业，加快仓储物流基础设施建设。突出发展边民互市点，互通边境内外有无，不断提升货物交易额。利用好政府储备和调控市场功能，加强沿边地区特殊节日的应急保供工作；加强商品流通体系的监管，打击商品流动中的假冒伪劣活动，保护广大边民的利益。

重视推动边疆旅游业发展。充分利用边疆地区森林、草原、高山、湖泊等自然资源丰富和民族风情风俗习惯各异的特点，在保护环境的基础上积极主动开发具有边境特色的重点旅游景区，扶持建设一批具有历史、地域、民族特点的边疆特色景观旅游村镇，打造形式多样、特色鲜明的乡村旅游休闲产品。要规划设计好旅游线路，构筑线上线下新型多样化营销模式，完善吃、住、行、游、娱、购旅游产业链，积极兴办发展各具特色的农家乐、牧家乐、民俗旅游度假村、特色村镇、民族传统手工艺品，充分发掘边境地区民族特色村镇旅游、休闲度假旅游、生态旅游、森林旅游、探险旅游、农业旅游、风景旅游、民俗旅游、节庆旅游、冬季冰雪游、特色文化旅游、红色旅游等多样化题材，不断丰富游客的旅游生活，增加就业机会和从业者收入。在条件适宜的边境地区，应拓宽跨境旅游合作，打造跨境精品旅游线路。

有效推动沿边地区特色文化产业发展。积极编制少数民族文化遗产保护专项规划，对濒危文化遗产进行抢救性保护，积极推进非物质文化遗产生产性保护，大力推动文化生态整体性保护。繁荣发展民族戏剧、歌舞、书籍、绘画、电影、民间工艺等各类文化形式，挖掘和弘扬少数民族优秀传统文化，提升影响力，建立一批少数民族文化生态乡村，充分发挥少数民族文化资源优势。加快建成以县级公共图书馆、文化馆和乡镇综合文化站为主干的公共文化网络。推动少数民族地区优秀文化产业“走出去”。促进内地优秀文化“边疆行”、优秀文化工作者走基层等活动。

四、“十四五”时期兴边富民行动的区域布局与分工合作

（一）构筑三大沿边区域兴边富民行动总体框架

我国沿边的东北、西北、西南三大地区资源禀赋不同，土地、人口、生产潜力、发展基础等各有不同，采取整齐划一的兴边富民行动政策并不现实。为提高兴边富民行动政策的有效性、科学性与整体实施效果，应该

因地制宜地推进兴边富民行动。

东北地区具有较为广阔的土地资源，人口密度相对较小，城镇化水平较高，边境地区的森林、草原、河流、湖泊等资源赋存较好，城镇居民与农村居民的收入水平相对较高，但目前边境地区人口流失相对较为严重，经济发展迟滞。应该充分利用国家推动沿边开放的有利条件，以开放引领经济发展与结构调整。要充分利用东北沿边地区人少地多、资源丰富的特点，适度推动农牧业的规模化经营，提高农牧业生产效率；结合振兴东北老工业基地、国家资源枯竭型城市转型政策的要求，推动沿边地区林业、矿业、农垦等资源型城市的结构调整，积极发展接替性产业；利用东北沿边接近朝俄蒙等条件和森林、草原等旅游资源多样化与各地风情民俗各异的特点，积极发展现代旅游业。把政府和市场力量充分调动起来，推动东北沿边地区经济振兴，实现经济社会快速发展。

西南地区人口密度较大，土地资源相对匮乏，人口数量较多，城镇化水平相对较低。但是，西南地区紧邻人口密度相对较大、经济发展较快的东盟诸多国家，随着亚洲基础设施投资银行的建立和东盟各国基础设施的建设，中国与东盟各国基础设施互联互通的速度将加快。要围绕西南跨国通道建设和区域对外开放，积极推进西南城镇密集带的建设，不断提高城镇化水平。进一步吸引沿海地区的产业转移，并注重利用西南沿边丰富的植物资源优势发展现代旅游、现代生物医药等产业；进一步改造中低产田，妥善利用好跨境河流水利资源，提高农产品的区域自给水平。通过推动劳务输出、增进城镇化、设置守边岗位等多种方式转移农业剩余劳动力，多措并举提高沿边地区居民的收入水平。

西北地区由于海拔较高，大部分沿边区域水资源缺乏，土壤贫瘠，面临着较为严酷的生产与生活环境，虽然土地辽阔，人口密度较低，但城镇稀疏，城镇化水平不高，面临较大的发展压力。应该充分利用西北沿边地区地处丝绸之路经济带前沿的有利条件，扩大向西开放步伐，扩大西北沿边与国外资源、要素、劳动力的流动；集约发展现代农牧业，提高农牧业的技术含量与规模化水平；适度提高城镇化水平，在城镇创造更多的就业机会；充分利用好国家对口支援政策，把外来援助与增强沿边地区自主发展能力结合起来，加大反贫困力度；进一步增强民族团结，加强对恐怖分裂分子的打击力度。加强社会保障对西北沿边地区的扶持力度，为城乡居民提供更好的公共服务。

在整体兴边富民行动实施中，除了全面推动各个沿边地区的对内对外开放外，国家引导结构调整的政策更加要注重东北沿边地区；中央政府的援助性政策偏重于西南和西北地区；促进地方政府之间对口支援政策相对集中于西北沿边地区。积极重视“稳疆兴藏”工作，维护西部沿边地区安全。

（二）打造衔接“一带一路”的跨国产业密集带与城镇密集带

在习近平总书记提出“一带一路”建设的倡议后，随着亚洲基础设施投资银行、丝路基金等的建设，“一带一路”沿线的经济联系将逐步加强。“一带一路”建设将秉持共商、共建、共享原则，在深化与沿线国家之间的相互开放，实现与沿线国家发展战略的相互对接与优势互补，打通对外对内联系的“大通道”，畅通与“大通道”相联系的“静脉”与“毛细血管”中，促进基础设施的互联互通、商品贸易的相互往来、投资并购的跨国交易、商人游客的络绎于道，打造资源要素密集、功能结构合理并体现优势互补良性互动特点的跨国产业密集带与城镇密集带。

充分利用沿边地处“一带一路”建设中外交汇区域的有利区位，围绕“一带一路”主轴线建设，建设一批包括现代制造、现代服务、绿色能源、现代农牧业等产业构成的产业集群，形成产业发展依托于交通运输主轴、交通主轴支持产业基地建设的格局，使跨国交通通道成为促进产业联系、产业分工、产业合作的重要桥梁，构筑传统产业与先进制造业相结合、产业合理布局与有序转移相结合、国内产业合理分工与跨国产业有效合作相结合的产业密集带。

应该按照沿线集聚、组团发展、功能协作、优势互补的原则，加强沿边地区的城镇密集带建设。沿边地区应围绕互联互通大通道建设，引导人口资源要素向主轴线聚集，通过增强中心城市辐射带动能力，提升中小城市专业化协作水平，提升小城镇的集聚功能，有序引导各类城镇功能性发展，形成以点带面、以线串点、集约高效、结构优化的城镇发展体系，增强整个城镇密集带的经济效益。

（三）形成沿边前沿三线相互促进、相互支持的空间发展布局

兴边富民需要优化基层发展空间。兴边富民行动要以稳边安边、顾民惠民为基础，把巩固边防和改善民生结合起来，增强群众意识、大局意识、整体意识，为此应该借鉴各地探索的一些成功经验，坚持三线分层管理思维，在推进兴边富民行动中完善沿边地区的科学布局。

在以边境县为基本管理单元的背景下，结合国家的边境管理政策、功能和重点，可以把边境地区划分为三线：边境一线为边境前沿由公安边防派出所管辖的行政区域；边境二线为边境一线与县城中间地带的行政区域；边境三线为县城行政区域和县城向内地延伸的行政区域。边境一线的农牧民通常兼有一定的守边职能。所谓守边户为在边境一线通外山口、交通要道及国境沿线长年从事生产和生活，由边防部队、公安边防武警部队和县（市）地方政府明确赋予了具体守边任务的农牧民家庭。整体边境地区的区域管理应该体现以下特色：坚持因地制宜、合理布局的原则，从政府政策管理角度就是在边境县建立起一线守边、二线固边、三线服务的地方支持国防建设格局，使地方的经济与社会发展政策配合边防前沿安全分区管理需要；从边防军警维护安全角度，形成一线堵——密集设点、二线截——加强巡逻、三线防——重视设卡的分层管理模式，使用边防管理来维护支持边境县区域经济与社会协调发展大局。

从政府管理和政策实施角度看，边境一线应集中力量改善边民特别是守边户的生产生活条件，建设较高标准的住房，完善配套基础设施，增加守边装备配备，扶持发展特色优势农牧渔业，提高边民的自我积累、自我发展能力，创造生产便利、生活方便、有利于家庭发展和后代成长的条件。应鼓励边民贴边生产，对边民购置生产资料予以一定补贴。要加强边

境一线的基层政权建设，扶持边境一线行政村和自然村发展集体经济，提高边境乡村基层组织管理能力。积极探索和建立边民特别是守边户的土地和草场使用权、承包经营权的特殊传承机制，建设边境家庭牧场和农场，通过激励政策充实一线。

边境二线应重点加强交通、通信、邮政、通水等工程建设，建立以双语教学为基本模式的幼儿和九年制义务教育体系，主要医疗功能齐全，社区基本建设配套，人口规模稳定，产业具有一定专业化特色，城镇化吸纳产业与就业的功能逐步提高，具备为边境一线提供基础教育、医疗、文化、技术培训等社会化综合服务功能。

边境三线要根据边境城镇建设的特点完善城镇功能，增强小城市和中心城镇对边境前沿的支撑功能和对本行政区域经济的带动功能，完善城市和城镇功能分区，强化重点产业和既有产业园区对区域经济的引领作用。兴建综合保障性的医院，发展较高水平的高中和中等职业、专业技术学校，建设适合于行政管理区域需要的生产资料和农牧产品综合市场，加强与省会城市、内地和发达地区的信息交流与物流运输，为边境一线、二线居民和外来的支边人才提供较高水平的安居、就业、培训、子女就学、社会保障等公共服务。

五、“十四五”时期兴边富民行动的保障措施

规划的生命力在于实施，而实施规划需要好的体制机制与政策为保障。做好兴边富民工作关键在党、关键在人。要坚持党对兴边富民行动的领导，把握当前中国发展的战略机遇期，抓住当前国际国内产业结构调整、深化与周边国家合作的契机，把坚持走中国特色解决民族问题道路与实施总体区域发展战略在沿边地区结合起来，完善推进兴边富民工作的体制机制，加强政策配套、组织协调和规划实施，为“十四五”兴边富民行动的推进提供强大动力和政策保障。

（一）建立起相互协调与分工协作的机制

国家民委负责兴边富民行动的规划制定、工作协调、监督检查等。国

家民委根据行政管理权限，加强与中央相关部委的协作，了解兴边富民行动的政策需求与规划实施状况，并把兴边富民行动推进进展及时上报党中央、国务院，并且通报各部委。各有关部委应该根据工作性质与政策管理范围，把推进兴边富民行动作为部门工作的重要内容，深入调查研究，研究制定贯彻落实兴边富民行动规划的具体政策措施，及时指导沿边各地解决规划实施的具体问题，并注重加强部门之间的分工与合作。地方党委和政府要进一步提高认识，加强领导，统一部署，加大资源整合力度，夯实基层政策执行力，扎实推进各项工作。各地县委县政府作为实施兴边富民行动规划的基本单位，应加强对兴边富民行动政策实施情况的了解和监管，召开兴边富民行动专题会议，进行兴边富民行动的专题调研，了解兴边富民行动推进进展，把推进兴边富民工作作为贯彻落实中央政策的重要内容。

（二）提高兴边富民行动支持对象识别的精准性与政策工具的精准性

兴边富民行动主要任务范围很广、政策涉及的部门很多，政策面对的范围差别性又很大，必须强调精准选择政策对象、精准选择政策工具，因地制宜、准确施策。例如，棚户区的问题不是各地都存在的现象，不必所有沿边地区全覆盖地实施棚户区改造政策，否则会导致政策资源不合理的配置，造成新的不公平，甚至可能会出现利用国家优惠政策支持开发商业地产的现象；同时，应该正确选择政策工具。政府支出、税收、利率等工具都能用于兴边富民，但任务不同，采取的政策工具也应有所不同。例如，各地资源要素禀赋适合于不同业态的特色优势产业，但是采用政府财政补贴形式发展特色优势产业通常不是好的选择，还易于出现逆向选择的结果。可以通过税收、利率等政策工具发展特色优势产业。继续落实兴边富民行动专项资金，严格限制在民生领域用途，但可把教育、文化、医疗卫生等纳入兴边富民行动专项资金的支持范围，根据各地民生问题要点确定资金使用方向。“双精准”模式的更好利用，有利于提高政策资源的配置效率。

（三）以深化改革提高政府管理效率

在各地认真贯彻落实中央简政放权、深化政府管理体制改革的一系列大政方针，沿边地区在简政放权中要规范行政审批管理制度，接受好中央和省（区）下放的审批事项并按照改革精神建立良好的管理规范；转变政府职能，协同推进行政管理、社会管理、市场监管和土地流转等政策；在推进兴边富民行动中实行全面规范、公开透明的预算管理制度，全面接受社会监督；扩大资源税从价计征改革实施范围，推进农业水价改革，全面实施居民阶梯水价制度；科学有序地推进新型城镇化，完善农民工市民化成本分担机制。

（四）发挥好市场的决定性作用

完善多层次多类型的商品市场、技术市场、资本市场、劳动力市场等市场体系，在规范市场管理的基础上更好地发挥市场功能与作用；毫不动摇地鼓励、支持和引导非公有制经济发展，全面落实支持民营经济发展的政策；可采取 PPP 模式，吸收民间资本、外资进入沿边地区基础设施建设和产业发展领域，在规范管理和保障各方利益的基础上推动沿边地区各项建设；对于地方农牧民自建自用的公路建设，尽可能列入建设规划，鼓励市场化过程中民众的自主行为；加强市场监管，打击假冒伪劣商品，尤其是重视对假种子、假化肥、假农药的打击，重视食品安全问题。

（五）加强兴边富民行动监测和监管工作

为保证兴边富民行动政策公平、公正、公开执行和防范“有权就任性”现象发生，有必要加强行政监察，发挥审计监督作用，对公共资金、公共资源、国有资产严加监管，形成兴边富民行动“不想腐、不能腐、不敢腐”的机制。为此，还需要拓宽监管渠道，全面推行兴边富民行动实施项目公告公示制，坚决查处挤占挪用、截留和贪污资金的行为。

建立和完善兴边富民行动信息管理体系，开展对沿边地区发展与脱贫状况的监测，不断规范兴边富民行动信息的采集、整理、反馈和发布工作，更加及时、客观、准确地反映国家兴边富民行动实施、沿边经济社会发展、对外开放进展、扶贫开发态势、民族团结与边境安全现状等方面的状况，为党中央、国务院科学决策提供依据。

（六）加强兴边富民行动科研能力建设

智库建设是推进兴边富民行动的重要基础，好的智库研究成果能够助推兴边富民政策的顺利实施。要结合兴边富民行动规划的实施，利用好现有的科研机构或者建立新的机构，并配套必要的科研经费，加强对兴边富民行动实施的调研、诊断、分析、建议工作，形成一批基础好、能力强、有思想、能吃苦并且由学术带头人带领、梯次分布合理、有较强创新能力的学术队伍。这样的学术队伍将根据需要定期不定期地发布调研和政策研究报告，参加国家和地方兴边富民行动政策咨询，了解和熟悉各地兴边富民行动实施状况的进展，经常深入一线了解兴边富民的政策需求与存在问题。

六、“十四五”时期兴边富民行动的政策措施

根据本章前述的“十四五”时期兴边富民行动的基本要求、主要任务、区域布局、保障措施，我们提出如下的“十四五”时期推进兴边富民行动的政策建议。

（一）实施财税、金融政策支持

实施财税政策支持。优化中央与地方在兴边富民行动方面的财权与事权，发挥两个积极性。完善普惠和特殊相结合的政策，把沿边地区作为全国实行特殊扶持区域经济政策的重点之一，加大中央和省级财政对沿边地区的转移支付力度，可按高于非边境县一定比例标准加大对边境县均衡性转移支付和专项转移支付力度。适度提高边境地区交通建设投资规模和补

助标准，采取一定的财税政策扶持口岸基础设施建设以提高边境口岸通关能力，全面建立沿边森林、草原生态保护补助奖励制度。同时，继续实行必要的税收减免。例如，对沿边地区属于国家鼓励发展的内外资投资项目和西部地区外商投资优势产业项目，进口国内不能生产的自用设备，以及按照合同随设备进口的技术及配件、备件，在规定范围内可减征或者免征关税。对于沿边特色优势产业发展处于起步之初的企业，可以在一定程度上给予税收减免；对于企业用于沿边地区的公益性捐赠和资助，符合税法规定条件的，可按规定在所得税税前扣除。

实施金融政策支持。用好亚洲基础设施投资银行贷款、丝路基金等，支持沿边基础设施的互联互通，支持人民币与毗邻国家货币互换，扩大人民币在跨境贸易和投资中的作用。继续加大对沿边地区基础设施建设、生态环境保护、特色优势产业发展的信贷指导，推进沿边地区的产业转型升级，防止高耗能、高污染企业向沿边地区转移；推动沿边农牧区金融产品创新和服务方式创新，加大对“三农”的信贷投入；大力发展民生金融，支持民族地区弱势群体的发展，积极深化农村信用社改革。加大财政贴息力度，不断完善小额担保贷款政策；综合运用多种货币政策工具，增强民族地区金融机构支持少数民族地区发展的能力。例如，可考虑改进和完善对民族贸易和民族特需商品生产贷款执行优惠利率；加强沿边地区金融生态环境建设，增强沿边地区对信贷资金的吸引力。

（二）落实产业扶持政策

要明确产业政策导向，继续做好“三去一降一补”工作，积极调整优化产业结构，编制好沿边各地产业投资指导目录；积极响应西部大开发和“一带一路”建设的要求，优先安排沿边一批基础设施互联互通和提升园区质量与效益项目；鼓励面向“一带一路”建设或者能够发挥沿边进出口优势的国家项目、重点工程和新兴产业在符合条件的沿边地区布局安排，引导沿海劳动密集型产业向沿边地区转移。

在落实产业扶持政策过程中，要特别注意合理安排产业聚集区建设用地，全面提高土地利用效率。在严格土地总量管控和用途管制的基础上，有序调整土地利用结构，推进工业向园区集中、土地利用向适度规模经营集中，提高新上项目的入园入区门槛。加大矿区土地整理复垦力度，尽快恢复土地的基本功能。在保护生态环境前提下支持沿边地区合理开发利用各类土地资源，统筹安排农业、生态和建设用地，鼓励利用山地、荒地、荒坡、荒滩进行项目建设。

要加强科技创新的组织与管理，统筹与整合各类资源，以科技支撑计划、科技惠民计划等形式，把沿边地区一些可以产业化的创新项目纳入国家支持范围，在资源深加工、民族医药等方面加强技术创新引领作用，为兴边富民的产业化项目提供技术服务；同时选准政策切入点，使有关生态保护、资源利用、水资源供给、改善健康条件等方面的民生类项目体现技术可行与经济合理的要求。要发挥科技特派员作用，切实解决广大农牧民科技知识普及难题，加快科技成果推广。

（三）重视人才培养与建设

边境地区生活条件差，工资相比发达地区有一定差距，对人才，特别是年轻人才的吸引力不足，而且还难以留住人才，当地经验丰富的专业技术人员更愿意去生活条件好的大城市工作。国家相关部门要出台更优惠的补贴政策，提高边境地区经济管理人员、教师、医生等专业技术人员的收入，如可以在实施机关事业单位年金制度的过程中，增加沿边地区机关事业单位人员的收入，完善沿边艰苦地区的津贴制度，提高西藏等特殊地区各类人员的津贴标准，实施好高海拔地区、艰苦山区折算工龄补贴等措施。

切实重视对适合于沿边地区兴边富民推进各类人才的引进和利用，可以考虑实施“不求所有，但求所用”的灵活性政策，引进各类人才到沿边地区工作并为其创造良好的工作条件；鼓励沿边地区与发达地区合作，有针对性地引进专业技术、经营管理、政策管理等方面的专门人才，并为其提供必要的条件；运用好中央财政专项补助，支持专业技术人才和大学毕业生在沿边地区支农、支教、支医、扶贫“三支一扶”工作；对各类专业技术人员在职务、职称、工作经费等方面实行倾斜政策，为其创造开展技术创新的各类条件。

提高沿边一线各类人员的收入待遇。可考虑在实施机关事业单位年金制度的过程中，增加沿边地区机关事业单位人员的收入，完善沿边艰苦地区的津贴制度，提高西藏等特殊地区各类人员的津贴标准，实施高海拔地区折算工龄补贴。

（四）整合政策，稳固脱贫攻坚成果

边境地区尽管人均收入增长较快，反贫困工作取得了显著成效，到2020年年底必将实现贫困县、贫困村全部脱贫摘帽，但由于边境地区经济发展基础薄弱，应对相对贫困问题、防止返贫还面临较大压力，特别是部分原国家级贫困县，贫困面大、贫困程度深，主要采取的是政府输血式扶贫方式，脱贫基础不很牢固，因此边境地区减贫事业依然不能掉以轻心。

边境少数民族地区地广人稀，边境各段情况又千差万别。在“十四五”时期减贫工作主要任务是继续执行精准扶贫和精准脱贫战略，瞄准边境地区特殊困难群体，如人口较少民族群体、交通闭塞群体、老年人群体、跨境婚姻家庭、残疾人和缺乏劳动能力群体等。建议综合运用多种政策手段，包括财政政策、金融政策、教育政策、科技政策、农牧业产业化政策、文化政策等多维度继续支持边境地区精准扶贫工作，同时要运用互联网金融、大数据分析等手段精准识别扶贫对象、精准设计扶贫项目和措施，并对扶贫效果进行精准分析。只有这样，才能更好地稳固边境地区脱贫攻坚成果。

（五）加强口岸建设，夯实开发开放基础

边境口岸功能的完善与发展，是实现“一带一路”建设的基础，也是新形势下推进兴边富民行动的重要举措。首先，要把沿边口岸建设纳入重要发展战略中。要从战略高度谋划和制定沿边口岸建设与发展规划，科学

配置口岸建设政策资源，通过实施规划强化口岸建设，发挥口岸对“一带一路”建设的支撑作用，把口岸建设纳入国家六大经济走廊的重要节点建设中。中央政府在口岸建设规划中，应就口岸建设的规模标准、装备设施配置、机构编制、投资来源、运行费用的分担、公共服务设施等，制定管理规范和实施细则。将重点口岸作为跨国经济走廊建设的中方先导区，纳入“一带一路”、沿边开放、经济走廊建设的相关规划，予以重点支持。

其次，重视口岸基础设施建设，发挥陆路口岸与腹地之间的经济联系功能。口岸基础设施是口岸运行的基础和前提，在口岸建设中要注意完善海关、检验检疫、边防检查、贸易仓储、园区管理等方面的基本功能。要重视推进口岸电子化、智能化建设，促进口岸不同部门间的网络互联、数据互通、资源共享，提高口岸的信息化管理水平。完善的口岸基础设施能够充分发挥口岸的经济辐射功能，促进大区域范围内的一般贸易、补偿贸易、加工贸易等形式的分工，使口岸经济的外溢效应惠及更广泛区域。能够推动口岸与周边城市和城镇之间的合作，推动整个边境地区区域经济发展，并形成良性循环，反过来进一步促进口岸繁荣和稳定。

最后，加强跨境基础设施的互联互通，完善跨国口岸经济合作的机制与政策。要充分依托亚洲基础设施投资银行、金砖国家开发银行和丝路基金的金融功能，扩大基础设施互联互通的资金规模。推进中国与周边国家铁路和高等级公路建设，通过跨国基础设施建设方面的互联互通，争取早日形成相互间快捷、安全、高效和各种运输方式布局合理、优势互补、分工明确、衔接顺畅的区域性国际大通道。同时要加强与周边国家之间的政府间合作，规范跨境经济合作区管理，按照“两国一区、协同监管、境内关外、封闭运行、政策优惠”的经济合作新模式，加快推进跨境经济合作区建设。在边境口岸管理、口岸基础设施之间的联通、口岸与腹地之间的物流通道建设等方面，加强国家之间的协调，提高跨境贸易多式联运比重，降低跨境口岸之间的物流成本，保持口岸之间的贸易畅通和管理高效。

（六）深化对口援助

国家鼓励经济较发达省（市）、大中城市、国有大中型企业支援边境地区加快发展；在对口帮扶制度下，鼓励帮扶省份更加关注受帮扶省区边境地区发展；鼓励发达地区的县与沿边地区的县建立结对帮扶相互合作关系；鼓励、引导、争取各类民营企业、大院大所、民主党派、群众团体发挥各自特长，依照资金援助、智力支持、专业服务等形式支援边疆建设；边境省区也可组织开展省区内针对沿边地区的对口帮扶。

参考文献

[1] Cohen J, Monaco K. Ports and Highways Infrastructure: An Analysis of Intra- and Interstate Spillovers [J]. International Regional Science Review, 2008 (31): 257-274.

[2] 阿班·毛力提汗. 2018年新疆扶贫攻坚报告 [J]. 新西部, 2019 (2): 20-28.

[3] 陈辉. 社会主要矛盾转化视角下民族地区扶贫攻坚路径研究 [J]. 宏观经济管理, 2018 (10): 82-87.

[4] 高志明. 兴边富民行动助推边境地区高质量发展 [J]. 实践 (思想理论版), 2019 (12): 32-34.

[5] 耿桂红. 在西部大开发中推动边境旅游业高质量发展 [N]. 中国民族报, 2020-07-07 (05).

[6] 陈秀山, 等. 区域经济理论 [M]. 北京: 商务印书馆, 2003.

[7] 黄爱莲. 跨境旅游与进口水果新业态培育——以凭祥口岸为例 [J]. 社会科学家, 2019 (1): 81-86.

[8] 雷明光, 王保同. 我国边民跨境婚姻家庭的困境与思考——以云南、广西边境地区为例 [J]. 中央民族大学学报 (哲学社会科学版), 2016 (2): 72-78.

[9] 李佳霖. 数字技术催生旅游新业态: 带给游客不一样的体验 [N]. 中国文化报, 2020-06-27 (03).

[10] 刘林, 陈作成. 扶贫资金投入与减贫: 来自新疆农村地区数据的分析 [J]. 农业现代化研究, 2016, 37 (1): 17-22.

［11］刘玲．兴边富民行动与民族团结进步［J］．云南师范大学学报（哲学社会科学版），2020，52（2）：37-44.

［12］刘永佶．兴边富民的实质［M］//兴边富民行动理论研讨论文集．北京：中国经济出版社，2010.

［13］朴松烈．聚力兴边富民　打造繁荣和谐稳定边疆［N］．中国民族报，2020-08-04（01）．

［14］任胜章．打通水利脉络　筑牢丰收根基——我省加快水利基础设施建设保障粮食丰收纪实［N］．吉林日报，2019-09-23（06）．

［15］商务部发布《边境经济合作区、跨境经济合作区发展报告（2018）》［EB/OL］．中国服务贸易指南网，http：//tradeinservices. mofcom. gov. cn/article/yanjiu/hangyezk/201908/88775. html，2019-08-23.

［16］孙志香．新时代兴边富民行动具有重要意义［N］．中国民族报，2019-08-30（06）．

［17］妥艳媜，陈晔．“十四五”时期我国国内旅游消费新趋势与促进战略［J］．旅游学刊，2020，35（6）：8-10.

［18］王博．丝绸之路经济带战略推进中的口岸建设问题［J］．黑龙江民族丛刊，2015（2）：42-47.

［19］王飞．边疆民族地区精准脱贫中的主要问题及建议［J］．中央民族大学学报（哲学社会科学版），2018（4）：46-54.

［20］王飞．兴边富民行动实施绩效评估［M］．北京：中国经济出版社，2016.

［21］王淑娟．关于加快兵团边境团场建设与发展的思考［J］．中共伊犁州委党校学报，2016，85（1）：89-91.

［22］王文长，盛叶．推进兴边富民行动的扇形支撑结构研究［J］．中央民族大学学报，2016（4）：53-60.

［23］王占义，任东月．内蒙古全域旅游的现状、问题及其对策［J］．北方经济，2018（4）：12-15.

［24］王知非．浅析云南德宏边境旅游示范区建设［J］．科技资讯，

2019，17（21）：253-254.

［25］杨婕．谈我国旅游市场现状及发展趋势［J］．旅游纵览（下半月），2016（1）：24.

［26］杨舒涵．边境少数民族地区教育脱贫攻坚政策实践与效能研究［J］．教育文化论坛，2020，12（1）：48-53.

［27］战成秀，韩广富．“兴边富民行动”开发式扶贫基本策略分析［J］．黑龙江民族丛刊，2013（2）：57-61.

［28］张丽君，王飞，田东霞，等．中国跨境经济合作区进展报告2018［M］．北京：中国经济出版社，2019.

［29］张丽君，张珑，李丹．口岸发展对边境口岸城镇发展影响实证研究——以二连浩特为例［J］．中央民族大学学报（哲学社会科学版），2016，43（1）：109-116.

［30］张苗荧．“互联网+旅游”迎来更大发展机遇［N］．中国旅游报，2020-06-09（03）.

［31］赵子芳．经济融合背景下兵团民族聚居单位发展的相关问题探讨［J］．经济研究导刊，2011（16）：111-113.

［32］中共崇左市委党校课题组．努力推进崇左市民族文化资源保护与开发工作［N］．左江日报，2017-11-04（02）.

［33］中国人民银行呼伦贝尔中心支行课题组．制约满洲里口岸经济发展的政策瓶颈及对策建议［J］．北方金融，2019（9）：29-32.

［34］朱玉福．“兴边富民行动”的意义［J］．广西民族研究，2007（4）：16-21.